古代中国与南亚文明论丛

与

张引弘 著

商务印书馆
The Commercial Press

图书在版编目(CIP)数据

古代中国与南亚文明论丛/耿引曾著.—北京:商务印书馆,2024

ISBN 978 - 7 - 100 - 23977 - 6

Ⅰ.①古… Ⅱ.①耿… Ⅲ.①文化交流—文化史—中国、南亚 Ⅳ.①K203②K350.03

中国国家版本馆 CIP 数据核字(2024)第 096029 号

古代中国与南亚文明论丛

耿引曾 著

商 务 印 书 馆 出 版
(北京王府井大街 36 号 邮政编码 100710)
商 务 印 书 馆 发 行
北京市艺辉印刷有限公司印刷
ISBN 978 - 7 - 100 - 23977 - 6

2024 年 9 月第 1 版 开本 880×1240 1/32
2024 年 9 月北京第 1 次印刷 印张 8
定价:55.00 元

前　　言

　　1956年,我从北京大学历史系考古专业毕业,被分配到历史博物馆工作,一直到1978年才离开。1958年,中央决定,为庆祝中华人民共和国成立十周年,在北京建设十大建筑,其中的中国历史博物馆是在我工作的北京历史博物馆基础上扩建而成的,并且要重新布置中国通史的陈列。陈列由我国当时多位著名的历史学家主持,如翦伯赞、邓广铭等,领导则是中国科学院历史研究所所长尹达、北京市副市长邓拓。我们陈列部中的许多人,大多是北京大学历史学系和其他各高等学校历史系的毕业生。我们的工作,是按照这些历史学专家和美术设计专家的要求,协调木工、画工,把从全国各地征集来的文物陈列出来。这是一件很艰难、很繁琐的工作,多次审查,多次修改。我在和专家接触的过程中,耳濡目染,学习到不少东西。1963年,博物馆要将通史陈列中的中外关系进行修改、充实,我负责其中的魏晋南北朝和隋唐段,因此,我阅读了法显的《佛国记》、玄奘的《大唐西域记》、义净的《大唐西域求法高僧传》《南海寄归内法传》等文献,并且向这方面的专家,包括季羡林、马坚等请教,获益很多。

　　1978年,我转到中国社会科学院和北京大学合办的南亚研究所工作,直接在季羡林先生的领导下。季先生交给我的任务,就是从中国史料中,辑录南亚的史料。他指出,印度人都承认,没有中国的正史和旅行家的著作,研究印度历史几乎是不可能的。我用了十年时间,把从汉朝开始,直到清朝 1840 年前的中国典籍中的南亚史料收集出来,读了大量的中国古籍,也读了不少佛经,因为佛教虽然来自印度,但是许多佛经却是只在中国留存,从中可以辑录有关南亚的史料。读过的书大约一百多种,收集到一百余万字,集成《中国载籍中南亚史料汇编》(上、下册),不敢说搜罗齐全,但对研究南亚,特别是印度历史的学者,肯定会有所助益。在收集史料的基础上,在北京大学良好的研究氛围中,我也尝试写一些作品,除了已经成书的如《汉文南亚史料学》、《中国人与印度洋》、《中国亚非关系史》、《印度与中国》(与谭中合著,由谭中翻译为英文,在印度出版)等外,还写了一些文章,不揣简陋,现在把它们集录出版,这些文章大多数是有关中国和印度文化交流的,也有一些是其他相关作品。特别要感谢商务印书馆,愿意出版我的这些小文,更要感谢责编齐群为编辑本书付出的辛勤劳动。也请海内方家,对本书中的错谬予以指正。

耿引曾

2023 年 10 月

目　　录

唐诗中的中外关系

　　公元 618 年至 907 年,是中国历史上的唐朝。唐朝是个强大的封建帝国,经历了二百九十个年头,以政治统一、经济繁荣、文化兴盛而著称于世,影响遍及亚洲并远至非洲、欧洲。唐代国内外水陆交通发达,使它与亚、非、欧一些国家保持频繁的友好往来、商业贸易与文化交流。唐代载籍中,保存了许多有关外国的以及中外关系的史料。如玄奘的《大唐西域记》、义净的《大唐西域求法高僧传》《南海寄归内法传》《重归南海传》。还有,保存在《通典》中只有 1511 字的杜环的《经行记》,和保存在《法苑珠林》等著作中的王玄策的《中天竺国行记》残篇等。这是研究古代中亚、西亚、南亚、东南亚的瑰宝,前人、今人和外人对它们做了许多探讨和研究。另外,在唐代的官修史书、类书和释典、医书以及唐人的文章、诗歌、笔记、小说中,也蕴藏着大量的反映外国和中外关系的材料,有待我们去发掘、整理,供中外学者研究、参考。以下仅就唐代诗歌中的材料作一介绍。

　　唐代诗歌现保存下来五万余首,其中涉及外国和中外关系的不下数百首。这数百首中,诗人们以绚丽的词藻、铿锵的音调,记述了当时中外关系的有关人物和事件。有的单独成章,更多的是散见在诗篇中。诗人们用"开元太平时,万国贺丰岁""梯航万国来,争先贡金帛"[1] 来赞颂唐与亚、非、欧几十个国家的外交往来;用"西域灯轮千影合""异国名香满袖薰"[2] 来勾绘长安街上的外来景色;还用"海胡舶千艘""岸香蕃舶月""船到城添外国人""商胡离别下扬州"[3] 来形容当时对外通商口岸广州、福州、扬州等地对外贸易的兴旺景象;更用"阑藏异国花""院栽他国树"[4] 来描写人民生活中受到的外来影响。从这些诗句中,我们可以了解到唐代的对外交往确实频繁,所受到的外来影响不容忽视。类似的句子举不胜举。值得重视的,还是那些单独成章的诗篇。这些诗篇,比较集中地描写了唐代四邻国家以及它们与唐交往的情况,比如当时亚洲东北的新罗、日本,东南的安南、林邑、扶南、骠国、昆仑、诃陵,西南面的天竺、师子,西面的波斯、大食和中亚诸国。诗人笔下的使臣互访、人民友谊、经济文化交流栩栩如生、引人入胜,现分述于下。

一、新罗　日本

唐初,朝鲜半岛分为高句丽、百济、新罗。后来新罗统一了半岛。唐与新罗的关系非常密切。唐诗中反映了国家间的交往频繁,人民的友谊深厚。

诗人以"彼俗媚文史,圣朝富才雄"[5] 指唐、新罗各自的文化特点。又以"蟾蜍同汉月"[6] 来讴歌两国的悠久友谊。诗人们写下了

1　《全唐诗》(以后各卷均为《全唐诗》)卷 542,李肱《省试霓裳羽衣曲》;卷 701,王贞白《长安道》。

2　卷 89,张说《十五日夜御前口号踏歌词二首》;卷 506,章孝标《少年行》。

3　卷 223,杜甫《送重表侄王砯》;卷 632,司图空《杂题九首》;卷 559,薛能《送福建李大夫》;卷 230,杜甫《解闷十二首》。

4　卷 603,许棠《题开明里友人居》;卷 638,张乔《题兴善寺僧道深院》。

5　卷 379,孟郊《奉同朝贤送新罗使》。

6　卷 266,顾况《送从兄使新罗》。

许多送唐使入新罗和送新罗使臣归国的篇章,如用"赤墀奉命使殊方""金函开诏抚夷王"[1]来送别赴新罗的使臣;又用"复道殊方礼,人瞻汉使荣"[2]记叙唐使臣在新罗受到的礼遇。诗人还用"奉义朝中国""知妆重来宾"[3]来欢迎入唐的新罗使臣。入唐的新罗使臣还带来礼物,赠唐一头白鹰。白鹰养在皇帝的御花园中。窦巩曾赋诗《新罗进白鹰》一首。国家间的交往,除使臣互访外,唐诗中还反映了两件事。一是"安史之乱"时,玄宗仓惶逃到四川后,新罗使臣还到四川去拜访他。为此,玄宗赋诗,以"益重青青志,风霜恒不渝"[4]来祝福两国的关系。另一是在春台仙的"游春台"诗序中提到秦中秀才白幽求从新罗王子过海遇见仙人的神话。

　　入唐的新罗留学生很多,诗中反映不少,金可纪即其中一人。[5] 他们"登唐科第语唐音","想把文章合夷乐"[6],在吸收和传播唐文化上尽了很大的力量。后来五代的贯休赋诗《送新罗人及第归》,其中提及"到乡必遇来王使,与作唐书寄一篇",可见人民间的友谊之深厚。入唐的新罗僧人也不少,他们"东来此学禅""收经上海船"[7],诗人还用"山海禅皆遍,华夷佛岂殊"[8]来赞喻佛教在两国的传布。新罗的弘惠上人曾请皮日休为灵鹫山周禅师撰写碑文[9]。另外,贾岛还和高丽使共同作《过海联句》一首。可见,两国人民间的友谊是陈述不穷的。

　　《全唐诗》中还收集了新罗王金真平的女儿金真德、新罗王子

1　卷 492,殷尧藩《送源中丞使新罗》。

2　卷 295,吉中孚《送归中丞使新罗册立吊祭》。

3　卷 146,陶翰《送金卿归新罗》。

4　逸卷上,明皇帝《赐新罗王》。

5　卷 506,章孝标《送金可纪归新罗》。

6　同上。

7　卷 638,张乔《送新罗僧》。

8　卷 497,姚合《寄紫阁无名头陀自新罗来》。

9　卷 614,皮日休《新罗人弘惠请日休为周禅师碑》。

金地藏的诗[1],以及在唐及第并入仕的高丽人崔致远和新罗人金
立之、金可纪、王巨仁的诗[2]。

　　唐与日本的关系更是非常亲切友好,唐遣使臣去,日本派大
批"遣唐使"来。唐诗中保存有钱起、许棠、曹松[3]等人为赴日的唐
使臣送行的诗;也保存了徐凝、唐玄宗为归国日本使臣送行的诗。
他们以"犹有中华恋,方同积浪深"[4]来表露依依惜别的心情,又以
"文王久已同"来颂扬两国的悠久友谊。

　　当时,随"遣唐使"来的还有留学生和学问僧。他们之中有的
长期住在中国,与唐人结下了深厚的友谊。唐诗中送日本僧或送
日本友人的诗屡见不鲜,现将较有影响的人物介绍如下:

　　晁衡,原名阿倍仲麻吕,开元五年(717)入唐的留学生。后来仕
于唐。留唐约五十年,卒于长安。诗人王维、赵骅、储光羲、李白、包
佶[5]等与他有深交,并为他赋诗。特别是李白的诗《哭晁卿衡》,说
明了他们之间的感情之深。晁衡还曾经送过王屋山人魏万一件
用日本布制作的日本裘[6];另外,在他自作《衔命还国作》诗中提到
"平生一宝剑,留赠结交人"。可想见他与唐人交往的深情厚谊了。

　　空海,贞元二十年(804)入唐的学问僧。最初在福州,后来到
长安学习密宗,留学三年归国,开创了日本真言宗。在日本佛教
史上有一定的地位。当他在唐居住时,曾赠诗给泉州别驾马总,
现在唐诗中有马总回赠空海的诗[7]。另外,还有胡伯崇的《赠释空

　　1　卷797,金真德《太平诗》;卷808,金地藏《送童子下山》。
　　2　逸卷中,金立之《句》,金可纪《句》;卷732,王巨仁《愤怨诗》。
　　3　卷237,钱起《送陆侍御使日本》;卷604,许棠《送金吾侍御奉使日东》;卷716,
曹松《送胡中丞使日东》。
　　4　卷716,曹松《送胡中丞使日东》。
　　5　卷127,王维《送秘书晁监还日本国》;卷129,赵骅《送晁补阙归日本国》;卷
138,储光羲《洛中贻朝校书衡朝即日本人也》;卷184,李白《哭晁卿衡》;卷205,包佶
《送日本国聘贺使晁巨卿东归》。
　　6　卷175,李白《送王屋山人魏万还王屋》。
　　7　逸卷中,马总《赠日本僧空海离合诗》。

海歌》一首。

圆仁,也是入唐的学问僧。开成三年(838)舶抵扬州,后转五台山入长安,经十余年返国,成了日本天台宗的第五代座主。他曾将在唐的见闻写成《入唐求法巡礼行记》一书。唐诗中保存有越中僧栖白的《送圆仁三藏归本国》的诗一首。

圆载,是与圆仁同批来的学问僧。他离唐回日本时,诗人皮日休、陆龟蒙、颜萱都赋诗[1]为他送别。陆龟蒙在诗题中特别提到他挟儒书、释典而归,更在诗中称赞他是"九流三藏一时倾"。在中日文化的交流上,他是做了贡献的。

唐僧人去日本的也不少,其中要以鉴真最突出。他的事迹已永存千古。唐诗中有高鹤林的《因使日本愿谒鉴真和尚既灭度不觐尊颜嗟而述怀》诗一首。

唐僧人与日僧的友谊是源远流长的,可以用唐诗中保存的日本相国长屋《绣袈裟缘》诗:"山川异域,风月同天。寄诸佛子,共结来缘"来表示。

这里需提上一笔,唐诗中屡见"扶桑"二字。关于"扶桑",诗人用它指神木,或者指植物,但也有指日本而言的。如韦庄在《送日本国僧敬龙归》的诗中提到"扶桑已在渺茫中,家在扶桑东更东"即一例。

二、安南 林邑 扶南 骠国 昆仑 诃陵

唐诗中多处提到安南、林邑、扶南、骠国、昆仑、诃陵等地方。这些地方属南海及东南亚范围之内。唐诗中反映出它们和唐朝在经济、文化上息息相关。

唐时,南海的交通贸易发达,正如诗人所形容的"映日帆多宝

1　卷614,皮日休《送圆载上人归日本国》;卷626,陆龟蒙《闻圆载上人挟儒书泊释典归日本国更作一绝以送》;卷631,颜萱《送圆载上人》。

舶来"[1]。安南地处南海交通要道,交州是对外贸易的重要港口,当时商业贸易发达兴旺。张籍的《送南客》诗中提到"夜市连铜柱",于濆的《南越谣》诗中提到"交趾货"。杜荀鹤则写下"舶载海奴环垂耳,象驼蛮女彩缠身"[2]的情景。唐与亚洲各个国家的海上贸易大多数是通过安南、林邑进行的,如南海昆仑出的苏方木就是通过林邑入唐[3]。无疑,安南、林邑在促进唐与海外各国的经济文化交流中是起了重要作用的。

唐诗中提到扶南的篇章不多,有王维的《扶南曲歌词》五首。隋的九部乐中有扶南乐。《新唐书·礼乐志》也提到扶南乐舞。诗人王维特为扶南曲调填五首歌词,看来,扶南曲在当时是很受人欢迎的。它的调子已被唐人吸取,糅合到唐的音乐中去了。另外,诗中见到有"扶南甘蔗甜如蜜"[4]的句子。当然,出产甘蔗的地方不止扶南,交趾也出,可是唐人心目中最甜的甘蔗还是扶南的。再有,根据《苏方一章》诗[5]提供,商胡舶舟运苏方入唐要通过扶南,可知,扶南还是唐与南海交通的一个枢纽。

贞元十七年(801),骠国送乐工三十五人入唐,并乐曲十二种。史书对骠国乐入唐已有明确记载,而诗人则为骠国的乐舞留下了美丽的篇章。白居易的《骠国乐》诗篇已为人们所熟悉,他对其优美的舞姿作了动人的描写:"玉螺一吹椎髻耸,铜鼓千击文身踊。珠缨炫转星宿摇,花鬘斗薮龙蛇动。"诗人元稹、胡直钧也为骠国乐赋诗[6],"史馆书为朝贡传,太常编入鞮鞻科",它的传入丰

---

1   卷361,刘禹锡《南海马大夫远示著述兼酬拙诗辄著微诚再有长句时蔡戎未弭故见于篇末》。

2   卷692,杜荀鹤《赠友人罢举赴交趾辞命》。

3   卷264,顾况《苏方一章》。

4   卷133,李颀《送刘四赴夏县》。

5   卷264,顾况《苏方一章》。

6   卷419,元稹《和李校书新题乐府十二首:骠国乐》;卷464,胡直钧《太常观骠国新乐》。

富了中国乐舞的内容。"何事留中夏，长令表化淳"当是唐与骠国文化交流的见证了。

关于昆仑，究竟指什么地方，前人已作过一些考证，有人认为在亚洲，也有人认为在非洲东岸及马达加斯加岛。但《旧唐书·南蛮传》林邑国条明确指出，"自林邑以南，皆卷发黑身，通号为昆仑"，大体是对今天中南半岛南部和南洋群岛一带地方或居民的通称。唐诗中见到的昆仑不乏其词，其中许多是指我国古代昆仑的神话传说或昆仑山而言，但也有关于南海中昆仑的宝贵资料。

昆仑人入唐的很多，有的来做生意，有的是被转卖来的奴隶。诗人张籍笔下的"昆仑儿"是"金环欲落曾穿耳，螺髻长卷不裹头，自爱肌肤黑如漆，行时半脱木绵裘"。崔涯的诗[1]则是嘲笑当时扬州的妓女，因为贪图苏方、玳瑁等番货，与番人生下昆仑儿，这说明了到扬州一带做生意的昆仑人为数是不少的。关于昆仑奴，史籍记载东晋时就入中国了。唐人传奇中有《昆仑奴传》，其中昆仑奴磨勒故事也被收入唐诗[2]。

诃陵，当指今天印度尼西亚的爪哇岛。新旧《唐书》均记载诃陵多次派使臣入唐，并送来"异种名宝"。白居易在《送客春游岭南等廿韵》诗中提到"诃陵国分界"。诗人从岭南想到诃陵国绝不是偶然的。

唐诗中还有专门描写"诃陵樽"的诗两首。诃陵樽是皮日休送魏不琢的五样礼物之一[3]。皮日休在其诗序中提到"有南海鲨鱼壳的樽一，涩锋鬣角，肉玄外黄。谓之诃陵樽"。在诗中又提到"卖须能紫贝，用合对红螺"，看来，樽之得来是不易的。后来，陆龟蒙也有"诃陵樽"一首，对樽的外貌作了一番描写："鱼骼匠成尊，犹残海浪痕。"关于诃陵樽的来龙去脉是值得考证的。

1　卷 870，崔涯《嘲妓》。

2　卷 800，红绡妓《忆崔生》。

3　卷 612，皮日休《五贶诗》。

三、天竺　师子

唐时,南部亚洲是天竺国、师子国。唐与天竺的交往十分密切,使臣、僧人的互访络绎不绝。其中有两件大事尤为重要,一是王玄策等多次出使天竺,归来写成《中天竺国行记》一书;一是玄奘留学天竺,带回佛经 657 部,写下《大唐西域记》一书。这两本书促使了唐人对天竺有更深一步的认识与理解,直至今天仍有其重要的价值,可惜前一书已失传,今天只能见到片段。唐诗中对这两件事的反映几乎没有,只有高宗的《谒慈恩寺题奘法师房》一首。诗中反映较多的是关于唐与天竺的佛教交往,而交往又着重在佛经的翻译上。从而,使我们了解到唐人译经和学梵文的情况。

唐以前,中国已有梵文本的佛经,并设立了译经道场,译者中外都有。到了唐代,佛经翻译达全盛时期。随着僧人来往的频繁,梵文本佛经还不断传入,正如诗人所述"梵经初向竺僧求"[1]。唐代各地寺院都有梵文经本,诗人们在写庙宇的篇章中常留下"梵字十数卷""开卷梵天词"[2]的句子。于是,寺院中出现了"僧唱梵天声""经诵梵书文"[3]的景象。诗人还用"梵音妙音柔软音"[4]来形容僧人念法华经的情形。唐代统治阶级和人民很多信佛,念佛经风行一时,"梵声初学误梁尘"[5]说的是妓女都念起佛经来了。翻译佛经当然是热门了,当时官私译场均有。玄奘在慈恩寺译经当然是官场;姚合的《过稠上人院》诗中提到"应诏常翻译",想稠上人是常入官场译经的一个了。从"归去更寻翻译寺""桂寒自落

1　卷 292,司空曙《赠衡岳隐禅师》。

2　卷 610,皮日休《雨中游包山精舍》;卷 793,皮日休、陆龟蒙《独在开元寺避暑,颇怀鲁望,因飞笔联句》。

3　卷 9,蜀太妃徐氏《三学山夜看圣灯》;卷 510,张祜《题惠昌上人》。

4　卷 306,朱湾《同清江师月夜听坚正二上人为怀州转法华经歌》。

5　卷 272,杨郇伯《送妓人出家》。

翻经案"[1]的诗句知道各地寺院皆有自己的译场,大概这是属于私有的了。白居易还有《翻经台》专篇。再从"口翻贝叶古字经""音翻四句偈,字译五天书"[2]的句中看出当时口、笔译并举。至于译者,中外兼有,韩愈的《赠译经僧》讲的是外来僧人。而唐人懂梵文,并参与译经的大有人在,其中有僧人,也有士大夫。姚合、贾岛、陆龟蒙、黄滔[3]等人的诗中提到了僧人译经的情况。士大夫中懂梵文的有苑咸、刘长卿、怀素和董评事。[4] 董评事是汉董仲舒的后人。苑咸能书梵字、兼达梵音,王维曾为此赠诗。后来苑咸回敬王维一首,并有序和注。[5] 这些,为总结唐人研究梵文的情况提供了宝贵的资料。

此外,佛经中常见优钵罗花,岑参作《优钵罗花歌》并序。后来五代贯休的诗中也提到此花[6]。岑参在序中说,他得此花是交河小吏从天山之南采来的。而诗中又提到"何不生彼中国兮生西方"。[7] 关于优钵罗花入唐的过程还需作进一步考证。

《全唐诗》中还集了义净的六首诗。[8] 其中的《与无行禅师同游鹫岭,瞻奉既讫,遐眺乡关,无任殷忧,聊述所怀,为杂言诗》是他在印度作的怀乡之诗,值得重视。

关于师子国,《新唐书·西域传下》有专条。诗中较明确提到的,有韩愈在《送郑尚书赴南海》中的"货通师子国"。这说明当时

1　卷476,熊孺登《送准上人归石经院》;卷614,皮日休《访寂上人不遇》。

2　卷327,权德舆《锡杖歌送明楚上人归佛川》;卷198,岑参《观楚国寺璋上人写一切经院南有曲池深竹》。

3　卷497,姚合《寄灵一律师》;卷572,贾岛《送觉兴上人归中条山兼谒河中李司空》;卷626,陆龟蒙《和袭美题支山南峰僧次韵》;卷705,黄滔《送僧》。

4　卷128,王维《苑舍人能书梵字兼达梵音皆曲尽其妙戏为之赠》;卷147,刘长卿《送方外上人之常州依萧使君》;卷238,钱起《送外甥怀素上人归乡侍奉》;卷357,刘禹锡《闻董评事疾因以书赠》。

5　卷129,苑咸《酬王维》。

6　卷835,贯休《道情偈三首》;卷836,贯休《闻迎真身》。

7　卷199,岑参《优钵罗花歌》。

8　卷808。

的唐对外贸易港口之一的广州,是与师子国有交易的。另外韦应物的《寄恒璨》诗中有"思问楞伽字",这里很可能指的是《楞伽经》。但因师子国有稜伽山,也有用稜(楞)伽来比喻师子国的。"楞伽字"是否指师子国的文字呢?须进一步考证了。

四、波斯　大食

唐时,波斯、大食属西亚。发源于波斯的波罗球在唐代风行一时。向达先生的《长安打球小考》已作了详细的论述。唐诗中杨巨源的《观打球有作》、李廓的《长安少年行》和花蕊夫人的《宫词》中都引用了有关打球的材料,这里就不复述。此外,元稹的《和乐天送客游岭南廿韵》诗中有"舶主腰宝藏"一句,其下注明"南方呼波斯为舶主,胡人异宝多怀藏以避强丐",这个注解很重要。

大食与唐在永徽二年(651)建立了联系。此后,两国人民的友好往来日益发展。杜甫的《荆南兵马使太常卿赵公大食刀歌》,对大食刀的形状、锋利程度都作了描写。至于大食宝刀怎么落到荆州兵马使太常卿的手里,这将是一个有趣的考证题目。

五、中　亚

显庆三年(658),唐朝统一了西突厥。西突厥统治下的中亚地区也列入唐的管辖范围。唐朝对这些地区的管辖,是通过这些地区的统治者对唐"称臣纳贡"来实现的。这在客观上促进了唐与当时中亚地区的经济文化交流。综合唐诗反映的有关材料,大致不外两方面,一是歌颂唐人在西域和中亚的业绩,二是入唐的中亚歌舞。

汉武帝为求好马而伐大宛,这是人所共知的。大宛马又称天马,唐代诗人为此花了许多笔墨:"今日歌天马,非关征大宛";"首登平乐宴,新破大宛归"。[1] 大宛马种一直传到唐代,"初得花骢大宛种"[2]的诗句便可证明。大宛马确实是马中良种,杜甫的《房兵曹胡马诗》,对大宛马的特征和性格作过绝妙的描写:"胡马大宛名,锋棱瘦骨成,竹批双耳峻,风入四蹄轻。"[3]李白、王昌龄的诗中也不止一次的提到大宛良种马。[4]

东汉时,中亚南部的大月支(氏)人曾助班超平定疏勒、击莎车。后来,因为班超不答应与他们联姻,并且还拘留了月支来使。因此,双方交战,结果月支降服。唐人标榜汉人的这一赫赫武功,诗人写下"葱岭秋尘起,全军取月支"[5],无疑,其借喻是为了稳固唐在中亚的统治。另外,李白诗中还提到"笔题月氏书"[6],杜甫对月支的花——戎王子入中国也作了描写[7]。

关于"青云干吕",此典故出汉东方朔的《十洲记》。汉武帝时,西域远夷来贡要说"国有常占,东风入律,百旬不休,青云干吕,连月不散者,当知中国时有好道之君"。唐诗中有关"青云干吕"的不下四首[8],这大概也是用汉朝的强盛来比喻唐朝吧!

唐诗中见到的中亚乐舞有柘枝、胡旋、胡腾、苏摩遮等,其中柘枝的篇章较多。向达先生对这些乐舞的传入,已作了细致的考证。他借助唐诗的材料,认为柘枝和胡腾同出石国,胡旋出自康国,苏摩遮是唐代时行的一种泼胡乞寒戏,演戏时歌舞的辞叫"苏摩遮";并从刘言史、白居易、刘禹锡、元稹、张说等人的诗中勾稽出舞者的服饰、容态和所用的乐器,这里不再重复了。其他的诗

1　卷 139,储光羲《和张太祝冬祭马步》;卷 269,耿沛《入塞曲》。

2　卷 216,杜甫《骢马行》。

3　卷 224。

4　卷 143,王昌龄《殿前曲二首》;卷 162,李白《天马歌》。

5　卷 310,于鹄《出塞》。

6　卷 184,李白《寄远十一首》。

7　卷 224,杜甫《陪郑广文游何将军山林十首》。

8　卷 319,王履贞《青云干吕》、彭优《青云干吕》、林藻《青云干吕》;卷 334,令狐楚《青云干吕》。

篇还说明,当时柘枝舞已传入内地了,在常州、潭州、杭州[1]等地都曾见到。许浑的《赠萧炼师》一首,序言中提到萧炼师是当时宫中柘枝舞的名伎。

通览唐代诗歌,确实保存了反映唐代中外关系的宝贵资料。目前,我仅初步作了收集这些资料的工作。但更重要的是如何研究使用这些资料。首先,必须和它同时代的史书、类书、笔记小说等配合起来,如"货通师子国"就可与李肇《国史补》、杜环《经行记》中提到的师子国船舶情况联系起来考虑。其次,诗中反映了大量有待考证的人、事、物,如董仲舒后人董评事的名字;又如《传灯录》中提天竺如乾竺,而诗中多次出现竺乾[2],也许是诗人为了合乎平仄而故意倒置的,抑或别有他故? 还有"月支缏""天竺屐"[3]究竟是什么形状,如何传入等等。再则,还要注意诗与史的区别,诗可以夸张,史就要重实,如杜甫写番禺有"海胡舶千艘",而《旧唐书·李勉传》提到广州的西域舶曾有四十余,当以史书为是。所以说,使用这些材料也存在去粗取精、去伪存真的问题。

总之,仅唐诗中的中外关系资料,已经提出了许多有趣的研究课题,有待大家辛勤耕耘,让我们共同为它洒下汗水吧!

(原载中外关系史学会编:《中外关系史论丛》第二辑,
世界知识出版社 1987 年版)

1　卷 446,白居易《看常州柘枝赠贾使君》;卷 492,殷尧藩《潭州席上赠舞柘枝妓》;卷 511,张祜《观杭州柘枝》。

2　卷 442,白居易《新昌新居书事四十韵因寄元郎中张博士》;卷 445,白居易《和送刘道士游天台》;卷 453,白居易《因梦有悟》;卷 310,于鹄《哭凌霄山光上人》;卷 556,马戴《题石瓮寺》;卷 828,贯休《舜颂》。

3　卷 673,周朴《福州东禅寺》;卷 612,皮日休《江南书情二十韵寄秘阁韦校书贻之商洛宋先辈垂文二同年》。

古代中国的越境旅行家

在伟大中国的优秀文化遗产中,有一笔不容忽视的精神财富。这笔财富的创造者是古代中国的越境旅行家。这些旅行家主要是使臣、僧侣和商人。他们为了完成各自的使命,在古代交通极其不便和物质生活相当贫乏的条件下,以坚忍不拔的意志和顽强奋斗的精神,走沙漠、跨雪山、穿海洋。他们的举动不仅开辟和扩大了古代中国的地理交通,尤为重要的是打开了中国人的眼界,在获得外部世界新知识的同时,还了解到许多有关域外政治、经济的信息。他们归来大多留下游记和撰述。在浩如烟海的汉文载籍里,有许多关于他们的记载。现在,将在中外历史上有较大影响的几位越境旅行家作如下介绍。

一、张骞最早跨越葱岭

张骞受汉武帝之命,两次出使西域。当时汉武帝要联络原先住在祁连山而后西迁的大月氏人去打匈奴,就派张骞出使大月氏。他第一次出使是在公元前 138 年,但在途中被匈奴拘禁了十年。后来逃脱,经过中亚的费尔干纳、咸海和巴尔喀什湖一带,到达已在阿姆河流域建立王朝的大月氏。张骞在那里逗留了一年多,由于大月氏已摆脱了游牧生活,开始定居,加上又打败了当时阿姆河以南的大夏国,不愿再与匈奴为敌。所以,张骞只好回国。他在归途中又被匈奴扣留了一年多,直到公元前 126 年乘匈奴内乱,返回长安。张骞此行虽没有达到联络大月氏的目的,却了解到在汉帝国的西北,除游牧民族外,还有一些平和富庶、利于通商的城邦。同时,他在大夏国看到了四川出产的邛竹杖和布,并从大夏人那儿了解到是从身毒(今印度)买来的,而身毒在大夏东南数千里。由此,张骞推测,除了他自己所走的出玉门关、越葱岭的西域道外,还有一条从四川、云南出境,即西南夷通西域的道路。张骞归来后,将这些情况向汉武帝作了汇报。于是汉武帝一面派人去探寻从四川、云南通西域的道路;一面又派张骞第二次出使,和葱岭以西的诸国通好。张骞出使西域的意义深远,他把高度发展了的汉文化传播到天山南北,以及葱岭以西的远方。这给后代人留下了难忘的印象。敦煌壁画上有唐人画的"张骞出使西域图",右侧是骑在马上的汉武帝为张骞送行,左侧是张骞向汉武帝跪拜辞行,他的后面是随行人马。直到今天,人们还在追忆这位两千多年前的大旅行家,在他的故乡陕西省城固县有一座张骞墓,当地的父老乡亲永远为故里出了个世界著名的大旅行家而自豪。

二、朱应、康泰首通南海

三国时期,扶南(今柬埔寨)王三次通好吴国。公元 244 至251 年,孙权派朱应和康泰对扶南进行回访。他们归来后,朱应写了《扶南异物志》(又名《应志》)一书,康泰写了《吴时外国传》(又名《扶南传》《扶南土俗》)一书。但这两本书都已失传,今天只能在北魏的《水经注》和隋的《北堂书钞》、唐的《艺文类聚》,以及宋的《太平御览》等类书中见到断卷残文。而这些残文成了世界文化宝库中最早介绍柬埔寨有关情况的珍贵文献。

三、法显、玄奘巡礼佛迹、留学印度

东晋僧人法显在399年以65岁高龄，与同伴四人从长安出发，去天竺（今印度、巴基斯坦、孟加拉）求戒律。途经张掖又会合西行僧徒五人。他们过河西走廊，穿行戈壁沙漠，翻越帕米尔高原，先后到达当时的北天竺、西天竺、中天竺和东天竺，即今天的阿富汗、巴基斯坦、尼泊尔和印度等地。法显不仅游历了许多佛教圣地，还在那里学习梵文梵语，并寻求佛教经典。后来，他又到师子国（今斯里兰卡）求戒律。归途走海道，经过耶婆提国（今印度尼西亚苏门答腊），绕行南海、东海，于412年在山东崂山登陆。法显西行求法先后14年，同行者或中途退却，或者死亡，或者留住外国，最后回到本国的仅有他一人。归来后，他写成《佛国记》（又称《法显传》）一书，计9500多字，以精炼而生动的文笔，不仅如实地记述了数万里长途跋涉中的艰苦历程，还对沿途各国的山川风物、宗教文化和经济生活作了扼要描述。它是历史上第一部最早而又比较详细记录古代中亚、南亚、南海的地理、风俗的书，受到中外学者的重视，已被翻译成多种文字。

玄奘是唐代高僧。他到印度留学，去学习和研究佛教经义。于629年从长安出发，抱着"若不至天竺，终不东归一步"的决心，冒着生命危险，冲破唐朝当局下达关闭西部边境的禁令，途经甘肃、新疆、中亚和阿富汗，战胜了沿途流沙、雪山和严寒酷暑的自然障碍，终于到达了印度。他访问过阿富汗的佛教圣地巴米扬大佛谷，巡礼了尼泊尔兰毗尼的释迦牟尼诞生地，最重要的还是在当时印度的佛学研究中心那烂陀寺刻苦学习了五年。玄奘的研究成果卓著，发表了精辟的论述，受到当时印度的戒日王奖励，戒日王还为他召开过佛教经学的辩论大会。在这次会上，玄奘战胜了来自五印度 18 个王国和各个佛教宗派的数千名僧人,得到了很高的赞赏和荣誉。他于 645 年回到长安,带回经论 657 部。回来不久,他把丰富的旅途见闻写成《大唐西域记》一书。书中记述了他留学印度的经历,更主要的是写下了他亲眼所见和得自传闻的 138 个以上的国家、城邦和地区的有关情况,是研究中亚、南亚和部分西亚地区历史地理的重要文献,是具有永久价值的实录。后来,他在长安组织了专门机构,翻译带回的佛经,为中外文化交流作出了不可磨灭的贡献。今天玄奘的事迹已演绎成为家喻户晓的"唐僧取经"了。明朝人不仅给他刻印过一个"译经图",还据他的事迹编成一部小说《西游记》。现在他的故乡河南省偃师县,开辟了一个"玄奘故里"的旅游点,许多中外游客到那里去凭吊这位传诵千古的伟大僧人。

四、杜环踏上了非洲

杜环参加过怛罗斯战役,成了大食人的俘虏。唐代,中国的边疆曾经扩展到葱岭以西的中亚一带,并设安西都护府管辖。正当大唐帝国在东方发展强大的时候,阿拉伯帝国,即大食国在亚洲西部崛起,且势力不断扩展,先灭了波斯国,占领伊朗高原,继而又向北,势力到达阿姆河、锡尔河的中亚一带。这时,中亚的一些小国面对大食势力,纷纷请求唐朝保护。但由于安西都护府的节度使高仙芝以假和好欺骗了石国,所以石国就引大食兵攻打安西四镇。751 年,高仙芝受命唐廷带兵三万,开赴怛罗斯(今中亚哈萨克斯坦江布尔城),双方在怛罗斯附近的阿特拉赫对峙五日,唐军因葛逻禄部的倒戈而被大食的军队击溃。高仙芝率残部逃回安西,而大批的汉地士兵成为大食人的俘虏,杜环即是其中的一人。杜环被俘后,跟随大食军队西行,遍历阿拉伯各地,后来到了新取得政权的阿巴斯王朝的亚俱罗(今伊拉克库法)。他不仅

在阿拉伯居留了八年,还从西亚到过北非的摩洛哥。762 年他搭
商船出红海,沿印度洋海路回到广州。归国以后,他把自己居留
阿拉伯期间游历的各地以及归国途中的见闻,写成《经行记》一
书。可惜这本书已经散失,只在《通典》中保存了 1500 多字。从
其中我们了解到,被俘的汉地士兵中,有不少是有技能的人,如织
绫绢工人、金银匠、画匠等,他们的技艺在阿拉伯得到了发挥,中
国的文明由此传到了阿拉伯地区。这是一件有重大历史意义的
事。杜环的书成了我国最早的一部西亚非洲游记,他本人则成了
有史可考的第一个到达非洲的中国人。

五、徐兢奉使高丽

1123 年,徐兢受北宋朝廷之命,出使高丽(今朝鲜半岛)。他
随使团从浙江宁波起程,由定海县出海,穿过波涛汹涌的黄海,到
达朝鲜半岛的西岸,在仁川登陆,进入高丽王都开城。完成出使
任务后,于同年返国。第二年,即 1124 年,他写出《宣和奉使高丽
图经》一书。该书的重大意义在于,书中记载了整个航程用指南
针导航的情况,是世界上最早用指南针导航的完整记录。它说明
了宋代航海事业居当时全球之首。遗憾的是后来图失文存,然
《图经》仍不失为 12 世纪中国的航海宝鉴。

六、周达观出访真腊、汪大渊扬帆远洋

周达观和汪大渊是元代值得称道的海上旅行家。1296 年,朝
廷遣使出访真腊(今柬埔寨)。使团从浙江宁波起程,由温州出
海,经过越南中部,抵达真腊的吴哥王都。使团成员之一的周达
观在访问过程中积累下第一手材料,在 1297 年归来后,将其见闻
写出《真腊风土记》一书。这部游记生动地展示出中世纪柬埔寨

的画卷,不仅叙述了当地农业、手工业、商业贸易的状况和民间的风土人情,还描绘了著名的吴哥古窟,把它介绍给全世界,具有重要的史料价值。周达观为柬埔寨人民写下了美丽的篇章,柬埔寨人民永远怀念他,在吴哥古窟还可看到柬埔寨人民为周达观竖立的石像。

汪大渊是民间航海事业的杰出代表、远洋旅行家。他少年时代就立志考察海外,20岁时实现了夙愿。他曾于1330—1334年和1337—1339年,先后两次出海。第一次从泉州出航,经南海,绕道马六甲,到尼科巴群岛,再经斯里兰卡、印度西海岸,到伊拉克的巴士拉。第二次也是由泉州出航,经南海,横越马来半岛,由陆路进入安达曼海,后再经印度南岸,赴西亚一带,最后的终点是东非的桑给巴尔。这两次出海是他的主要行踪。另外,他还向东航行,到过菲律宾、帝汶岛、马鲁古群岛。他的行踪遍及东亚、东南亚、南亚、西亚以及印度洋、地中海地区的一百多个国家。特别值得提出的是,他在远航过程中,随手记下了亲眼所见,亲耳所闻。第一次远航归来,就整理出了航海记录。第二次归来,在原来整理好的材料基础上,又增添了许多丰富的内容,写成《岛夷志略》一书。这部实地见闻有很高的史料价值,它把14世纪的南海、印度洋和东非海岸的社会生活状况,栩栩如生地展现出来。如印度半岛上的纺织品和胡椒生产,以及货币使用的情况。又如东非海岸的层摇罗(今桑给巴尔岛)出产的红檀、紫蔗、象牙、龙涎、生金、胆矾等土产,与中国的牙箱、花银、五色绸缎等货物相贸易的情况。这些难能可贵的第一手材料,早就引起外国学者的兴趣与重视,并翻译成各种文本。

七、郑和与"郑和下西洋"

古代中国的越境旅行家,当以明代"郑和下西洋"的影响最深远。郑和祖上原先住在西域,信奉伊斯兰教,后来移居云南。他祖父和父亲都去过麦加朝圣。因此,他幼年时就从父辈处得知不少海外地理知识,并萌发了成年出海远航的念头。明军打到云南后,郑和被俘,带回北京,为燕王府的小太监。他后来跟随燕王出征,多次立功,被晋升为"太监"。成祖登上皇帝宝座后,决心扩大海外经营,组织船队下西洋,便授予郑和统帅的职务。西洋,是明朝人对加里曼丹岛以西海域的习惯称呼。所以,就有"三宝太监下西洋"的佳话传至今天。

郑和受命明廷后,1405 年从江苏太仓刘家河上船,至福建五虎门出海的第一次出使,到 1433 年为止,其间曾先后七次率领船队远航,每次有船 60 至 100 余艘,加上小船共 200 余艘,最大的船可容纳一千多人,船上装满了中国的丝绸、瓷器、茶叶、铁器、金银和铜钱,以换取外国的象牙、香料、药材、染料,所以又称"宝船"。这威武雄壮的船队,到达了广大的东南亚、南亚、东非沿岸约有 30 个国家和地区。从《武备志》中保存的"郑和航海图",图上收录了 300 多个地名,我们便知其航程之远、纵横之广、规模之大了。再从他第 7 次出航前,在福建长乐县南山寺立的"天妃灵应碑"上,可知他前 6 次出航的时间和经历。而特别要指出的是,随同"郑和下西洋"的官员留下的记录,如第 3、7 次随行的费信写了《星槎胜览》,第 4、7 次的随行译员马欢写下《瀛涯胜览》,第 7 次随行人员巩珍写的《西洋番国志》。这些实地见闻为世界航海史和地理史留下了第一手材料,其价值是无穷的。

"郑和下西洋"被中外传为佳话,明代罗懋登编了一个《三宝太监西洋记通俗演义》,使得郑和在当代就成为家喻户晓的人。时至今日,在东南亚国家中流传着不少郑和访问当地时的故事、传说或遗迹。印尼有三宝洞、三宝井、三宝巷、三宝墩,在爪哇岛上还见到三宝祠堂。马来西亚有三宝山、三宝宫、三宝寺塔等。斯里兰卡科伦坡的博物馆里,保存了一块石碑,碑文用汉文、泰米尔文、波斯文三种文字刻成。文中记载了1409年郑和第二次下西洋,航海到锡兰山(今斯里兰卡)时,向该国立佛寺布施物品的情况。这一切都说明了大航海家、旅行家郑和永远地被人们怀念着。

上述众多的越境旅行家,他们为中华民族的历史留下了光辉的一页。他们不愧是中外地理交通的开拓者、友好关系的缔造者、经济贸易的联络者、思想文化的传播者。他们身上也体现出中华民族的优良素质和高尚情操。首先,他们有着勇敢顽强和艰苦奋斗的精神。当法显穿越戈壁沙滩时,"上无飞鸟,下无走兽……惟以死人枯骨为标识耳"。然而,去佛国求戒律的神圣使命给了他无穷的力量,克服了难以想象的艰难困苦,终于到达了目的地。其次,他们有着百折不挠坚忍不拔的意志。玄奘是违背皇帝颁布的禁令,踏上征途的。他申请赴印度时,正遇上动荡不安的西域局势,唐朝被迫封闭西边国境,官府曾发布一道拘捕他的令状。但玄奘没有退缩,他以对佛教的虔诚感动了关卡官员,使之顺利出境。再则,他们还有着富贵不能淫、贫贱不能移、威武不能屈的高尚品德。张骞出使西域,曾被匈奴扣留了十年,后来逃脱,才到达目的地大月氏。玄奘留学印度,学识蜚声五印度,他在那里受到了很大的尊敬和很高的礼遇。但当印度朝野挽留他不归时,却被他婉言谢绝。

至于这些旅行家的游记和著录,都是耳闻目睹的第一手材料,其价值是难以估计的。游记和著录记载了历史上许多国家的山川道路、风土人情、政治变化、宗教发展等,反映了当时中国人对外部世界的认识和了解。他们带回的这些外部世界信息,有助于当时统治者制定相关的外交政策。现在更成为研究中外关系史的基本素材和主要依据。然而,最值得我们骄傲的是,中国旅行家的游记和著录弥补了外国历史的记载不足。印度历史学家阿里认为:"如果没有法显、玄奘、马欢的著作,重建印度历史是完全不可能的。"国际东南亚史权威、英国学者霍尔说过:"要获得东南亚原始历史的任何知识,中国史料是不可缺少的。"日本学者和田久德也说过:"对于缺乏文献史料的近代以前的东南亚史来说,汉文史料就其年代清楚,且略带连贯性而言,乃是最重要的史料。"特别需要指出的是,正是玄奘和周达观的著录,帮助了印度阿旃陀壁画和柬埔寨吴哥古窟的重新发现。这些游记和著录,早已受到东西方学者的青睐,19世纪即有不少游记和著录翻译成各种文字,成为世界文化知识宝库中的一个重要组成部分。

最后,我们可以自豪地说,古代的越境旅行家是中华民族的脊梁。他们的游记和著录不仅是中华民族文化的精华部分,也是世界文化的宝贵财富。

（原载北京大学中国传统文化研究中心编:《中华文化讲座丛书》

［第一集］,北京大学出版社1994年版）

《高僧传》与中外文化交流

佛教传入中国，已在中国生根、发芽、开花、结果。它被认为是东方历史上的一次成功的文化交流。在这次成功的文化交流中，中外僧人都作出了重要的贡献。6 至 10 世纪成书于中国的几部《高僧传》，作者主观目的是为品德高尚、学识优长的中外僧人树碑立传，而客观上却为我们今天留下了极丰富而有价值的史料。它不仅是研究佛教的重要文献，也是研究中外文化交流史的重要作品。本文目的是借助《高僧传》一、二、三集里对有关中外僧人的某些记述，总结出点滴认识，以期对中外文化交流的内涵有所理解。

中国有四朝《高僧传》，或称《高僧传》一、二、三、四集。《高僧传》又称《梁高僧传》，《续高僧传》又称《唐高僧传》，《宋高僧传》原名《大宋高僧传》，《大明高僧传》又称《明高僧传》。《明高僧传》在此从略，因其中几乎没有为外国僧人列传。《高僧传》的作者是梁代僧人慧皎，成书大约在梁普通三年或四年（522 或 523），记述了从东汉明帝永平十年（67）至梁武帝天监十八年（519）453 年之间，魏、吴、晋、宋、齐、北魏、后秦共九个朝代的 257 位中外僧人事迹，附见者也有 200 多人。《续高僧传》的作者是唐代僧人道宣，书初成于唐贞观十九年（645），实记止于麟德二年（665），记述了从梁天监元年(502)始至唐贞观十九年(645),计144年间的340位(一说331人)、附见者160位僧人的事迹。实际上记的是485位僧人,附见219人。《宋高僧传》是北宋僧人赞宁受诏撰述,成书于北宋端拱元年(988),记述了从唐高宗起至成书时为止的僧人事迹。正传见有532人,附传为125人。三书的体例大致相同,这应归功于慧皎的首创。他把全书分为译经、义解、神异、习禅、明律、遗身、诵读、兴福、经师、唱导等十科。后两书分科内容完全一样,但与慧皎的书有所出入,即增加了"护法""感通"和"杂科",去掉了"神异""经师"和"唱导"。三书的首篇都是译经,次为义解。因为要使广大的中国信徒接受佛教教义,首先必须弘扬经典,其次是解释教义。以下各科,不外是要佛教徒修心行善,持律戒法,并倡议建寺造像,以示虔诚,求得兴福。总之,三部书从体例到内容,作者都是围绕一个主题,即表彰中外僧人在佛教传播中的业绩。

佛教诞生在南亚,它是通过中亚传播到中国内地的。所以在中国的《高僧传》里不只给中国僧人列传,也给许多外国僧人列传。其中有来自安息(今伊朗)、康居(约在今巴尔喀什湖和咸海之间)等地的中亚一带的僧人;也有南亚的,而主要是南亚僧人。总计三书的南亚僧人不下83位。他们分别来自罽宾(今克什米尔)、天竺(指古代印度,包括今印度、巴基斯坦和孟加拉)、迦维罗卫(今尼泊尔)、师子国(今斯里兰卡)等地。慧皎在译经科中列了26位,道宣也在译经科中列了19位,赞宁则在译经科中列了17位。此外,三书的"义解""神异""习禅""感通"各科中也分别见到有关南亚僧人的记述。由此看来,南亚僧人的贡献主要在佛经的翻译上,这当是狭隘的认识。若从广义和深义上来理解,不难发现,外国僧人带来的不仅是佛教,还有大量与之相应的思想文化,且在中国历史上产生了深远的影响。关于佛教思想文化的传入,以及它和中国本土思想、传统文化相互影响的情况,已有许多专门著述。[1] 我这里仅就几部《高僧传》中的译经、医药、天文历算诸方面作一点补充,使我们了解到佛教思想文化落脚汉地过程的具体情况。

佛教思想的传播有赖于佛经。外国僧人到汉地弘法带来许多佛经,而佛经的翻译就成了首要的任务。三部书的"译经"科共为 82 位中外僧人列了正传,三部书的作者认为这些僧人在佛经翻译上是作出了贡献的。而今人共见其中有建树的"四大译师"是 5 世纪初到达长安的父为天竺人、母为龟兹人的鸠摩罗什;梁大同十二年(546)抵达广州的西印度优禅尼国人真谛;往返 17 年,西行求法的中国唐代僧人玄奘;以及幼年随叔父到唐的北天竺僧人不空。这"四大译师"传播了不同的佛教学派,还各有其翻译特点,其业绩又是在汲取同代和前代僧人营养的基础上丰富起来的。因此,其他僧人的事迹同样不可忽略。总观这些译经僧人的成功经验,首先是,参与译经的外国僧人要通晓汉语和训诂之学,中国僧人要精识梵文。为达到这一目的,中外僧人都做了很大的努力。如汉桓帝年间(147—167)来华的安息人安世高"才悟机敏,一闻能达。至止未久,即通习华言"。所以,慧皎称他的译文"义理明晰,文字允正,辩而不华,质而不野"。魏晋时期,世居河南的天竺后裔、居士竺叔兰,能"传究众音,善于梵汉之言",与无罗义比丘合译《光明般若经》。无罗义"手执梵本,叔兰译为晋文"。晋武年间(265—289)曾游西域的月支人竺法兰既学会了西域的 36 种语言,又能"贯综诂训、音义、字体,无不备识"。前秦建元(365—384)中入长安的罽宾僧人僧伽提婆"居华稍积,传明汉语"。东晋太元(384—397)中入长安的罽宾僧人昙摩耶舍的弟子竺法度"善梵汉之言"。北凉沮渠蒙逊(401—432)时,在姑藏、凉

---

1   以方立天的《佛教和中国传统文化的冲突与融合》(《哲学研究》1987 年 7 期)一文为代表。

土一带活动，西域有"大咒师"之号的中天竺后裔昙无谶曾被蒙逊
请入凉土译经。他"以未参土言，又无传译，恐言舛于理，不许即
翻"，于是"学语三年"后，才着手翻译。慧皎称他的译文"富于文
藻，辞制华密"。北魏宣武帝永平元年（508）入北魏，有"译经元
匠"之称的北天竺人菩提流支是个"神悟聪敏，洞善方言"的僧人。
他曾把中国僧人昙无最所著的《大乘义章》译成梵文，寄往大夏。
北周时期来华的北贤豆（天竺）犍陀罗国人阇那崛多到长安不久，
便"渐通华语"。这里，不逐一而举。

　　至于汉人精识梵言者，当推达到了登峰造极地步的唐代高僧
玄奘，然在此以前，识梵文者也不乏其人。十六国前、后秦时期的
凉州人竺佛念不仅"苍雅诂训尤所明达"，且"家世河西，洞晓方
语，华戎音义，莫不兼解"。以致他被众僧推荐，与当时来长安的
罽宾僧人僧伽跋澄共同译经。时"澄执梵文，念译为晋，质断疑
义，音字方明"。游过南天竺的东晋僧人慧叡"音译诂训，殊方异
义，无不必晓"。隋代僧人彦琮以通梵华著称，曾受隋文帝之命，
将王舍城沙门所要的《舍利瑞图经》《国家祥瑞录》"翻隋为梵，合
成十卷。赐诸西域"。出身于"儒宗之家"的唐初僧人慧净，曾与
天竺僧人频波一起翻译"词首深妙，曲尽梵言"的《大庄严经》，"并
缀文疏为 30 卷，义冠古今"。后被频波称为"东方菩萨"。此外，
东晋僧人法显、唐代僧人义净，他们都是亲历天竺，苦练勤学，梵
学的深度自不待言。由于佛教在汉地传播盛行，佛经的翻译也日
益兴旺，唐代士大夫曾经掀起过学习梵文的热潮。[1] 从而使中国
人加深了对梵学的研究，更进一步地促进了佛经的翻译，并提高
了翻译佛经的质量。自东汉末年到唐代，经过几个世纪中外僧人
的共同努力，终于出现了大量的汉译释典，其中很多流传到今天。

　　1　参考拙文《唐诗中的中外关系》《中外关系史论丛》第 2 辑，世界知识出版社
1987 年版，第 161—162 页）。

这在古今中外的文化史上有着无与伦比的价值。

佛经翻译过程也是梵汉语言互相学习、影响的过程。晋宋间的谢灵运不仅是个大诗人，还是个佛经翻译家。他"笃好佛理，殊俗之音，多所达解"，曾将"经中诸字，并众音异旨"去咨询去过南天竺的慧叡，写出了《十四音训叙》。这是一部叙述梵文十四音的书，"条例梵汉，昭然可了，并众音异旨"。当时，北方的释道安也"笃好经典"，但他不懂梵文，参与佛经翻译，是通过同本异译来进行研究。于是，他提出"译梵为秦"中的"五失本、三不易"[1]的理论。其中特别是第一的"梵语尽倒而使从秦"，即梵语的词序是颠倒的，翻译过程中必须改从为汉语语法。第三的"梵语委悉，至于咏叹，叮咛反复，或三或四，不嫌其烦，而今裁之"。就是说梵经中的同一个意义往往反复再三，翻译时又须要删削。显然，这两个"失本"都指出梵文和汉文的语法不同，以及梵语和汉语文体的差异。到了隋代，出现了彦琮的《辨正论》。他较全面地总结了佛经翻译工作，提出了"八备"[2]，即做好佛经翻译工作的八个条件。其中第七"要识梵言，乃闲正译，不坠彼学"；第八"薄阅苍雅，粗谙篆隶，不昧此文"。归纳这两"备"，就是说要精通梵文，才能不失梵文的义理，还要兼通中国的诂训之学，才不致使译文欠准确。唐代的佛经翻译已达到了顶峰，且已经有了完备的译坊制度，主译者多是精通梵汉、深晓佛理的中国僧人。以玄奘大师的翻译为其典范，"意思独断，出语成章，词人随写，即可披玩"。这是因为他既精识梵文汉言，又通晓佛教的义理，致使他的翻译达到了炉火纯青的地步。即使后来建立了译经院的宋代，也没有任何一个僧人能超过这位梵学语言大师的。

梵文汉语的交光互影，使得中国的音韵学在汲取外来营养中

---

1   参考马毅祖的《中国翻译简史——五四以前部分》，中国对外翻译公司1984年版，第31页。

2   同上书，第47页。

发展了起来。远在北周明帝二年(558),有波头摩国律师攘那跋陀罗与耶舍崛多在长安译出《五明论》。所谓"五明",按《大唐西域记》的解释,"一曰声明,释诂训字,诠目疏别。二曰工巧明,伎术机关、阴阳历数。三曰医方明,禁咒闲邪、药石针艾。四曰因明,考定正邪,研核真伪。五曰内明,究畅五乘因果妙理。"这五明中的第一声明,对汉语音韵学的发展肯定有所启迪。后来北宋时,沈括总结出"音韵之学,自沈约为四声,及天竺梵学入中国,其术渐密"[1]。沈括是识梵文的,他还将梵文的 42 字母用汉音写出。[2] 而系统总结 10 世纪前中国人对梵学的认识与了解的是南宋的郑樵,他的毕生心血之作是《通志》。在该书的《六书略》中有"论华梵"上中下三篇,是从汉梵两种文字的书体、声调、字义、音韵上作对比研究,得出的结论。并提出"如切韵之学,自汉以前人皆不识,实自西域流入中土。所以韵图之类,释子多能言之,而儒皆不识起例,以其源流出于彼耳"。在《七音略》中又提到:"七音之韵,起自西域,流入诸夏,梵僧欲以其教传天下,故为此书。虽重百译之远,一字不通之处,而音义可传。华僧从而定之,以三十六为之母,重轻清浊不失其论,天地万物之音备于此矣。"在《艺文略》中再一次提到,"切韵之学,起自西域,旧所传十四字贯一切音,文省而音博,谓之婆罗门书。然犹未也。其后又得三十六字母,而音韵之道始备。中华之韵只弹四声,然有声有音,声为经,音为纬,平上去入者四声也,其体纵,故为经。宫商角徵羽半徵半商七音也,其体横,故为纬。经纬错综,然后成文"。从这些阐述中可知,郑樵是深知梵学传播与汉语音韵学发展关系的。由于译经的外来僧人在学习汉语的过程中,往往用梵文字母给汉文注音,梵文是拼音文字,它以 34"体文"与 16"摩多"相拼而成音节,

---

1　《梦溪笔谈》卷 14。

2　同上书,卷 15。

"体文"为声,"摩多"为韵。这种以声韵相拼的方法启迪了汉人,也用此法去分析汉语的音节结构,从而创造出反切注音的方法。同时,受梵文的影响,汉人对语音中的声和韵有了较明确的认识。当然,这与声明学的影响也有关,以致曹魏时有《声类》,晋时有《韵集》成书,齐、梁间沈约有"四声八病"之说,直到隋代的陆法言,集前代韵书之大成,而作《切韵》,唐代则更进了一步。中国僧人创造出一套字母,即《僧守温三十六字母图》。如此,沈括用汉音写下梵文42字母,也就应运而生。有关这方面情况,罗常培先生的《中国音韵学外来影响》[1]一文,作了较全面的论述,值得一读。近期的著述可参考《梵学的传播与汉语音韵学》[2]一文,这里不赘。

综上所述,佛经翻译过程中已在语言学上结出了硕果。以下将介绍佛经翻译过程中在科学技术上所开的花朵。

众所周知,中国自古以来就有自己伟大的医药宝库,但也不断吸收外来养分以丰富自己的宝藏。所谓外来养分主要是古印度和阿拉伯的。这里,主要谈印度的。印度医药也是随着佛教东来、佛经翻译,由僧人作媒介传入的。除前面提到的医方明外,还有不少。如"东汉之末,安世高医术有名,译经传入印度之医药"。他翻译的佛经中有《人体四百四病经》《人病医不能治经》。[3] 特别在《佛说柰女耆婆经》(又称《佛说柰女耆域因缘经》)[4]中,我们看到古代印度开脑术的记载:"国中有迦罗越家女,年十五,临当嫁日,头痛而死。耆婆闻之,往至其家……便进以药王,照视头中见有刺虫大小相生,乃数百条钻食其脑,脑尽故死,便以金刀劂破其头,悉出诸虫,封著罂中,以三种神膏涂疮……七日晨明,女便吹

1　《东方杂志》32 卷 14 号。

2　张联荣发表于《南亚东南亚资料》1982 年第四辑(中国社会科学院、北京大学南亚研究所编)。

3　《出三藏记集》卷 13,《开元释教录》卷 1。

4　《四分律》第 40《奈耶杂事》第 21。

气而寤,如似卧觉。"在同一经中,又见到古代印度破腹术的记载:
"(维耶离)国中复有迦罗越家男儿,好学武事,作一木马,高七尺
余……失踞蹁地而死。耆婆闻之,便以药王照视腹中,见其肝反
戾向后,气结不通故死,复以金刀破腹,手探料理还肝向前毕,以
三种神膏涂之……至于三日,儿便吐气而寤,状如卧觉。"这两段
记载中都提到了耆婆,耆婆是古代有名的医生,约生于公元前 6
世纪左右。他是中印度罗阅祇国萍莎王的长子,医术高明,为全
印度所崇拜,被视为"神医"。随着佛经传入,耆婆名字也逐渐被
中国人所熟悉,并渗入到中国的医籍中。如隋朝记有《耆婆所述
仙人命论方》[1],唐朝记有《千金耆婆万病丸》《耆婆汤》[2],宋朝记
有《耆婆脉经》《耆婆六十四问》《耆婆五脏论》[3]等。《高僧传》中,
有僧人于法开,虽不明籍贯,但祖述耆婆。他"妙通医法,尝乞食
投主人家,值妇人在草危急,众治不验,举家遑扰。开曰:'此易治
耳。'主人正宰羊欲为淫祀,开令先取少肉为羹,进竟,因气针之。
须臾,羊膜裹儿而出。(晋)升平五年(361)孝宗有疾,开视脉知不
起,不肯复入。康献后令曰:'帝小不佳,昨呼于公视脉,但到门不
前,种种辞惮,宜收付廷尉。'俄而帝崩获免……或问法师:'高明
刚简,何以医术经怀?'答:'明六度以除四魔之病,调九候以疗风
寒之疾,自利利人,不亦可乎。'"从这段记载中,我们看到了于法
开已把印度医学和中国的针灸汤液疗法结合了起来。此外,还有
中外译经僧人合作译出的一些有关医药的书,以及天竺僧人参与
治病的事。如沮渠蒙逊的弟弟安阳侯在于阗瞿摩帝大寺从天竺
法师佛驮斯那受《禅秘要治病经》,后来他回到河西,"译出《禅
要》,转为晋文"。又如晋惠之末来到洛阳的天竺僧人耆域曾治愈
衡阳太守的脚病。"时衡阳太守南阳人滕永文在洛,寄住满水寺,

1　《隋书·经籍志》。
2　《外台秘要》卷 37、38。
3　《宋史·艺文志》。

得病经年不瘥，两脚挛屈，不能起行。域往看之曰：'君欲得病瘥不？'因取净水一杯，杨柳一枝，便以杨枝拂水，举水向永文而咒。如此者三，因以手搦永文两膝，令起，即时起，行步如故。"手搦大概是一种按摩疗法。这些，都是中印医药交流中的具体实例。

僧人除传入印度的医药外，还带来了印度的"工巧明"。而某些僧人本身就巧思多知，如北魏时期住在洛阳永宁寺的天竺僧人勒那漫提即"善五明，工道术"，他曾经和天性博艺的信州刺史綦母怀文讨论过有关算理方面的知识。印度的工巧明，在几部《高僧传》中的记述，具体就是天文、历算和建筑上的中外交流。远在三国时期来到吴地的天竺僧人竺律炎，就与支谦合译出《摩登伽经》[1]。这部经中曾论述了星宿的情况。北周时，摩勒国人达摩流支受宇文护之命，译出《婆罗门天文》20卷。《隋书·经籍志》见到的《婆罗门天文经》《婆罗门竭伽仙人天文说》《婆罗门天文》《摩登伽经说星图》等著录，大体都是佛经翻译过程中带进来的。至于历法的情况，当以慧严的介绍最明确。他是南朝刘宋时期的豫州僧人，既博晓诗书，又精炼佛理，曾经到关中，受学于鸠摩罗什，"访正音义，多所异闻"。后来回到京师，向以博物著名的何承天介绍了佛国历法。"天竺夏至之日方中无影。所谓天中，于五行土德。色尚黄。数尚五。八寸为一尺。十两当此土十二两。建辰之月为岁首。及讨核分至，推校薄蚀，顾步光影，其法甚详。宿度年纪，咸有条例。"值得注意的是，在这段记述中还提到了古代印度的计量法。印度历法以唐代人最为知晓，不仅天竺《九执历》译为汉文，还有印度人供职唐代天文台。[2] 印度数学，按照李约瑟论述，5世纪以后进入一个重要发展时期，大约到6世纪创立了位值制数码（即现代通用的印度–阿拉伯数码的前身），建立土盘算

1　《开元释教录》卷3。
2　《旧唐书·历志》。

术,算术、代数、三角学都有迅速发展。而位值制、土盘算术都似乎受到中国筹算方法的影响,其他如分数、弓形面积、球体积、勾股问题、圆周率、一次同余式、开方法、重差术等方面也都可以找到中国数学的痕迹。[1] 而在《续高僧传》中,有一段很有意义的记载:"有翻经学士泾阳刘凭,曾撰《内外旁通比较数法》一卷。凭学通玄素,偏工数术,每以前代翻度,至于数法比例颇涉不同。故演斯致。其序略云:'世之道艺有浅有深。人之禀学有疏有密,故寻筹之用也,则兼该大衍。其不思也,则致惑三隅。然东夏数法,自有三等之差。西天所陈,何无异端之例。然则先译诸经,并以大千称为百亿。言一由旬为四十里。依诸算计,悉不相符。窃疑翻传之日彼此异意。指执之际于斯取失。故众经算数之法,与东夏相参。十十变之,旁通对衍。庶拟翻译之次,执而辩惑,既参隶经诰,故即而叙之。'"刘凭在此是开比较研究之先河,他以佛经中天竺的大数记数法和中国的大数记数法相对比。范文澜认为刘凭的解说,"只是为翻译或研读佛典提供便利,天竺大数记法由于佛经的传播而被介绍到中国,但对中国的数学并没有显著的影响。中国数学对天竺的贡献,最早可能是筹算制度促进了天竺位值制的诞生"[2]。"但由于我国的数学和天文体系与印度不同,所以印度的天文、数学在我国没有发挥多大的作用。"[3]

有关天竺的建筑,在几部《高僧传》中也见到一二。如唐贞元十六年(800),天竺僧人牟尼室利(华言"寂默")来到长安兴善寺,介绍了中天竺摩伽陀国那烂陀寺的情况。"周围四十八里,九寺一门,是九天王所造。默在寺日,住者万余,以大法师处量纲任。

1　参考李约瑟:《中国科学技术史》第 3 卷,《中国科学技术史》翻译小组译,科学出版社 1978 年版,第 323—333 页。

2　范文澜:《中国通史简编》第 3 编第 2 册,人民出版社 1965 年版,第 797—798 页。

3　杜石然等编著:《中国科学技术史稿》上册,科学出版社 1982 年版,第 363 页。

西域伽兰,无如其高广矣。"另外,天竺人还参加了汉地寺院的建造。如隋开皇七年(587)在经南山建造龙泉寺,文帝"敕遣度支侍郎李世师,将天竺监工就造院舍,常拟供奉"。又如五台山的金阁寺是由西域那烂陀寺喜鹊院僧人纯陀"为度土木"的。如此,天竺的建筑风格糅合到中国的建筑形式里,这当是没有问题的。

从印度的梵学、医学、天文历算传入中国的过程来看,大体可以说明一点,即外来的东西要在本土生根开花,必须要与本土实际情况相结合,在结合中又有发明创造。梵学的传入促进了汉语音韵学的发展,是因为佛经翻译过程中梵文汉语的相互比较,于法开使难产的妇人"羊膜裹儿而出",是他运用中国的针灸汤液疗法与印度医药相结合的结果。至于天文历算,虽然也传入不少印度的东西,但因为印度的天文数学体系与中国的不同,相对来说,发挥的作用就不大。所以,能够得出以下结论,即中外文化交流是在交光互影中进行的,且要以本土为主,结合外来的东西,才有所发明创造。这大概是一条规则,古今中外都不例外。这也符合鲁迅先生的"拿来主义",并可以借鉴于今天的中外文化交流。正如季羡林先生所说:"现在世界上流行的禅宗,就是中国人在印度佛教基础上发展起来的。在文化交流中,要以中国文化为主,这不是理论问题,而是事实。我一直反对全盘西化论,因为全盘西化不仅在理论上讲不通,在实践上也办不到。"[1]

(原载季羡林等:《东方文化研究》,北京大学出版社 1994 年版)

---

[1] 《季羡林、赵宝煦、罗荣渠谈中外文化交流》,《光明日报》1990 年 7 月 20 日。

东晋南朝时期外国僧人在我国的活动

佛教自公元 1 世纪传入中原地区后，到东晋南朝时，已有二百多年了。此期间，外来佛教思想通过与中国本土哲学思想相结合，已在中国大地上站住了脚，东晋的统治者已在自觉地扶植和利用佛教了。南朝各代的皇帝、亲王、大臣都崇信佛教，提倡佛教，佛教有了更大发展。这不仅吸引了北方的外国僧人南下。同时，许多外国僧人也跟着商人长途贸迁，纷纷搭乘船舶东来，下榻南朝各代首都。根据《高僧传》、《续高僧传》等书的记载，东晋南朝时的外国僧人，大体有下面诸人。

东晋：晋成帝(326—342)之世过江，在豫章山立寺，讲经说法的西域人康僧渊。孝武初(373)入建康建初寺、制《六言梵呗》的月氏人支昙籥。约太元(394)后，由蜀入荆州长沙寺的罽宾僧人僧伽难陀。隆安元年(397)抵建康的罽宾僧人僧伽提婆。当时还有随提婆译经的罽宾僧人僧伽罗叉。隆安(397—401)中抵广州的昙摩耶舍。从交州乘船到山东，先去长安，后于义熙十一年(415)到建康，与法显共同在道场寺译经的迦维罗卫国(今尼泊尔)僧人佛陀跋陀罗。

宋：景平元年(423)抵达扬州的罽宾僧人佛驮什。同年抵达建康的天竺僧人僧伽罗多哆。元嘉元年(424)由河西辗转至蜀，而后再来京师的罽宾僧人昙摩密多。于同年抵达建康的罽宾僧人求那跋摩。元嘉十年(433)自流沙转道建康的天竺僧人僧伽跋摩。元嘉十二年(435)抵建康的天竺僧人求那跋陀罗。元嘉十八年(441)在广陵结居的天竺僧人僧伽达多。

齐:建元初(481)在广州朝定寺译经的天竺僧人昙摩伽陀耶舍。还有,后来在梁代译经并成了译经大师的扶南僧人僧伽婆罗,是随商舶来到齐都的。

梁:天监二年(503)扶南国王派遣的僧人曼陀罗抵建康。在梁任"总知外国使命"的西天竺优禅尼国王了月婆首那。太清二年(548)到达建康的西天竺优禅尼国僧人真谛。还有,在梁、陈两代译经的天竺僧人亲依。

陈:接受陈朝聘请,在扬州至敬寺译经的扶南僧人须菩提。

在上述各朝外国僧人中,昙摩耶舍、求那跋摩、僧伽婆罗,史书均有明确记载,他们都是附商舶来广州的。此外,还有特别提出的是居士竺难提,他是西域人。曾先后在南京和广州译过《大乘方便经》《请观音菩萨消伏毒害陀罗尼经》《咸革长者六向拜经》。他不仅是个译师,还是个大船主。他的海舶经常往返师子国—阇婆—广州之间。求那跋摩就是从阇婆乘他的船到广州的。另外,他的海舶在公元429年、433年,先后两次,分别载8名师子国比丘尼和铁萨罗等11名师子国比丘尼到宋京。这些师子国尼在京师为中国尼众300人受戒。为接待和供养师子国尼,特地把京城的一座尼庙改称为铁萨罗寺[1]。僧人受到商人的支持和扶助,远不止此。如求那毗地,为人弘厚,深受人们的敬爱。南海商人出资,为他建造了一座寺庙,取名"正观寺",供其居住。这些,充分说明了兴旺的商业贸易和发达的南海交通,为外国僧人来华提供了方便。东晋南朝时期外国僧人来华,是与社会经济的发展

---

[1] 《南朝佛寺志》卷上。

密切联系着的。下面将介绍外国僧人在华活动情况。

　　外国僧人在华的活动，主要是宣传佛教思想，而其中的一项重要内容是参与佛经的翻译。在东晋南朝一代的佛经翻译中，来华的外国僧人起了主导作用。他们的同代人或后代人，已为其作了应有的估价，在《高僧传》《续高僧传》中，把在译经上作出贡献的僧人，列为篇目之首。佛陀跋陀罗译经时，手执梵本，由曾经游历过西域，又对天竺诸国音字训诂悉皆备解的中国僧人宝云传译，于时坐有二百五十余人，可见其译场的盛况。求那跋摩的译经是"文义详允，梵汉弗差"。僧伽婆罗是"博涉多通，乃解数国书语"。他译出的经文，由中国沙门"相对疏出，华质有序，不坠译宗"。特别要指出的是真谛，他到广州，先住两年，后到京师，正值梁末，便流寓到浙、赣等地，最后又返回广州，在制旨寺译经。他所译的《摄大乘论》对中国佛教思想影响较大。其译文同代人称赞为"法师既妙解声论，善识方言，词有隐而必彰，义无微而不畅"[1]。真谛译文最难能可贵的是，精研汉文音义，翻译中尽量采用汉文，少夹梵字音义，在这方面确实是下了一番功夫的。所以，真谛才能与鸠摩罗什、玄奘、不空并列为中国佛教史上的四大译师。无可否认，这一时期翻译出了大量的释典。根据《开元释教录》记载，东晋译经 168 部 468 卷，刘宋译经 465 部 717 卷，南齐译经 12 部 33 卷，萧梁译经 46 部 201 卷，陈朝译经 40 部 133 卷。总计东晋南朝共译经 731 部 1552 卷。这些所译释典，当是整个汉译释典不可分割的一个组成部分。

　　在华的外国僧人，除参与翻译佛经外，还积极宣传佛教思想。佛教思想的宣传，有赖于中国帝王的支持。东晋僧人道安一语道破了这一点："不依国主，则法事难立。"南朝各代帝王都倡佛，佛

　　1　引自马祖毅：《中国翻译简史——五四以前部分》，中国对外翻译出版公司 1984 年版，第 42 页。

教既是统治阶级中王公贵族的共同信仰，也是统治阶级用来奴役广大人民的工具。因此，外国僧人来到京师都得到了优厚的待遇。有的帝王"礼贤下僧"。其中以宋文帝和梁武帝最有代表性。梁武帝优待外国僧人，已为古人、今人瞩目。他曾亲诣僧伽婆罗译经法座，并笔受其文。他对待真谛大师，更是躬申顶礼，供养于宝云殿。

宋代帝王对外国僧人的礼遇也十分突出。如天竺僧人求那跋陀罗（394—468），是刘宋之世来京外国僧人中的佼佼者，身历文帝、孝武和明帝三代。公元 435 年抵广州后，文帝便遣使把他迎至京师。上自皇帝，下至亲王大臣，都对他表示十分崇敬。他在相当优裕的条件下开始了译经生涯。后来他虽一度卷入孝建初（454）的皇室斗争中，但未受到任何连累。宋孝武帝还接见了他，并益加礼遇。连他自己都感到受宠若惊，称"贫道远归帝京，垂三十载。天子恩遇，衔愧罔极"。他死后，明帝"深加痛惜，慰赠甚厚，公卿会葬，荣哀备焉"。可见，求那跋陀罗在中国的际遇是很不平常了。

帝王如此厚待外国僧人，表面的原因是和他们尊重、信仰佛教有关。但如深入考察，则帝王还有自己的打算，这可从宋文帝与求那跋摩的一席谈话中窥知。

求那跋摩从罽宾国王子出家，先在师子国弘法，后到阇婆国，曾为王母及王受戒。由于道化之声远插四方。所以受宋文帝之请，他于公元 424 年到达广州，公元 431 年来到建康。受到文帝的召见。文帝不仅殷勤地接待了他，还向他询问了持斋不杀的道理。[1] 求那跋摩的话真是妙不可言，他公开说明帝王与普通百姓可以用不同的方式崇佛。帝王崇佛依旧可以锦衣玉食，过骄奢淫逸的生活，只要"出一嘉言""布一善政"，就可以得到佛的保佑。

1　《高僧传》卷 3《求那跋摩传》。

而留给普通老百姓的,则是持斋不杀,过禁欲的贫苦的生活,如此
"两全其美",天下岂不太平了吗?

　　综上所述,说明东晋南朝时期外国僧人的到来,不仅促进了
中外文化交流,而且也大有助于当时封建政权的巩固。而这些僧
人为了要得到帝王的优待,也着实在迎合封建统治者的需要上下
了不少功夫。这也是佛教能在中国逐渐生根的一个原因。

(原载中国中外关系史学会编:《中外关系史论丛》

[第 4 辑],天津古籍出版社 1994 年版)

中国与南亚的友好关系源远流长

中国是南亚的近邻，巴基斯坦、印度、尼泊尔、不丹等都与中国接壤；南中国海又直通印度洋，海路把斯里兰卡、马尔代夫和中国连结在一起。两千多年来，中国人民和南亚各国人民就一直有着密切的联系和深厚的友谊。在浩繁的中国史籍中保存了很多有关这方面史实的美好篇章。现在，仅就使臣互访、僧侣往来以及文化交流和相互影响这三方面作一概述。

一、络绎不绝的使臣互访

中国和南亚各国历史悠久，往来密切。根据中国史书记载，早在公元前 2 世纪西汉时，就已经有了国家之间的正式外交使臣往来。这种往来后来不断发展，到唐朝(618—907)达到了高潮，宋代(960—1279)以后仍连绵不绝。

汉武帝(前 140—87)时，张骞两次(公元前 138 年和公元前 115 年)出使西域。在第二次出使时，张骞曾派他的副使到身毒国(即印度，包括今巴基斯坦和孟加拉国)。[1] 罽宾(今克什米尔地

1　《史记》卷 123。

区)、黄支(今印度东海岸马德拉斯以南地方)也在武帝时期与汉朝通使。[1] 这些最早的接触,为后来长期的和平相处打下了基础。

东汉三国两晋南北朝时期,我国与天竺的交往日趋频繁,并且还发展了同师子国(今斯里兰卡)的关系。东晋义熙二年(406),师子国送来玉像,"像高四尺二寸,玉色洁润,形制特殊,殆非人工"[2],供在瓦官寺内。此像与顾恺之的画、戴逵的塑像,被世人称为"三绝"。宋元嘉五年(428)师子国刹利摩诃南国王送来国书。[3] 梁大通元年(527)国王伽叶伽罗诃梨又送来国书。[4] 两书中都提到"虽山海殊隔,而音信时通",可知当时的交往已相当密切。

唐朝是中国封建社会的繁荣时期,对外关系出现了新局面,与次大陆国家的交往也全面展开,达到了高潮。唐不但进一步发展了和天竺、师子国的关系,而且还和泥婆罗(今尼泊尔)开始了使臣互访。师子国几次遣使来唐。[5] 太宗(627—649)、高宗(650—683)时派李义表、王玄策先后数次出使天竺。李义表建铭于耆阇崛上[6],王玄策立碑于摩诃菩提祠[7]。王玄策还写了《中天竺行记》一书,可惜今天已经失传了。高宗、武后(684—704)时五天竺及其属下的加设路国、摩揭陀国、那揭国均遣使来唐。[8] 这些都说明了唐与天竺关系的进一步发展。贞观(627—649)中,李义表出使天竺,途经泥婆罗,受到那陵提婆国王的接待。之后,泥婆罗连续遣使入唐,并送来波稜、酢菜、浑提葱。[9] 此外,我国吐蕃与

1　《汉书》卷96上,卷28上。

2　《梁书》卷54。

3　《宋书》卷97。

4　《梁书》卷54。

5　《新唐书》卷221下。

6　《法苑珠林》卷39;《全唐文》卷126。

7　《法苑珠林》卷38。

8　《旧唐书》卷198;《新唐书》卷221上。

9　《旧唐书》卷198;《新唐书》卷221上。

泥婆罗的关系也值得重视。当时彼此之间不仅建立了深厚的友谊,还有联姻关系。吐蕃王弃宗弄赞(松赞干布)曾娶泥婆罗公主赤贞为后。这些佳话至今仍在我们两国人民中间传颂。

宋辽金元时期,我国和南亚各国之间也有许多重大的外交往来。辽(716—1125)和师子国保持着友好的关系[1],还专设师子国王府供师子国人享用[2]。北宋初(960)有东印度王子穰结说罗来我国[3]。宋太祖(960—976)还接待过出家为僧的天竺王子曼殊室利[4]。北宋真宗(998—1022)、仁宗(1023—1063)、神宗(1068—1085)时与南印度的注辇国有过多次使臣互访[5]。元(1271—1368)与南印度东面的马八儿、西南角的俱兰有过多次交往。元世祖(1260—1294)先后派唆都、杨廷璧、亦黑迷失等人出使马八儿、俱兰国[6],并派专人去求马八儿的奇宝及方技[7],马八儿、俱兰也不断遣使来中国[8]。仁宗时(1312—1320),马八儿国王昔剌木丁派人专程送来方物。[9]

明(1368—1644)与榜葛剌(今孟加拉,属古代五天竺中"东天竺"的范围)有过多次使臣互访,其国工两次送来麒麟[10],明遣使答谢。明政府还在镇江设宴招待榜葛剌的使者,并曾遣使去该国为其国王吊丧[11]。明朝还和位于印度洋中的溜山(今马尔代夫)结下了深厚的友谊。早在元人汪大渊的《岛夷志略》中,就有关于北溜的叙述,说明了远在通使之前,中国对溜山就有了认识与了解。

---

1   《辽史》卷 12。

2   《辽史》卷 46。

3   《宋史》卷 3,卷 490。

4   《宋史》卷 490。

5   《宋史》卷 15,卷 489。

6   《元史》卷 131,卷 210。

7   《元史》卷 13,卷 15。

8   《元史》卷 8,卷 10,卷 12,卷 13,卷 14,卷 15,卷 16。

9   《元史》卷 25。

10   《明史》卷 6,卷 7,卷 9,卷 10。

11   《明史》卷 326。

永乐年间(1403—1424),两国有好几次使臣互访。[1]

　　明与南印度沿海国家的友好关系有了新的发展,与东海岸的西洋琐里(今科里伦河口)、琐里(今科里伦河以北诸地)、西海岸的古里(今科泽科德)、柯枝(今科钦)以及南面的甘巴里(今科摩林角)等国相互间不断遣使送物。[2] 永乐三年至宣德八年(1405—1433),明遣郑和七下"西洋"(今南洋和印度洋),曾多次到过南印度沿海国家以及锡兰山(今斯里兰卡)、溜山、榜葛剌等地,与这些国家建立了密切友好的关系。柯枝国王曾请明廷给予印诰并封其国中之山,明遣郑和去赠印,并撰碑文,勒石山上。[3] 郑和还于永乐七年(1409)在锡兰山立佛寺建布施石碑,记叙了第二次到锡兰山的情况[4](此碑于1911年在锡兰南方加里镇发现)。郑和不仅代表政府出访各国,同时也是与各国商贾进行贸易。明政府规定,外国使臣来访"许载方物与中国贸易",政府设市舶司提举官管理海外贸易。永乐元年(1403),西洋琐里使臣来时"附载胡椒与民市"[5]。这说明了当时我们之间除了频繁的使臣交往外,还建立了商业贸易的联系。这标志着友好关系的进一步发展。

　　上面是对公元前2世纪至公元17世纪上半叶中国与南亚关系的扼要介绍。自17世纪西方殖民主义者来到印度洋后,我国与南亚各国之间除了发展传统友谊之外,反对殖民主义者的共同斗争把我们更紧密地联系在一起了。

二、前赴后继的僧侣往来

　　使臣的互访为国家间的友好相处奠定了基础,而连续千年的

1　《西洋朝贡典录》卷中;《明史》卷326。

2　《明史》卷2,卷6,卷9,卷10。

3　《明史》卷326。

4　《星槎胜览》前集。

5　《明史》卷325。

僧侣交往则产生了更加深远的影响。

佛教于公元前 6 世纪诞生在南亚(佛陀诞生于今尼泊尔境内,活动在印度境内),后来逐渐传入我国。根据史书记载,东汉三国时,佛教在上层社会中传播,到两晋南北朝又在下层社会中得到了广大信徒。隋唐迄宋,佛教在我国达到极盛。由于佛教的传播,中国和南亚的僧侣相互来往日益频繁。从东汉到北宋的一千多年间,大量僧人西去东来。梁慧皎的《高僧传》、唐道宣的《续高僧传》、宋志磬的《佛祖统纪》,记载了很多南亚僧人东来弘法和中国僧人西行巡礼的事迹。他们在传播佛教、交流文化、增进中国人民与南亚人民的友谊方面立下了功劳,有的还留下了非常有价值的著录。

相传最初来到中国的南亚僧人是天竺的迦叶摩腾和竺法兰。东汉明帝永平十年(67),他们在大月氏受到汉使的邀请,同来洛阳,住在白马寺,编译出《四十二章经》。后来,竺法兰又自译书《十地断结经》等。这是最早的汉译佛经。

南天竺僧人菩提达摩在传播佛学上有独特的贡献。南朝宋末(479),他航海来到广州,大约在北魏宣武帝时(500—515)到洛阳,住嵩山少林寺,宣传大乘空宗的禅法,称为"壁观"。他是禅宗的创始人,禅宗在佛教史和中国哲学史上都有一定的影响。

北天竺僧人不空在传播佛学、增进唐与天竺、师子国的友谊方面有过贡献。他自幼随叔父东来,后师事天竺金刚智三藏。他和金刚智以及另外一位天竺僧人善无畏被称为"开元三大士"。开元二十年(732),他受金刚智遗命往五天竺及师子国广求密藏,初至南海,因探访史刘巨邻恳求灌顶而耽搁,至开元二十九年(741)始乘昆仑舶离南海,当年抵师子国,其王遣使迎之。以后游五天竺。天宝五载(746)还京。带来师子国国王给唐的国书及金宝、缨珞、般若梵夹、杂珠、白氎等。后来参加翻译佛经,从天宝元年至大历六年(742—771)译出大乘经典七十七部、一百二十余卷。唐朝为表彰他的业绩,曾赐他"开府仪同三司"并"封肃国公,食邑三千户"。

　　中国僧人西行求法的事迹,千年间也是史不绝书的。西行求法的人数达几百,其中有个人单身前往的,也有志同道合的几个人一起成行的,还有政府派遣去的。如北宋初年,太祖派一百五十七人去天竺取经。[1]　规模不等,所起作用也不尽相同。但他们为增进中国人民与南亚人民之间的友谊都作出了重大的贡献。最难能可贵的是那些留下有关南亚著录的僧人,法显、惠生、玄奘、义净、继业,他们的著录至今仍闪耀着光辉。

　　东晋僧人法显,"慨律藏不具",于隆安三年(399)与同学数人,自长安出发,渡流沙,越葱岭,游历了北、西、中、东天竺等地,后来到师子国,经爪哇岛,于义熙八年(412)返回,以后就将其旅途见闻写成《佛国记》一书。

　　北魏孝明帝熙平元年(516),胡太后诏遣敦煌人宋云偕比丘惠生"使西域探诸经律"。神龟元年(518)冬,他们从洛阳出发,经吐谷浑(今青海),渡流沙,越葱岭,直抵乾陀罗国的乾陀罗城(今巴基斯坦白沙瓦附近),正光元年(520)归国,带回经论一百七十部。宋云、惠生的《使西域记》原书已失传,现在我们只能在北魏杨衒之的《洛阳伽蓝记》中看到其节录部分。

　　玄奘是中国与南亚关系史上最响亮的名字。他于贞观元年(627)从长安出发,经新疆和中亚,前往天竺。曾在中天竺摩揭陀国的那烂陀寺学习了五年,后外出巡游,遍至天竺各地,研究佛教经义,还受到东天竺迦摩缕波国拘摩罗王和中印度羯若鞠奢国戒日王的召见,贞观十六年(642),戒日王在曲女城为他举行了一次佛教经典辩论,会上玄奘辩论胜利,获得了很高的声誉。他于贞观十九年(645)回到长安,之后在洛阳受到唐太宗的召见。玄奘归国后潜心译经,共译出经论七十五部一千三百三十五卷,成为

_____

　　1　《宋史》卷490。

我国古代出色的翻译家。他还写了《大唐西域记》一书。

唐代僧人中留下著录的还有义净。他于高宗咸亨二年（671），自南海附波斯舶，经室利佛逝（今苏门答腊）到天竺求经律，得梵本经律论近四百部。证圣元年（695）回到洛阳时受到武则天的亲自迎接。他在归途中写成《南海寄归内法传》和《大唐西域求法高僧传》二书。

继业是北宋乾德二年（964）受诏入天竺求经的僧人之一，大约在开宝九年（976）回国。他在所藏四十二卷《涅槃经》的每卷之后分别记叙了赴西域的行程。这部经今天已经不存在了。但宋人范成大的《吴船录》中提到经书各卷后的《西域行程》"虽不甚详，然地理大略可考，世所罕见"，使我们今天还能看出从东京（今河南开封）出发，至中印度，后经泥婆罗归国的路程。另外，在敦煌曾发现过一册《西天路竟》的写本（今藏伦敦博物馆），经考证，《路竟》也是记叙北宋初年一百多僧人赴天竺求经的行程的书。它可和《吴船录》中保存的继业行程相互印证。

上列各书均为中国古代记载南亚情况的主要专著。这些专著加深了古代中国人民对南亚的认识与了解，并已成为研究古代南亚情况的瑰宝。其中，《大唐西域记》的价值比其他几本更要高得多。玄奘记下了亲历和传闻得知的一百三十八个城邦、地区、国家的山川、城邑、交通、物产、习俗、文化等情况，是研究7世纪中亚和南亚历史、地理等问题的珍贵文献。义净的《南海寄归内法传》主要记叙他在天竺实地考察戒律的情况；《大唐西域求法高僧传》记叙了唐代赴天竺求法的僧人情况。这两本书是研究佛教史的重要参考资料。《佛国记》是现存最早的一部有关南亚的著作。它不仅保存了5世纪初亚洲的佛教史料，并和宋云、惠生的《使西域记》以及继业的《西域行程》一样，都保存了古代中国和南亚交通的重要史料。这些著录是古代僧人汗水和智慧的结晶，它们在思想文化交流上所产生的深远影响，值得我们更进一步去深入探讨。

三、思想文化上交光互影

中国和南亚各国的友谊已有两千多年的悠久历史。双方自开始交往以来，就相互学习，丰富和发展了各自的思想文化。

佛教的传入是中国与南亚关系中的重大事件。佛教思想不但统治过古代的南亚人民，也曾渗透到中国人民的精神世界中。佛教传入后的许多理论、学派就是佛教思想与中国社会的具体情况相结合发展起来的。如佛教在汉代与道家结合起来，在三国两晋南北朝又与儒家的义疏学有很深的关系，以至后来的宋明理学也受过佛教的直接影响。佛教思想是中国哲学史中的一个有机组成部分，也是 2 至 12 世纪中流行于中国的一种主要思潮。

佛教思想对中国的影响很大，而中国老子的思想也给古代南亚人民留下了深刻的印象。如唐时天竺的伽没路国国王曾向出使其国的王玄策"请老子像及《道德经》"[1]。

中国和南亚都有光辉灿烂的文化艺术，双方的文化交流很多是围绕着佛教传播进行的，因此，这些文化艺术很多都打上了佛教烙印。

首先要提出的是佛经的翻译和梵文的传入。根据统计，在现有佛经中可以确定为从次大陆各国的佛经中翻译过来的约有一千五百五十七卷。从东汉到北宋参加译经的有一百五十人，其中有书可证确系从次大陆来华的僧人学者有七十一人。随着大量佛经的翻译，梵文也传入我国。隋唐时，士大夫中似乎掀起过学习梵语的热潮。五代时，岐下有个通五天竺语的阿阇黎"为士人所归"[2]；隋朝

1　《旧唐书》卷 198。

2　《旧五代史》卷 132。

已经有《婆罗门书》[1];宋朝还有《论梵书》[2]。这大概都是教人学习梵文、属于字典性质的书。佛经的翻译和梵文的传入促进了汉语音韵学的发展。

其次,值得重视的是造型艺术上的成就。从很早的时候起,在绘画、雕刻、建筑上我们彼此就交光互影,创造了许多优秀作品,有的还保存到今天。东汉时,从天竺学来画佛像法。[3] 北魏太安初(455),师子国沙门浮陀难提等五人送自造的佛像三尊到洛阳,其技艺很高,"去十余步,视之炳然,转近转微"[4],受到当时人们的称赞。元中统元年(1260),有泥婆罗工匠八十人参加建造吐蕃的黄金塔,监修人阿尼哥"颇知画塑铸金工艺",后来到北京,把绝艺传给了刘元,刘元也成了著名的雕刻家。[5] 中国的书法艺术也传入天竺,元代赵孟頫的书法天竺"国中宝之",甚至有天竺僧不远万里来求书。[6]

造型艺术上的杰作还有石窟寺艺术。今天在次大陆上还保存了公元前开凿的阿旃陀石窟以及 8 世纪开凿的埃罗拉石窟。这些石窟中的壁画和造像栩栩如生,色彩鲜艳,是印度宗教艺术的宝库。随着佛教的传入,我国自 3 世纪开始,从新疆到内地四川都相继建造石窟。今天保存下来的还不少,其中最著名的当数敦煌、云冈、龙门三大石窟。从壁画和塑像的技巧上看,中国的石窟寺是在吸取外来风格的基础上,形成自己独特佛教艺术风格的。云冈的昙曜五窟很明显是吸收了犍陀罗和笈多艺术的特点,这是中国和南亚古老艺术交流的又一个见证。散布在中国和南亚次大陆上的石窟是亚洲古老文明的标志,闪耀着中国和南亚人

1　《隋书》卷 32。

2　《宋史》卷 202。

3　《后汉书》卷 88。

4　《魏书》卷 114。

5　《元史》卷 203。

6　《元史》卷 172。

民智慧的光辉。

　　中国人民和南亚人民早就积累了丰富的科学知识,在频繁的交往中,相互间交流了天文、历数、医药的研究成果。隋时就有《婆罗门天文经》《摩登伽经说星图》等天文书籍传入我国。[1] 唐代历法中见到有"迦叶孝威等天竺法"和天竺僧具摩罗所传的"断日蚀法"[2]以及瞿昙罗造的《光宅历》[3]、瞿昙悉达翻译的《九执历》。但唐人对天竺历有自己的看法,认为"天竺历以九执之情,皆有所好恶,遇其所好之星则趣之行疾,舍之行迟"[4]。由此可见当时人们在学术交流方面认真探讨的精神。

　　数学研究上我们也是互为影响的。我国在隋时就保存了《婆罗门算法》《婆罗门阴阳算历》等书[5],唐时还从西天竺传入《都利聿斯经》《聿斯四门经》等数学专著[6],宋代也有《聿斯妙利要旨》等书[7]。而中国古代的数学成就对印度也有影响,如东汉《九章算术》中的割园求面积计算法,在 9 世纪大雄的著作中再次出现。又如在《梵藏》中,可以找到魏晋时《孙子算经》中没有解决的问题。

　　中国虽有伟大的医药宝库,但自古以来就不断吸收外来养分,以丰富自己的宝藏。北魏时,有罽宾沙门在中国行医。[8]《隋书·经籍志》中保存了许多从天竺传入的药方。唐时婆罗门僧人曾给诗人刘禹锡治眼病。[9] 太宗、高宗、玄宗时都有天竺僧人来造延年药、长生药、献质汗药。[10] 义净在《南海寄归内法传》中,对天

1　《隋书》卷 34。

2　《旧唐书》卷 34。

3　《旧唐书》卷 32;《新唐书》卷 26。

4　《新唐书》卷 27 下。

5　《隋书》卷 34。

6　《新唐书》卷 59。

7　《宋史》卷 202。

8　《魏书》卷 114。

9　《刘梦德文集》。

10　《旧唐书》卷 3、卷 84、卷 198;《新唐书》卷 221 上;《酉阳杂俎》卷 7。

竺五明论中医方明的八医作了较全面的阐述,并提出自己的看法。在《宋史·艺文志》中也见到不少的天竺药方。这些都是研究古代南亚医药史的宝贵资料。中国的医药成就也不断传入南亚,榜葛剌"有医卜、百工悉如中国,盖前世所流也"[1]。

　　我国史籍中的上述记载,反映了我们与南亚各国人民之间源远流长的友好关系,愿它世世代代流传下去。

　　　　　　　　　　　　　　　　　(原载《南亚研究》1982 年第 2 期)

1　《明史》卷 326。

二十四史中的南亚史料简介

南亚次大陆是中国的近邻,早在两千多年前,中国人民和南亚国家的人民就彼此相互来往了。中国和南亚国家的关系是悠久的,中国人民和南亚国家人民的友谊是深厚的。

在浩如烟海的中国古籍中,保存着丰富的南亚史料。这些史料是研究南亚以及中国和南亚关系的重要根据之一。在二十四史中,材料就相当多。源远流长的中国与南亚的关系,以及南亚各国的情况,在各部史书中都留下丰富的篇章。这些材料主要集中在帝王本纪、志、书、蛮夷、外国列传中,但也有很多散见于各部史书的人物传记中。这些史料的内容很广泛,现将其分为古代中国与南亚的关系和古代中国对南亚认识的逐步深入两个方面简单介绍如下:

一、古代中国与南亚的关系

通观二十四史,大体可以看到,古代中国与南亚的关系在两汉以后日趋频繁,隋唐两代进入高潮,到宋、元、明时期则更进一步发展。这种关系又是多方面的,它表现为政府间的交往,商业贸易的联系,交通道路的开辟与扩展,以及思想文化上的交流。

(一)中国与南亚国家政府间的交往

中国与南亚国家自古以来和平相处,相互交往史不绝书。

按二十四史记载,中国与印度(包括今巴基斯坦和孟加拉国)国家间的交往最早见于汉武帝时(前 140—前 87),张骞曾遣副使到身毒国(《史记》卷 123),黄支国(今印度东海岸马德拉斯以南地方)"自武帝以来皆献见"(《汉书》卷 28 下),并于平帝元始二年(2)送来犀牛(《汉书》卷 12)。此后,不管两国内部政权有何更迭,两国的交往从未中断。东汉和帝时(89—105)天竺"数遣使贡献"(《后汉书》卷 88)。三国、两晋、南北朝时,中国虽处于分裂状态,天竺仍与南北方的各个政权有来往。前秦时,天竺给苻坚(357—384)送来火浣布(《晋书》卷 113)。北魏统一北方时(439—534),西天竺、南天竺几次遣使来并送礼物(《魏书》卷 7、8)。在南方,天竺迦毗黎月爱国王于宋元嘉五年(428)给文帝送来国书及礼物(《宋书》卷 97);中天竺、北天竺皆遣使来梁(502—557)(《梁书》卷 2);中天竺国王屈多还在天监初年(502 年后)送来国书(《梁书》卷 54)。此后,天竺又遣使到陈(557—589)(《陈书》卷 5)。隋统一中国后,炀帝(605—618)曾遣使去王舍城,得佛经而还(《隋书》卷 83)。

唐朝(618—907)与天竺的关系非常密切。高宗(650—683)、武后时(684—704),五天竺并遣使来唐(《新唐书》卷 221 上,《旧唐书》卷 6);五天竺下属小国,如加没路国、摩揭它国、那揭国也遣使来唐(《旧唐书》卷 198,《新唐书》卷 221 上);高宗曾派王玄策到摩揭它国的摩诃菩提祠立碑(《新唐书》卷 221 上);德宗(780—804)给那烂陀祠制钟铭(《新唐书》卷 221 上);玄宗(712—735)给予南天竺军队怀得军名号(《旧唐书》卷 198,《新唐书》卷 221 上)。在唐与天竺的交往中,值得提出的一件大事是玄奘留学天竺,中天竺国王尸罗逸多召见了他,后来该国国王又两次遣使来唐,唐太宗(627—649)送书去慰问(《旧唐书》卷 198,《新唐书》卷 221 上)。太宗、高宗时几次派王玄策出使天竺,王玄策写了《中天竺行记》一书（《旧唐书》卷 46），可惜今天已经失传了。

宋与天竺有很深的关系，与注辇国也有密切联系。北宋初（960 年后）东印度王子穰结说罗曾来中国（《宋史》卷 3、卷 490）。太平兴国七年（982）益州僧人自天竺带回其王没徙曩给宋廷的国书。雍熙中（984—987）卫州僧人辞澣自西域还，与胡僧密坦罗一起送来北印度王及金刚座王那烂给宋朝的国书（《宋史》卷 490）。注辇是 9 至 13 世纪南印度半岛上的大国，真宗时（998—1022），其国王罗荼罗乍送来国书及礼物。此后，仁宗（1023—1063）、神宗（1068—1085）时期，该国国王更不断遣使并送来礼物（《宋史》卷 489）。

元与南印度东面的马八儿、西南角的俱兰来往非常频繁。元世祖（1260—1294）先后派唆都、杨廷璧、亦黑迷失等人出使马八儿、俱兰国（《元史》卷 131、卷 210），还专程派人去马八儿求奇宝及方技（《元史》卷 13、卷 16）。世祖一代，马八儿、俱兰不断遣使来中国（《元史》卷 8、卷 10、卷 12—16）。仁宗时（1312—1320），马八儿国王昔刺木丁派人专程送来礼物（《元史》卷 25）。

明与南印度沿海小国的关系也很好。太祖初年（1368 年后）与东海岸的西洋琐里、琐里互遣使臣（《明史》卷 2、卷 325）。成祖（1403—1424）、宣宗（1426—1435）、英宗（1436—1449）时期，与西海岸的古里（今科泽科德）、柯枝（今科钦）、小葛兰（今奎隆）以及南面的甘巴里（今科摩林角）等国相互不断遣使送礼物（《明史》卷 6、卷 9、卷 10、卷 326）。太祖于洪武五年（1372）还提出，西洋诸国"涉海而来，难计岁月"，送这些国家的礼物应"厚往薄来"（《明史》卷 325）。明朝于永乐三年（1405）至宣德八年（1433）派郑和"七下西洋"，此期间郑和等多次到过南印度的沿海小国。柯枝国王曾请明政府给予印诰封山，明遣郑和赠印，后来该国国王撰碑文勒石山上。此外，成祖、宣宗时，与沼纳朴儿、加异勒（今科里伦河口南岸）有过使臣互访（《明史》卷 326）。明还与榜葛剌保持着友好往来。榜葛剌就是今天的孟加拉,属古代五天竺的东天竺范围。成祖、宣宗、英宗时,其国王多次遣使送来礼物,有两次送来麒麟(《明史》卷 6、卷 7、卷 9、卷 10)。明政府曾派侯显去榜葛剌予以答谢。明政府曾在镇江设宴招待榜葛剌的使者,又派使臣去该国为其国王吊丧(《明史》卷 326)。

　　中国和尼泊尔之间横亘着世界上最高的喜马拉雅山,但它没有能阻止我们两国自古以来的友好往来。按二十四史记载,唐朝与泥婆罗的交往甚密,贞观十五年(641),李义表出使天竺途经泥婆罗(《旧唐书》卷 198,《新唐书》卷 221 上)。此后,泥婆罗连续遣使入唐(《新唐书》卷 221 上)。元中统元年(1260)有泥婆罗工匠八十人在吐蕃参加建造黄金塔。塔修成后,监修人阿尼哥于中统三年(1262)来元大都(今北京),受到世祖忽必烈的接见。后来,元政府授予他"人匠总管"的职务,并授予"光禄大夫、大司徒、领将作院事"等头衔(《元史》卷 203)。明太祖、成祖、宣宗时派智光、杨三保、邓诚等多次出使尼八剌国、尼八剌遣使回聘(《明史》卷 331)。

　　中国与斯里兰卡有着传统的友谊。按二十四史记载,晋义熙初(406 年后)师子国"始遣使献玉像"(《梁书》卷 54,《南史》卷 78)。宋元嘉五年(428)送来国王刹利摩诃南的国书(《宋书》卷 97)。梁大通元年(527)又送来国王伽叶伽罗诃梨的国书(《梁书》卷 54)。唐高宗、玄宗时也遣使送来礼物(《新唐书》221 下)。特别值得提出的是师子国与辽的关系。圣宗统和七年(989)师子国送来礼物(《辽史》卷 12),辽还设师子国王府专供师子国人享用(《辽史》卷 46)。元世祖曾派人持金十万去师子国购药(《元史》卷 8)。到了明代,郑和"下西洋"几经锡兰山,宣宗、英宗时两国使臣也互有往来(《明史》卷 326)。

　　中国与屹立在印度洋中的马尔代夫也有深厚的友谊。明时称它为溜山,郑和两次出使其国,永乐十四年后(1416 年后),其国王多次遣使并送礼物来中国(《明史》卷 326)。

(二)商业贸易的联系

按二十四史的记载,中国与南亚的商业贸易联系可以追溯到汉武帝以前。两千多年来,通过陆上和海上进行贸易活动。这种贸易活动日臻繁荣,愈到后来,海上贸易比陆上贸易就愈发达。

汉与身毒的陆上贸易已有一定发展。张骞出使西域(古代西域包括范围很广,我国新疆向西,直到中央亚细亚一带,通称西域),在大夏见到蜀布邛杖,经了解是从身毒国去的(《史记》卷116),这说明汉代西南与身毒已有贸易往来。此时,西边通过西域道与南亚地区的商业贸易也很活跃,《汉书·西域传》罽宾(今克什米尔)条记载着杜钦关于汉与罽宾关系的叙说,其中提到罽宾来的"奉献者皆行贾贱人,欲通货市买",又提到汉去的"使者承至尊之命,送蛮夷之贾"。可见这一带地方的交易兴旺,以致后来汉对罽宾是"赏赐贾市"。东汉时,西域道上的贸易已很发达,"驰命走驿,不绝于时月,商胡贩客,日款于塞下"(《后汉书》卷88)。当时,东汉有很多"西域贾胡",这些"西域贾胡"当然包括天竺商人在内。三国两晋南北朝时期,西域道上的贸易仍很频繁,史书虽不见明确记载,但从北方与天竺通使的情况看,民间的贸易肯定在继续进行。隋时,西域道上的贸易已非常发达,"时西域诸蕃,多至张掖,与中国交市"。炀帝"令矩掌其事"。裴矩请诸商胡"言其国俗山川险易,撰《西域图记》三卷"。在其序言中提到"但突厥、吐浑分领羌、胡之国,为其拥遏,故朝贡不通。今并因商人密送诚款,引领翘首,愿为臣妾"。可见商人要求通商的心情何等急切。后来平定了吐谷浑,诸蕃方才"朝贡相续"。炀帝还在洛阳盛情款待蛮夷使者,并"遣掌蕃率蛮夷与民贸易"(《隋书》卷67,《新唐书》卷100)。唐以后西域道陆上贸易仍然进行,但史书的明确记载不多,然而,海上交易的篇幅增多,这说明唐以后海上贸易占重要地位。

汉武帝时,与黄支国已有海上交通,汉的翻译官与商人"俱入海市明珠、璧流璃、奇石异物,赍黄金杂缯而往"(《汉书》卷 28 下),这是最早的海上贸易记载。东汉时海上贸易已很发达,由日南缴外以通天竺、大秦(《后汉书》卷 88)。三国时,交趾太守士燮每年给孙权送上"杂香细葛,辄以千数,明珠、大贝、流离、翡翠、玳瑁、犀象之珍,奇物异果,蕉、邪、龙眼之属"(《三国志·吴书》卷 49),由此可见南海贸易的旺盛。南朝时期,一如既往"舟舶继路,商使交属"(《宋书》卷 97)。梁时王僧孺任南海太守,"郡常有高凉生口及海舶每岁数至,外国贾人以通货易,旧时州郡以半价就市,又买而即卖,其利数倍"(《梁书》卷 33)。这里指的"外国贾人"当然包括天竺、师子国的商人在内。隋时,南海贸易日益兴隆,当时的广州已成为一个很富庶的地区,"南海、交趾各一都会也,并所处近海,多犀象、玳瑁、珠玑、奇异珍玮,故商贾至者,多取富焉"(《隋书》卷 31)。

唐时封建经济繁荣,对外贸易也很发达,除广州外,泉州、明州也开始成为重要的对外港口,并在广州设立管理对外贸易的专门机构——市舶司。每年来广州的西域船舶达四十余(《旧唐书》卷 131),"南海有蛮舶之利、珍货辐凑"(《旧唐书》卷 177)。特别引人注意的是,其时广州通"南天竺南境"和"天竺西境小国"以及师子国的航程日期已有明确记载(《新唐书》卷 43)。这是长期海上实践积累下的知识,同时也反映出商业贸易活动的频繁。

宋的对外贸易比唐还有所扩大。宋与天竺、注辇等国的商船常来常往,在宋住了一个时期的天竺曼殊室利王子"诣南海附贾人船而归",也有天竺僧人"随舶至海岸"(《宋史》卷 490)。注辇国王就是从宋朝去的桐舶船商人处了解到宋的情况,他还写信来颂扬宋朝政府,因为他听到商船言,"且曰十年来海无风涛。古老传云,如此则中国有圣人。"(《宋史》卷 489)。元时,马八儿的船已直通泉州。当时与马八儿、俱兰等国的海上贸易已非常发达,以致元政府在元贞二年(1296)下令,禁止海商以细货与马八儿等蕃国交易,因为"舶船至岸,隐漏物货者多"。这影响了元政府的税收,所以要另议"规运之法"(《元史》卷94)。

随着海上贸易的日益发展,明政府规定"海外诸国入贡,许附载方物与中国贸易"。政府设市舶司,置提举官管理海外贸易,"以通夷情,抑奸商,俾法禁有所施"(《明史》卷81)。还明确规定了西洋诸国由广州市舶司负责。这些规定说明了明朝的对外贸易已发展到较成熟的阶段。著名的"郑和下西洋"的船队到过柯枝、大葛兰、小葛兰、西洋琐里、古里、加异勒、锡兰山、溜山、榜葛剌等国,去这些国家的目的不仅是代表政府出访,同时也是与各国商民进行贸易。这标志着明朝与南亚国家的经济交流有了进一步发展。

(三)交通道路的开辟与扩展

两千多年来中国与南亚的使臣、商人、僧侣不断开辟与扩大陆上、海路交通。按二十四史记叙,自西汉到明,中国与南亚的陆上交通有三条道路,海上交通主要有两条。

1.陆路

西汉时,中国与印度半岛已有两条陆上交通线,一是西域道,一是滇缅道。当时官方为寻找滇缅道,多次去通西南夷,均未找到,但实际上民间这条道是通的,否则,蜀布邛杖就到不了身毒。自张骞凿空以后,西域这条交通线日益发展,横亘欧亚的"丝绸之路"就是在这条道上。东汉甘英抵条支、历安息、临西河,就是经过这条道路。当时,走这条路很艰险,沿途"气节凉暑之通隔,梯山栈谷绳行沙度之道,身热首痛风灾鬼难之域"(《后汉书》卷88)。虽然如此,中国与南亚的使者、商人,还是"西译遐通、兼途累万,跨头痛之山,越绳度之险,生行死径,身往魂归"(《宋书》卷97)。他们在开辟这条友谊通道上立下了功勋。三国两晋南北朝时期,西域道与滇缅道仍继续通行和展开,鱼豢的《魏略·西戎传》记载"盘越国一名汉越王,在天竺东南数千里,与益部相近……蜀人贾似至焉"(《三国志·魏书》卷 30)。北魏与西域相通,"其信使往来,深得羁縻勿绝之道耳"(《魏书》卷 102)。

隋时,裴矩著《西域图记》,他把从敦煌至西海的北道、中道、南道的具体路程,经过的地点交待非常清楚(《隋书》卷 67)。当时与天竺来往,大概主要通过南道。唐时,贾耽详细地考证了通四夷的道路,在安西入西域的一道中,他把唐境西域道上的山川城市的方位、距离、行程写得很具体(《新唐书》卷 43 下)。这对考证葱岭以东的陆上交通有重要的参考价值。唐时,滇缅道仍然能通行,但由于松外诸蛮的叛乱,曾梗塞一时。贞观中,巂州都督刘伯英上疏"松外诸蛮,率暂附亟叛,请击之,西洱河天竺道可通也"(《新唐书》卷 222 下)。此外,值得提出的是,唐与天竺陆上交通又增添经吐蕃、泥婆罗至天竺道。贞观中,李义表出使天竺就是走的这条道(《新唐书》卷 221 上)。

唐以后南海交通虽日益发展,但陆上的西域道、吐蕃道都没有断线。后晋(936—947)时,有僧人道圆自五印度从西域道归来(《宋史》卷 490)。北宋初年,派往印度求学的僧人就走过西域道。其时,宋朝政府还给沿途地方下诏"令国人引导之"(《宋史》卷 490),又有汉僧六十人、回鹘二百余人经吐蕃到天竺取经"自朔方路来为部落劫略"(《宋史》卷 492)。明时,与尼八剌的相互遣使都是经过吐蕃这条路线的。

2. 海路

海上交通也是不断扩大的。最早的海上交通线应当是南海这一道。《汉书·地理志》叙说了汉与黄支国的交通:自雷州半岛出发,中间经过一些南海的小国,水路航程不到一年即可抵今天印度东海岸。看来,这条路线的开辟已有一段时期了。东汉时,这条路线已相当发展。三国以后,这条路线显得更加重要,因为"晋氏南移,河、陇复隔","大秦、天竺,向出西滇,二汉衔役,特艰斯路,而商货所资,或出交部,汎海陵波,因风远至"(《宋书》卷

97）。三国时期还有一条水道应引起注意，即《魏略·西戎传》上提到的"大秦道既从海北陆通，又循海而南，与交趾七郡外夷比，又有水道通益州、永昌"（《三国志·魏书》卷 30）。晋时，法显归来是在"青州长广郡不其劳山"登陆的（《魏书》卷 114），可知青岛已是海上交通的一个出海口。

唐朝贾耽四夷道中的安南通天竺道、广州通四夷道，是两条重要的海上交通线。在前一道中，他具体详细地阐述了从安南出发经骠国到五天竺的具体路程。后一道是自汉代就有的南海道，他明确交待了广州到师子国的具体路程。这反映了海上交通的畅通。宋与注辇多次往来，注辇通广州的水路"约四十一万一千四百里"，需一百五十天。注辇来宋的使臣三文详细叙述了他到广州的具体路程（《宋史》卷 489）。元与马八儿已直接通航，从泉州至其国十万余里，其具体路程在《元史·外夷传》中有明确记载。明与南亚的海上交通已达全盛时期，除民间友好往来外，政府大规模有组织的出使有七次。郑和率领"将士卒二万七千八百余人，多赍金币。造大舶，修四十四丈长，广十八丈者六十二。自苏州刘家河泛海至福建，复自福建五虎门扬帆"（《明史》卷 304），多次到达印度半岛的沿海国家。这对认识印度洋的航程，扩大中国与南亚的海上交通起了一定作用。

（四）思想文化上的交流

中国与南亚国家都是文明古国，自有接触以来，彼此间就通过互相学习来丰富和发扬各自的思想文化。今按二十四史上的材料，就其中佛教、科学技术以及文化艺术几个方面，分别叙述如下：

1. 佛教

公元前 6 世纪，佛教诞生在南亚。随着南亚与中国联系的加强，不久就传入中国。有关佛教传入时间，最早记载是"昔汉哀帝元寿元年，博士弟子景卢受大月氏王使伊存口受浮屠经"（《三国志·魏书》卷 30）。东汉三国时，佛教在上层社会传播开来，光武帝的儿子楚王英"学为浮屠斋戒祭祀""尚浮屠之仁祠"。这里必须指出,在楚王英传中引用了袁宏《汉记》对浮屠的解释,其中提到汉明帝派人去天竺求佛事(《后汉书》卷 42)。桓帝时"宫中立黄老、浮图之祠"(《后汉书》卷 30 下)。三国时的一个地方官也"大起浮图祠"(《三国志·吴书》卷 4)。两晋南北朝,佛教在下层社会得到了广大信徒。从此,"自帝王至于民庶,莫不归心"(《宋书》卷 97),佛教在中国已产生很大影响。所以,在《魏书》中专辟"释老志"一章,将佛教传入中国的经过、佛教教义、习俗、释迦成佛的经过、佛经翻译情况等作了详细叙述。隋唐时,佛教已达极盛时期。玄奘赴天竺留学归来,唐太宗亲自接见,并下令派人协助玄奘翻译从天竺带回的佛经六百五十七部(《旧唐书》卷 191)。高宗亲自到安福门"观僧玄奘迎御制并书慈恩寺碑文,导从以天竺法仪,其徒甚盛"(《旧唐书》卷 4)。唐以后,佛教在统治者中仍有一定影响,辽代为释迦诞辰专有纪念活动"京府及诸州雕木为像,仪仗百戏导从,循城为乐"(《辽史》卷 53)。

佛教所以能在中国传播,是因为它在中国当时社会历史条件下,经过统治者的提倡和改造,形成中国封建社会上层建筑的组成部分。但它是在与各种势力的斗争中传播开来的。历代总是不断有些士大夫崇奉儒学,反对佛教,如唐懿宗信佛怠政事,肖做对他提出"天竺法割爱取灭,非帝王所尚慕,今笔梵言,口佛音,不若惩谬赏滥罚,振殃祈福"(《新唐书》卷 101)。在帝王中发生过"三武灭佛"事件。可是每次佛教在遭受打击后,不久又重新盛行起来。

随着佛教的传播,大量僧人东来西去,从东汉到元络绎不绝。按二十四史的记载,在传播佛教上作出贡献的,有东晋僧人法显,他"慨律藏不具,自长安游天竺。历三十余国,随有经律之处,学其书语,译而写之。十年,乃于南海师子国,随商人泛舟东下"。归国后,将"所径诸国,传记之,今行于世"(《魏书》卷 114)。又有唐玄奘"尝谓翻译者多有讹谬,故就西域,广求异本以参验之。贞观初,随商人往游西域"。玄奘"在西域十七年,经百余国,悉解其国之语,仍采其山川谣俗,土地所有,撰《西域记》十二卷"(《旧唐书》卷191)。北魏时来到洛阳的天竺僧人菩提达摩"本天竺王子,以护国出家,入南海,得禅宗妙法",后"赍衣钵航海而来","隐于嵩山少林寺"(《旧唐书》卷191)。达摩是禅宗的创始人,他东来宣传禅学,对佛教史和中国哲学史产生一定的影响。

随着佛教传播,佛经也译成汉文。自东汉到唐,大量翻译佛经。《魏书·释老志》中阐述了北魏以前佛经翻译情况的片断。《隋书·经籍志》中对东汉以来的译经情况作了系统的总结,并在其中留下中外翻译家的姓名和经目。在翻译佛经上作出贡献的是鸠摩罗什和玄奘。

鸠摩罗什的父亲是天竺人,母亲是龟兹(今新疆库车)人。他出生在龟兹,幼年到天竺求学,后来几经周转,到了后秦统治下的长安。他译经"多所暗诵,无不究其义旨"。在译经过程中,常与其弟子"论西方辞体,商略同异",并且认为"天竺国俗甚重文制,其宫商体韵,以入管弦为善,凡觐国王,必有赞德,见佛之仪,以歌咏为贵,经中偈颂,皆其式也"(《晋书》卷95)。看来,他译经是经过讨论、校正而后才定稿的。他共译经三百多卷,可惜流传至今的不多。玄奘的译经胜过前人,他既精通佛教教义,又精通汉梵语言,译佛经七十五部,一千三百三十五卷,佛经的翻译到玄奘已达顶点,再没有人能超过他了。

佛教思想给予中国人很大影响,而中国的老子也给古代南亚留下很大影响。唐时,天竺属国伽没路国国王向出使其国的王玄策"请老子象及道德经"(《旧唐书》198)。

2.科学技术

从很早的时候起,中国和南亚国家间就交流天文、历算、医药等方面的研究成果。印度天文学在隋以前就传入我国,《隋书·

经籍志》中有"《婆罗门天文经》二十一卷、《婆罗门竭伽仙人天文说》三十卷、《婆罗门天文》一卷、《摩登伽经说星图》一卷、《竭伽仙人占梦书》一卷"。唐代历法中有"伽叶孝威等天竺法"（《旧唐书》卷33）、"天竺僧俱摩罗所传断日蚀法"（《旧唐书》卷34）、瞿昙罗造的光宅历（《旧唐书》卷32《新唐书》卷26）以及瞿昙悉达翻译过来的"九执历"。但唐人对天竺的历法有自己的见解，这在《新唐书》卷27下、《旧五代史》卷140及《明史·历志》中均有记载。

天竺数学研究成果也曾传入我国，在《隋书·经籍志》中有"《婆罗门算法》三卷、《婆罗门阴阳算历》一卷、《婆罗门算经》三卷"。《新唐书·艺文志》中还有从西天竺传来的"《都利聿斯经》二卷、《聿斯四门经》一卷"。《宋史·艺文志》中也见到"《都利聿斯诀》一卷、《聿斯隐经》一卷、《聿斯妙利要旨》一卷"等。

中国虽有伟大的医药宝库，但自古就不断吸收外来养分以丰富自己的宝藏。北魏灭佛时，有罽宾沙门师贤曾"假为医术还俗"（《魏书》卷114）。《隋书·经籍志》中保存了从天竺传入的"龙树菩萨药方"等十二种。唐时，有方士那罗迩娑婆于金飙门造延年药，药成后太宗服用（《旧唐书》卷3）；高宗时，东天竺僧人卢伽阿逸多以"术进"，帝请其造长年药，后被封为怀化大将军（《旧唐书》卷84，《新唐书》卷221上）；玄宗时，北天竺沙门僧密多送来质汗等药（《旧唐书》卷198）。《宋史·艺文志》中还见到"耆婆脉经、耆婆六十四问、耆婆要用方、波驼波利译吞字贴肿方、婆罗门僧服仙茅方"等天竺药方以及"耆婆五藏论""龙树眼论"等。辽时，回鹘曾送来梵僧名医（《辽史》卷12）。元时，马八儿曾送来名药，后来亦黑迷失出使其国又得"良医善药"（《元史》卷131）。中国的医药也不断传入南亚，《明史·外国传》"榜葛剌"条记叙"有医卜、阴阳、百工，技艺悉如中国，盖皆前世所流入也"。

关于生产技术的交流，二十四史中提供了许多待进一步考证的材料，如中国的丝、纸传入南亚的情况。有明确记载的是唐太宗派人到摩揭它国学熬糖法,归来后,让扬州上诸蔗,照其法熬制,"色味愈西域远甚"(《新唐书》卷221上)。

3. 文化艺术

汉代的文明已经传到黄支,《晋书·乐志》中的"文教被黄支"正说明这个问题。后来佛教传入中国,彼此的文化艺术交流又是围绕佛教传播进行的。佛经的翻译,梵文的传入,促进了汉语音韵的研究。《隋书·经籍志》中的"婆罗门书一卷"是教人学梵文的书。当时在士大夫中,似乎掀起一股学梵语的热潮。五代时,岐下有个通五天竺语的阿阇黎"为士人所归"(《旧五代史》卷132)。《宋史·艺文志》中的"论梵书"可能是属于字典性质的书。

从南亚传入的绘画、雕塑无不打上佛教的烙印。东汉时从天竺学来画佛像法(《后汉书》卷88)。东晋时,师子国送来玉像(供在瓦官寺内)、顾恺之画的维摩诘像和戴逵的佛雕像合称为"三绝"(《梁书》卷54)。北魏时,师子国沙门浮陀难提等五人在"京师画像迹",其技巧很高,"去十余步,视之炳然,转近转微"(《魏书》卷114)。唐代还保存一幅韦鹥画的"天竺胡僧渡水放牧图"(《新唐书》卷59),是当时对天竺胡僧的真实写照,可惜今天已经失传了。元代,有天竺僧人数万里来求赵孟頫的书法,天竺"国中宝之"(《元史》卷172)。又有泥婆罗工匠八十人参加建造吐蕃的黄金塔,监修人阿尼哥"颇知画塑铸金之艺",后来他到北京把绝艺传给了宝坻人刘元,刘元也成了著名的雕塑家(《元史》卷203)。

按二十四史记载,天竺的音乐、舞蹈在东晋时传入,隋唐达高潮。"《天竺》者,起自张重华据有凉州,重四译来贡男伎,《天竺》即其乐焉"(《隋书》卷15)。隋文帝定七部乐,其中有天竺伎;炀帝时定为九部乐,也有天竺伎(《隋书》卷15)。唐初沿隋制仍为九部乐(《新唐书》卷21),盛唐时为十部乐,天竺属南蛮乐,也列其中。天竺伎的表演技巧是很惊人的,"能自断手足,刺肠胃"(《新唐书》卷22),这可能是杂技的表演。乐舞的传入丰富了中国人民的精神生活。

二、古代中国对南亚认识的逐步深入

按二十四史书上的材料,可以看出,古代中国对南亚的认识与了解是逐步扩大与深入的。

关于天竺国,在《后汉书·西域传》《宋书·夷蛮列传》《梁书·诸夷传》《南史·夷貊传》《魏书·西域传》《北史·西域传》《宋史·外国传》都有专条叙述。注辇国在《宋史·外国传》,马八儿国在《元史·外夷传》,西洋琐里、琐里、古里、柯枝、小葛兰、沼纳朴儿、加异勒、甘巴里、底里、阿难功德国等在《明史·外国传》有专条阐述。《明史·外国传》中还有"榜葛剌"条。

泥婆罗在《旧唐书·西戎传》《新唐书·西域传》,尼八剌在《明史·西域传》有专条。

师子国在《宋书·夷蛮传》《梁书·诸夷传》《南史·夷貊传》《新唐书·西域传》有专条记叙。另外,《明史·外国传》有锡兰山记载。

溜山见于《明史·外国传》。

罽宾专条在《后汉书·西域传》《魏书·西域传》《北史·西域传》《旧唐书·西戎传》《新唐书·西域传》均见。

上列各史书中的专条,记载了当时那个国家的概况。这些概况提供了公元前 2 世纪至公元 17 世纪上叶南亚各国的自然环境、地理气候、民情风俗、宗教信仰、经济物产、社会政治以及与中国的关系等等。综观这些材料可以看出:三国以前,中国对南亚处于间接了解阶段,两晋以后进入实地考察,唐、元有专程派往南亚的使臣,明代有大规模的出使,因而对南亚的了解具体、深入,也较全面。

汉时已了解到黄支国、身毒国的情况,前者是通过译长(翻译官)和商人知道的,后者是从张骞那儿得来的,仅知身毒在大夏东南、国临大水、气候湿热、人民乘象以战。到东汉时,已知道身毒又名天竺,其国信浮屠道,下有小国,与大月氏有臣属关系、与大秦有贸易关系。出产"象、犀、玳瑁、金、银……诸香、石蜜、胡椒、姜、黑盐等"(《后汉书》卷88)。三国时,东吴的康泰在扶南(今柬埔寨),从天竺派到扶南去的使者那儿进一步了解到,天竺不仅是个富庶的国家,而且已具有高度文化,"宫殿皆雕文镂刻""钟鼓音乐,服饰香华",属下有嘉维、舍卫、叶波等十六个大国(《梁书》卷54)。这一时期有关南亚的情况,是从使者那里和在贸易中了解到的,对南亚的认识,还不深入。

随着佛教传播,海上交通发达,中国人开始对南亚进行实地考察,并有南亚专著问世。东晋僧人法显前后花了十四个年头(399—412)历游南亚地区,归来著《佛国记》一书。这给当时了解南亚提供了系统的知识。此后,中国南北分裂,南北政权与五天竺分别有所联系,因此,《梁书》有中天竺专条、《魏书》有南天竺专条阐述,这时对天竺有了较深的了解。与此同时,中国扩大了对南亚的认识,《宋书》和《梁书》开始有师子国专条,并对该国的气候、种植、民情作了初步介绍,还指出了师子国是当时国际贸易的集中地。唐代对南亚的认识更进了一步。唐玄奘在天竺留学十九年,归来著《大唐西域记》十二卷;王玄策出使天竺后著《中天竺行记》十卷;《新唐书·艺文志》中还有义净著《大唐西域求法高僧传》二卷。这些有关南亚专著的出现,使唐对天竺有全面较深的了解。《新唐书》和《旧唐书》都介绍了五天竺的方位及其下属国,对中天竺的历史传说、王姓、气候、物产、贸易、土地制度、风俗习惯、法律、文化等作了较详细叙述。从这些叙述中可以知道,这时对天竺的认识不仅在自然现象上,而且深入到社会制度中:如"俗无簿籍,耕王地者输地利",这是说的天竺的土地制度;"谋反者幽杀之,小犯罚钱以赎罪,不孝则断手刖足,截耳割鼻,放流边外",这是说的法律制度。这比以前对天竺的认识深刻多了。另外,唐代对泥婆罗有了较系统的了解,《新唐书》对它的民情风俗以及和吐蕃、唐的关系作了扼要叙述。

宋元时期对南亚的认识更深入、具体。宋人不但知道当时北印度到中印度、中印度至南印度的行程、日期,而且对印度半岛南面兴起的注辇国情况了解得十分全面。除了知其地理位置、风土民情外,对它的社会情况也了解十分清楚:如说刑法,"民有罪即命侍郎一员处治之,轻者縶于木格,笞五十至一百,重者即斩,或以象践杀之";说战事,"其兵阵,用象居前,小牌次之,梭枪长之,长刀又次之,弓矢在后,四侍郎分领其众";对其国王统率下的三十一个部落的具体名称都知悉(《宋史》卷490、卷489)。

明代通过郑和七次出使,详细了解到印度半岛沿海国家以及印度洋中的锡兰山、溜山等地情况。至此,中国对南亚有了较全面的了解和认识,如了解到柯枝国人的贫富分化情况,"人分五等,一曰南昆,王族类;二曰回回;三曰哲地,皆富民;四曰革全,皆牙侩;五曰木瓜,木瓜最贫,为人执贱役者。屋高不得过三尺。衣上不得过脐,下不得过膝。途遇南昆、哲地人,辄伏地,俟其过乃起"(《明史》卷326)。古里国一半人信回教,其贫富分化和柯枝一样,人也分五等。通过郑和出使,弄清楚了锡兰山到锡兰国境的地理情况;同时,对印度洋中的溜山也有了较全面的认识,除了知其地理位置、气候物产、民情风俗之外,还了解到"山下有八溜,或言外更有三千溜,舟或失风入其处,即沉溺"(《明史》卷326),可见溜山附近暗礁、岛屿之多。

二十四史中所保存的南亚史料,只是有关史料的一部分。但因为这大都是历代官修史书,所以它大体上勾画出了公元前2世纪至公元17世纪前半叶古代南亚各国的情况,以及中国、南亚关系的轮廓,这些资料可作为研究中国和南亚关系史的起点,全面掌握这些情况还是很有必要的。当然,要把它提出的问题搞清楚,那材料就远远不够了,必须结合各种专著、佛经道藏等来进行,还应和外国的有关材料及研究成果相互印证。这就有待于做进一步的工作了。

(原载《南亚研究》1981 年第 1 期)

中国人研究印度的传统 [1]

20世纪70年代末,中国进入改革开放的时期,随之出现了思想文化的春天。在著名学者季羡林教授的倡导下,我从事了一项工作,即收集、整理汉文载录中有关印度的记述。经过8年的爬罗剔抉,我从历代官修史书、佛教典籍、古地理书及各种笔记小说中辑录出《中国载集中南亚史料汇编》两册(其中95%是关于印度的),并撰写《汉文南亚史料学》一书。前者在印度的《历史杂志》[2]和《政治家报》[3]上有过介绍。通过做这项工作,我深深领悟到,中国人研究印度有其传统。它始于佛教传入中国,两千年来绵延不断。以下,我就这一传统的内涵、特点和意义向印度朋友们作一介绍。

这里,先将促使中国和印度两个古老国家接触的有利因素作扼要叙述。

世人皆知,中国和印度同是人类文明的发源地,远在历史黎

1　本文系作者为2001年4月在新德里召开的"印度与东亚:文化和社会"国际会议而作。原文系英文。中国人注意并研究印度具有悠久的历史,形成了优良的传统。本文回顾了中国从古迄今研究印度学的历程、成就与特点。英文原稿发表于 N. N. Vohra ed. ,India and East Asia: Culture and Society,Shipra,Delhi,2002。

2　*The Indian Historical Review*,Vol. XVIII,No. 1—2,July 1991—Jan. 1992.

3　*Statesman*,26 July 1996.

明时期,黄河流域和印度河流域的文明就屹立于地球的东半部。公元前 6 至前 5 世纪,佛教诞生在古印度。与此同时,中国的孔子和儒家思想应运而生。奠基于两大文明的佛教和儒家,创造了璀璨的思想文化,对人类社会的发展产生了很大的影响,有些到现在还有能动作用。就以联合国教科文组织审定的世界各国文化遗产而论,中国和印度都名列前茅[1],两个国家对人类文明的贡献是巨大的。正因为两国都有文明底蕴,所以,中国人才能持之以恒地研究印度。

中国和印度没有被喜马拉雅的山高和南海的水深所阻挡,从很早的古代起,就有水、陆两路的联系。远在两千多年前的西汉时期,中国与印度半岛已有两条陆上交通线:一是西域道;一是滇缅道。前者自张骞凿空后日益发展,横亘亚欧大陆的"丝绸之路"就在这条道路上。后者是张骞在大夏(今阿富汗北部)见到的中国商品蜀布和邛杖,经询问得知,是从身毒(今印度)转售去的。归来他向朝廷作了汇报。于是官方多次派人去通西南夷,寻找滇缅道,均未找到。但这条道路在民间是通行的。到了唐代,又增添了一条经吐蕃(今西藏)、泥婆罗(今尼泊尔)至天竺的道路。20世纪 90 年代,西藏地区发现了唐代使臣王玄策赴天竺,路经吐蕃时留下的碑文。[2] 10 世纪前,这三条陆路交通线,为中印之间的沟通起了重要作用。

随着南海、印度洋航运的发展,中国与印度半岛的海上交通不断扩展。西汉时期,有一条从中国雷州半岛始行,出南海,经中南半岛,过缅甸,抵达印度半岛东海岸的黄支国(今印度南部的康契普拉姆)的航海路线。[3] 唐代以后,中国的船队已越过暹罗湾和

1　据最新统计,至 2000 年,中国 27 处,印度 22 处。
2　《考古》1994 年 7 期,第 619—623 页,西藏自治区文管会普查队:"西藏吉隆县发现唐显庆三年《大唐天竺使出铭》"。
3　《汉书·地理志》

孟加拉湾,直航阿拉伯海、波斯湾。[1] 10 世纪宋代之后,印度半岛西海岸的故临(今印度西海岸的奎隆)成了中国通西亚、非洲的中转站。[2] 横渡印度洋交通路线的开辟,为两个古文明的交流又提供一条方便大道。

应该特别指出的是,标志两个文明古国友好关系的使臣互访,在汉文载录中史不绝书。从公元前 2 世纪张骞派副使到身毒,以及当时西汉和印度半岛北部的罽宾(今克什米尔)有使臣互访起,到清光绪六年(1880)印度遣使中国止,不论中国是处于统一还是分裂,历朝历代两国的使臣互访络绎不绝。[3] 然而,这种友好关系在西方殖民主义东来后,不得不暂告段落,但它不能抹煞两个古老民族千百年来缔造的传统友谊。

综上所说,文明的底蕴、便利的交通和友好关系,为中国人研究印度提供了先决条件。中国人研究印度已有两千多年,大体可以归纳为:10 世纪前以研究佛教为中心;10 世纪后注重商业贸易的往来;西方殖民主义东来后,中国人关心印度的社会政治,特别是 20 世纪后半叶,中国人对印度的研究取得了长足的进展。下面具体阐述。

诞生在古印度的佛教,经西域传入中国,约 1 世纪中的东汉时期进入中原地区,这已为大多数学者公认。古代中国人对这个外来宗教不是排斥,而是采取探讨、研究、汲取、融会的积极态度。上有统治者的倡导,下有老百姓的信仰。到唐代,中国人建立了自己的佛教宗派,这说明佛教思想已在中国开花结果。从汉到唐这一时期,中国人对佛教的研究取得了巨大成就,突出表现在翻译佛经和巡礼佛国的中国僧人留下的著录上。

---

1   《唐书·地理志》

2   《岭外代答·外国门上》

3   耿引曾:《中国与南亚的友好关系源远流长》,《南亚研究》1982 年第 2 期。

　　佛经的翻译，从东汉末年安世高（1 世纪中人）译经开始，发展于魏晋南北朝，极盛于隋唐两代，北宋则进入尾声。据考证，在一千多年间，直接参加翻译佛经的有 150 多人，其间属印度次大陆来华僧人有 71 人。在中外僧人的共同努力下，从现有佛经翻译中可以确定属于印度次大陆的，约有 1500 种 5700 卷。[1] 无疑，汉译释典是记录佛教思想独一无二的奇葩，是人类社会珍贵的文化遗产。

　　随着佛经的翻译，中国僧人掀起了西行求法、涉足佛国的高潮。他们不辞劳苦，前赴后继，无以计数。在《梁高僧传》《唐高僧传》和《宋高僧传》中，有关他们的记述。其中卓越者当数法显、玄奘、义净。法显于 399 至 412 年游历了北、西、中、东天竺，归来写成《佛国记》（又名《法显传》）一书。玄奘于 627 至 645 年留学印度，并巡游各地，曾受到东印度迦摩缕波国拘摩罗王和中印度羯若鞠奢国戒日王的召见。归来后，他将历时 19 年，行程 5 万余里的亲历见闻，著成《大唐西域记》一书。义净于 671 至 695 年由海道赴印度求经律，归途在室利佛逝国（今印度尼西亚苏门答腊岛）停留，将在印度和南海等地考察到的有关情况，于 691 年完成《大唐西域求法高僧传》《南海寄归内法传》两书。692 年遣弟子大津送回长安。这几部著述，不仅是研究佛教史的主要依据，而且也是研究古代印度的经典。其价值是无穷的，这已为中外学者所公认。所以说，汉译释典和僧人著录是 10 世纪前，是中国人研究印度取得的巨大成就。

　　10 世纪后，在印度洋航运不断发展、商业贸易繁荣的影响下，中印两大文明古国的商业交往，也与日俱增。在此，先提供出两个文明古国所发现的实物见证。

　　中国福建泉州是宋元时期的对外贸易港口，也是中世纪时世

　　1　黄心川：《印度哲学史》，商务印书馆 1989 年版，第 169 页。

界上著名的港口,称之为"刺桐港"。当时那里聚居着从印度洋过来的商客,至今还保存着一座印度教庙宇和当时的番商墓地。其中发现了一些泰米尔文的墓志[1],说明了有来自印度半岛的人在此经商。而印度半岛的东海岸也曾经是宋代商人的集聚地,在泰米尔纳杜邦东岸坦焦尔东约 40 英里的纳加帕塔纳姆,有一个中国土塔。塔砖上有汉字"咸淳三年八月毕工",咸淳三年即 1267年。在此建中国塔,只能说明到印度半岛来的中国商人之多。该塔在 1846 年还残存三层,高 30 米。遗憾的是,1867 年纳加帕塔纳姆的耶稣会传教士得到英印政府的同意,将其拆毁。[2]

与上述实物遗存相互印证的,是这一时期的文献记录,其中有许多是关于印度半岛的商业贸易情况。如 14 世纪两下印度洋的民间航海家汪大渊,在其 1349 年成书的《岛夷志略》中,记述了印度半岛出产各式各样的布,有朋加刺(今孟加拉国和印度西孟加拉邦)的蕊布,沙里八丹(今印度泰米尔纳杜邦东岸纳加帕塔纳姆)的八丹布,大八丹(今印度马拉巴尔海岸坎纳诺尔与特里切里之间)的棉布,马八屿(今印度南部潘班岛及斯里兰卡马纳尔岛一带)的细布,须文那(今印度古吉拉特邦苏姆那)的丝布等等。这些种类的布匹,都是参与当时印度洋贸易的输出品。当汪大渊航行到东非海岸麻那里(今肯尼亚马林迪)时,看到当地居民着朋加刺布制成的独幅裙。[3] 再从明代郑和下西洋,其随从写的《瀛涯胜览》《星槎胜览》《西洋番国志》几本书中,不仅对当时印度半岛沿岸各地的社会生活、风土人情作了描绘,更可贵的是,对这些地区的商业贸易情况作了详细交代。如度量衡、货币、税制情况,又如

1　吴文良:《泉州宗教石刻》,科学出版社 1957 年版,第 41—59 页。T. N. Subramaniam,"A Taimai Colony in Medieval China",*South India Study*,Madras 1978.

2　《岛夷志略·土塔》;约翰·盖伊:《纳格伯蒂纳姆和泉州已消失的庙宇》,丁毓玲译,《海交史研究》1995 年第 2 期。

3　《岛夷志略·麻那里》。

交易过程中击掌定价的风俗等,写得栩栩如生。这大概代表了当时中国人从另一个侧面来研究印度,也说明了中国对印度的认识与了解又进了一步。

15世纪末,西方殖民主义者开始东来,葡萄牙、荷兰、英国、法国先后到印度,经过一系列战争,英国驱逐了其他国家在印度的势力,于19世纪中叶变印度为殖民地。此期间,英国殖民者对中国,则由鸦片贸易变为鸦片战争。两大文明古国面临西方入侵的共同遭遇。特别是印度沦为殖民地后,中国的朝野为之震动,密切关注印度的事态,加深了对印度的研究。一些有识之士提出,不仅要在反殖斗争中相互支持,更重要的是,借鉴印度,吸取教训。现将当时先进知识分子的一些精辟见解提供如下。

当时,中国人在近代科学的基础上,对印度有了确切的了解。思想家魏源编辑的《海国图志》一书是奠定在地圆说和计量概念基础上的。从而,人们在经纬上知道印度的方位,书中辑录《万国地理全图集》中的五印度,记为“北极地自6度30分,偏东自65度至95度”,“广袤圆方384万方里,居民13,400万丁”。更为重要的是,一些走出国门的人,通过调查研究,透视印度的社会现象,看清殖民政策的本质,一针见血地指出“英吉利所在皆号通商”,“其意亦不在通商”,“遂以兵以利诱胁该地之主而拒之,印度马六甲诸国与缅甸先后受其愚”[1]。外交家张德彝(1847—1915)出访英国后得知,英国侵略印度二百年来,已得印度四分之三。英兵驻印度,官有3011员,兵有66,578名,士勇122,346名。每年从英属印度孟买等八府,收进出口税、田地、房屋、树木、人丁、信票、电信、轮车、铁道各税与盐课19250万两。另外,又从遵英律、纳赋的九地,收1,363,485.5两。合银为193,863,484.5两。[2] 殖

1　王芝:《渔瀛庐志》卷2。

2　《四述奇》卷6。

民者在印度的所作所为,促使中国人认识到"制夷"的迫切与必要。胜人一筹的是魏源,他分析了印度洋所处的形势,以及各殖民者在印度的矛盾后,提出利用其矛盾,达到"以夷制夷"的目的,并进一步说明五印度与中国反抗殖民主义的关系[1]。

既然"制夷"使中印关系密切,印度亡国,中国也有了切肤之痛。这时,同情印度人民的疾苦,探讨其沦亡原因,支持其斗争,成了中国人研究印度的主流。如两广总督张之洞编的军歌"方今五洲万国如虎豹,倚犄强兵利械将人骄,我国文弱外人多耻笑,若不自强瓜分岂能逃,请看印度国土并非小,为奴为马不能脱笼牢"[2]。这是借鉴印度的沦亡,来振奋中国的民心。同时,中国人也毫不隐讳地指出印度存在的愚昧、落后,如溺女、寡妇殉葬,等等。[3] 1902年载振(1876—1948)出使英国途中,同舟有一个赴英、庆祝英女王加冕的信地部酋长,随身带员仆20余人,仍佟然自大。另外尚有二酋,为显耀财富,各租英轮一艘,赴英参加庆典。他从土酋的昏聩虚骄中得出"其穷大失居,夸多斗靡,尚虚文,忘实祸……吁可叹哉!"[4]

近代中国人既看到了印度社会的弊端,更看到了印度的希望,这以章太炎和《民报》思想为代表。章太炎在日本,与印度革命者钵罗罕等人接触后,提出"支那印度联合"[5]、"支那印度互相扶持"[6]的主张。他创办的《民报》则大力宣传"亚洲团结"和"中印联合"的思想,要"使欧美人不得占领亚洲,使亚洲诸民族各复其故国"[7]。又进一步指出,支那、印度结成同盟"而后亚洲殆少事矣"[8]。这些

1　《海国图志》卷19。

2　《清朝续文献通考》卷199。

3　《海国图志》卷19。

4　载振、唐文治:《英轺日记》卷3。

5　《章太炎全集》卷4第367页。

6　《章太炎文钞》卷5《答佑民》。

7　《章太炎文钞》卷5《答佑民》。

8　载振、唐文治:《英轺日记》卷3,第368页。

思想是很有见地的，今天看来，也是远见卓识。这是当时中国先进思想的代表观点，也是西方殖民者东来后，中国人经过几个世纪对印度的研究，得出的结论。

历史进入 20 世纪，世界风云动荡，中国在世纪的前半叶也饱经战乱风霜。但中国人对印度的研究仍持续进行着。在此要特别提出来的是思想家、教育家蔡元培。他在任北京大学校长期间，开风气之先，新设"印度哲学"课程。这是近代中国大学里开设最早的印度学课程了，它一直延续下去。到了 40 年代胡适任校长期间，北京大学又增添了东方语言文学系。梵文、巴利文是该系最早设置的一个专业，执教者是从德国留学归来的季羡林（1911—2009）先生，和从印度归来的金克木（1912—2000）先生。到了 50 年代，东方语言文学系除原有的梵、巴语系外，又增添了印度斯坦语，即印地语和乌尔都语。北京大学成了 20 世纪中国人研究印度的重要基地，它在印度学的研究和人才培养上，做出了重要贡献。王邦维教授的《北京大学的印度学研究：八十年的回顾》[1]一文，已作了全面的阐述，这里不另。以下，将 20 世纪后半叶，特别是中国改革开放之后，对印度研究的情况作扼要叙述。

此期间对印度的研究，是在传承过去中国人研究的基础上，又有新发展。

首先要提到的是三位大师，汤用彤（1893—1964）、季羡林、金克木，他们学贯中西，汇通梵华，不愧为 20 世纪中国印度学研究的奠基人。

其次要谈具体成就，大体有三方面。

一是出现了权威性的著述，如汤用彤的《印度哲学史略》（重庆独立出版社 1945 年版）、季羡林的《中印文化关系史论丛》（人民出版社 1957 年版）、《中印文化关系史论文集》（三联书店 1982

1　《北京大学学报》1998 年 2 期百年校庆特刊。

年版),以及金克木的《梵语文学史》(人民文学出版社 1964 年版)。这些著作已被国内外学者推崇为经典。

二是翻译、诠释印度学名著。季羡林先生继 20 世纪 50 年代翻译的梵语文学作品《沙恭达罗》《五卷书》《优哩婆湿》之后,在"文革"期间极其艰难的条件下,把古典长诗《罗摩衍那》全部译成汉文。1980 至 1984 年人民文学出版社连续出版了这部鸿篇巨著,共 7 部 8 册。值得高兴的是,另一部长诗《摩诃婆罗多》的翻译,由季羡林先生的弟子完成,正在出版过程中。此外,在另一项浩大工程《中华大藏经》的出版中,汉译释典将重新规范、整理。更要引起重视的是,《法显传》《大唐西域记》《大唐西域求法高僧传》《南海寄归内法传》出版了新的校注本[1]。这些校注本既汇集了当今的研究情况,又突出了校注者的新见解。特别是《大唐西域记》,它在季羡林先生的总负责下,组织数位专家学者,经过数年努力,集智而成。全书有原文、前言、校记、注释等,共 63 万字。校注本说明了中国人在古印度,包括西域在内的史地研究上,取得了一定的成就,也反映出当代中国人的研究水平,堪称可贵。

三是按现代科学分类,对印度的政治、经济、文化作分门别类的研究,已有一系列的著述出版[2]。特别要指出的是,加强了对印度现状的研究,密切关注印度社会经济的发展,汲取其经验,将成为 21 世纪里中国人研究印度的一个新热点。

以下就研究传统的特点,谈谈我的看法。

积累和传承是中国人研究印度的主要特点。从中国历代官修史书中,有关对印度的记述,充分说明了这一点。从公元前 1 世纪成书的《史记》,到 20 世纪成书的《清朝续文献通考》,其中有

1　章巽:《法显传考证》,上海古籍出版社 1985 年版;季羡林等:《大唐西域记校注》,中华书局 1985 年版;王邦维:《大唐西域求法高僧传校注》,中华书局 1988 年版;王邦维:《南海寄归内法传校注》,中华书局 1995 年版。

2　Zhang Minqiu,"India Studies in China",*India Horizon* Vol. 43 No. 1—2 1994.

身毒国、天竺国、注辇国（即 9—13 世纪的朱罗王国）马八儿国（今印度半岛西南马拉巴尔海岸一带）、榜葛剌等国的传记，其连续性一脉相承。若把记述的内容，按使臣互访、地理交通、佛教关系等分类排列，可以自成一体，其系统性显而易见。从中反映出，两千年来中国人对印度的认识与了解，由表及里，逐步扩大与深入。636 年成书的《梁书》记述天竺国不仅是个富庶的国家，而且还具有高度文化，"宫殿皆雕文镂刻"，"钟鼓音乐、服饰香华"，属下有嘉维、舍卫、叶波等 16 个大国。在 1345 年成书的《宋史》中，较详细地记录了南印度注辇国刑法的具体情况，"民有罪即令侍郎一员处治之，轻者絷于木格，笞五十至一百，重则即斩，或以象践杀之"。还对其国王统帅下的 31 个部落名称一一记载。如今，这些由中国人积累和传承下来的汉文资料，成了写印度历史的瑰宝。

　　重视实地考察和记载，是中国人研究印度的又一个特点。法显、玄奘、义净的著作之所以流传千古，主要是它们都来自亲身经历、耳闻目睹的第一手材料。这些实地见闻，可靠性强，史料价值高。不言而喻，科学性也就寄寓其中了。僧人们的智慧结晶，还显示出中国人固有的刻苦耐劳品德和知行合一的实践精神。法显为寻求佛教戒律，于 399 年，以 65 岁的高龄，走过上无飞鸟，下无走兽，依靠死人的枯骨为标记的戈壁沙滩，克服了难以想象的困难，终于巡礼了佛国。归来写成的《佛国记》，是一部实地考察报告。古人如此，今人也不例外。金克木先生走上梵学研究道路，与他从 1941 年到 1945 年在印度，边工作，边学习印地语、梵语、巴利文，后来又钻研佛学、印度哲学、文学分不开的。最近出版了他的《梵竺庐集》（甲卷《梵语文学史》，乙卷《天竺诗文》，丙卷《梵佛探》)充分说明了这一点。

　　还有，中国人研究印度过程中的时代感非常鲜明。也就是说，著录者的论述适应了时代的要求，反映了时代的变迁。玄奘的《大唐西域记》则可说明，书中的社会实录多于对佛教的阐述，似乎与他赴印初衷相违。岂不知，这与唐廷急切想了解动荡不安的西域局势有关。

玄奘归国的第二年，唐太宗召见了他，向他了解西域的有关情况，并责成他写书，书成后，太宗亲自披览。如此看来，把这部书说成当时西域的现状报告，不为过分。中国虽经过漫长的闭关自守的封建社会，但当西方殖民主义的浪潮席卷东方古老文明时，当时中国的先进知识分子提出睁眼看世界。而首先看到的是，印度沦为英国的殖民地。中国人在大声疾呼的同时，探讨其沦亡的原因，以资借鉴。这体现了中国人研究印度的经世致用求实精神。

中国和印度是两个古老文明的国家。中国通过对印度的长期研究，以达到借鉴和创造的目的，发扬光大了自己的文明。从而，又进一步丰富和发展了人类的文明。在两千多年中国人研究印度的过程中，这样的例子是举不胜举的。佛教传入中国，由于佛经的翻译，掀起了学习梵文的热潮，而梵文的学习，又促使了汉语音韵的发展。至于佛教的哲学思想，又影响了中国宋明理学的形成。再就是中国人引以为骄傲的敦煌、云岗、龙门三大石窟寺艺术，也是受印度艺术的影响，而形成自己的独特风格。当今中国印度学者的研究成果也是如此，季羡林先生运用比较语言学的研究方法，认证出中国佛经翻译的前期文本不是来自梵文，而是来自西域俗语、混合梵文及中亚古代语言、吐火罗语等。[1] 这对中国隋代以前的佛经翻译原文问题，有了明晰的解释。这种真知灼见，对汉译释典的研究，产生了深远的影响。

随着 21 世纪的到来，中国人对印度的研究还会一如既往地

---

[1] 季羡林：《论梵文 td 的音译》，《中印文化关系史论丛》，生活·读书·新知三联书店 1982 年版，第 337—377 页。

传承下去,中国人的印度学研究还会硕果累累。相信在信息化时代的今天,运用高科技的手段,将古老的印度学演释出新的内容,是中印两国的学者都期盼的。

（原载《南亚研究》2004 年第 2 期）

20世纪中印关系史研究概述

中国自古就有研究外国的传统。翻开历朝历代官修的史书"廿五史",从《史记·大宛列传》到《清史稿·邦交志》,不难看出,历朝历代的统治者都十分关注周边国家及外部世界的动态、情况。这就给近现代的中国人提出了责无旁贷的任务,探讨历史上的中外关系,以鉴古知今。在过去的百年中,随着时代的进展,历史学界的学人们,在中外关系的研究上还是取得了长足的进步。从20世纪二三十年代的个别研究行为,五六十年代提倡研究中外关系为政治服务,到八十年代之后的全方位开展,已经使当今的中外关系史成了历史学科下的独立门类了。

中外关系史,其内涵是丰富多彩的。从字面看有两层意思,一是中外,中即中国,外当指中国以外的古代世界,所包括的范围之大,国家之多,时代之长,当可想而知。二是关系,关系的层面是多层次的,从国家间政治外交的接触、商业贸易的往来、思想文化的交流三大主导中,还可以演绎出多种,如文化中的艺术,艺术中的音乐、舞蹈、绘画等等。这里就不一一列举了。如此看来,中外关系史的研究必须是群策群力,多年积累才可进步。总览20世纪中外关系史在各个领域取得的成就,应该说,其中的中印关系史还是独树一帜的。由于中国和印度是两个文明古国,文明本身赋予了双方接触的契机,加上两国接壤、毗邻,根据中国史书和印度史诗的记载,远在公元前 2 世纪,两个国家间就有了交往。经过漫长的两千多年,一直没有间断过。大体 10 世纪前,佛教的传播带动了两国政治、经济、文化的交往。10 世纪以后两国逐步向商业贸易上转移。到了近代,两国则在反殖民主义的斗争中相互支持。故而,研究中印两国关系,涉及领域及内容之广泛,是中国与其他任何一个国家的关系不可同日而语的。以下,将从四个方面阐述 20 世纪中印关系史的研究。

一、过去百年的研究成果

时代制约着人和事,也制约着学术研究。尽管 20 世纪国际、国内的政治风云变幻,而中国的学人们仍孜孜不倦,分别在二三十年代、五六十年代、八十年代后三个时期,集中写出了一些有价值的论文和著作。

这里指的二三十年代,是止于抗日战争前。此期间,特别是五四运动前后,中国的知识界非常活跃,各种思想相互争鸣,引发出了当时错综复杂的思想文化斗争。在这样的背景下,梁启超对印度佛教文化在中国传播的探讨,开中印关系史研究之先河。他从 1920 年起,发表了一系列文章:有《佛教东来之史地研究》[1]、《中国古代翻译事业》[2]、《佛教之初输入》[3]、《千五百年前之留学生》[4]、《支那内学院精校本玄奘传书后——关于玄奘年谱研究》[5]等文章。在此要特别提出的是,亚洲第一位诺贝尔文学奖的获得

1　《地学杂志》卷 11,1920 年第 12 期。

2　《改造》卷 3,1921 年第 11 期。

3　《改造》卷 3,1921 年第 12 期。

4　《改造》卷 4,1921 年第 1 期。

5　《东方杂志》卷 21,1924 年第 7 期。

者泰戈尔,于 1924 年 4 月 12 日至 5 月 30 日访华。为表示对泰戈尔的欢迎,4 月 26 日梁启超在北京师范大学作了"中印文化之亲属的关系"[1]的讲演。讲演中明确提出,印度除了送给我们一份七千卷《大藏经》厚礼外,还有许多副礼品:音乐、建筑、绘画、雕刻、戏曲、诗歌、小说、天文历法、医学、字母、著述体裁、教育方法、团体组织等 13 项,较系统地提出了中印文化关系上的问题。

在探讨佛教东传的前提下,从 20 世纪初至二三十年代,中国学人们[2]对中外地理交通,以及历史上沟通中印文化交流的使者法显、玄奘及其著作《佛国记》《大唐西域记》也作出了很多探讨。其中张星烺的《中西交通史料汇编》第八篇"中国与印度半岛之交通"不失为研究中印关系史的原始资料积累,有一定的价值。然而,在许多文章和著述中,称之为"传世之作"的莫过于陈寅恪的《三国志曹冲华佗传与佛教故事》[3]一文,以及汤用彤的《汉魏两晋南北朝佛教史》一书了。还要特别提到的是,在此期间,中国学人已开展了对印度哲学的研究。当以 1924 年、1936 年出版梁漱溟的《印度哲学概论》《印度哲学史纲》为代表。总之,20 世纪二三十年代的研究,为中印关系史奠定了坚实基础。

20 世纪五六十年代,止于 1962 年的中印边界自卫反击战。这一时期的学术研究是在非常明确的为政治服务的方针下进行的。由于 1950 年 4 月 1 日中印两国建交,之后双方高级领导人的互访,1954 年两国又共同倡导了处理国际关系的"和平共处五项原则"。这些,促使这一期间的中印文化交流达到高峰,可称之为辉煌时期[4]。但随着自卫反击战的发生,两国关系和文化交流都

1　《晨报》副刊,1924 年 5 月。

2　如丁谦的《晋释法显佛国记地理考证》(《地学杂志》卷 6,1915 年第 12 期)、《〈大唐西域记〉地理考证》(《地学杂志》卷 6,1915 年第 2~6 期)。

3　《清华学报》卷 6,1930 年第 1 期。

4　蒋伟明、薛克翘:《中印文化交流五十年——回顾与思考》,《南亚研究》2000 年第 1 期。

冷却下来。虽然如此,在"热"和"冷"的大潮流中,甘心板凳坐冷的中国学人们写出了一批有关古代中印科技(如医药、天文历算),以及文化艺术(如舞蹈、石窟艺术)等方面交光互影的文章,具有一定的学术水平和长久的社会功能。[1] 与此同时,还浇灌出了中印关系史上的几朵奇葩。如常任侠的《中印艺术因缘》、季羡林的《中印文化关系史论丛》、金克木的《中印人民友谊史话》,这些著作都成了永不凋谢的花朵。

　　1980 年代之后,中国实行了改革开放,学术研究飞跃发展。中印关系史的研究在印度学研究的全方位开展下,也是硕果累累。从诠释古人著录、汇集学术资料,到分门别类的论著,可谓林林总总。其中不乏高质量和有价值的作品。举例如下:

　　古人著录的诠释有:章巽的《法显传考证》,季羡林等校注的《大唐西域记校释》,张毅笺释的《往五天竺国传》,王邦维的《大唐西域求法高僧传校注》《南海寄归内法传校注》。这些校注本,不仅汇集了当时中外学人的研究结论,还对古人的著述赋予了新解释,校注者并提出了自己的独到见解。如王邦维在《南海寄归内法传》的校注中,对义净时代印度佛教的部派及大小乘问题,和义净时代印度佛教寺院的研究,都是很有价值的。至于汇集学术资料,则以北京大学南亚研究所编的《中国载籍中南亚史料汇编》较全面。该书引起印度同行的注意,在印度历史研究委员会的刊物《历史评论》和印度的《政治家报》上都有过系统的介绍。在分门别类的著述中有些代表性作品,如季羡林在周一良主编的《中外文化交流史》中写的《中印智慧的汇流》、汤一介的《佛教与中国文化》、刘立千的《印藏佛教史》、刘欣如的《古代印度和古代中国:公元 1 至 6 世纪的贸易与宗教交往》、郁龙余编的《中印文学关系源流》、唐文权的《东方的觉醒:近代中印民族运动》以及林承节的《中印人民友

好关系史 1851～1949》等,都是有一定的建树的作品。

除了上述著作外,还有很多论文发表。其中陈高华的两篇考证文章,值得推荐。一是《元代来华印度僧人指空事辑》[1],另一是《印度马八儿王子孛哈里来华新考》[2]。前文破了习惯的说法,即 10 世纪后,佛教在印度次大陆衰落,中国史书不见有印度僧人来华的记载,并指出指空在元朝后期有一定的政治地位。后一篇否定了日本学者桑原骘藏的说法,认为孛哈里即《元史·马八儿国》传中的宰相不阿里,并非王子。这两篇文章有一定的学术价值,值得一读。

二、名家名著的简要介绍

综观上述百年成果,深为学人们的治学精神和学识渊博所感动。其中的大家之作,如陈寅恪的《三国志曹冲华佗传与佛教故事》、汤用彤的《汉魏两晋南北朝佛教史》、季羡林的《中印文化关系史论文集》、金克木的《中印人民友谊史话》。这些论著,可称之为经典,是致力中印关系史研究的必读课本。以下简要介绍这些作品。

在《三国志曹冲华佗传与佛教故事》这篇文章中,陈寅恪在深入研讨佛教史,熟悉汉译释典,掌握梵文、藏文、西夏文等语言学知识的基础上,考证出曹冲传中所提的称象故事,是源于北魏吉迦夜共昙曜合译的《杂宝藏经》卷一"弃老国缘"。又考证出《华佗传》中所指华佗的断肠破腹医术,是源于后汉安世高所译《奈女耆域因缘经》。且华佗二字是来自梵文 agada,其意为"药",汉译时,脱去了字首元音 a(阿),即为"华佗"。他认为把佛教故事"辗转因袭杂糅附会"于史书中,是"印度神话传播已若是之广,社会所受之影响已若是之深"。同时,还指出《三国志》作者陈寿"不能别择

---

1   《南亚研究》1919 年第 1 期。
2   《南开学报》1980 年第 4 期。

真伪",希望治史者引之注意。

《汉魏两晋南北朝佛教史》,是汤用彤多年授课《中国佛教史》并经屡次修改的讲义,初版于 1938 年,由商务印书馆在长沙印行,后经中华书局几次重印,可见该书的学术价值和社会影响。全书在把握丰富的第一手资料的基础上,精心考证了有关佛教传入、佛法流布、佛道、佛教与玄学、佛经翻译与求法,以及当时中国佛教的南统和北统,揭示了汉至南北朝期间佛教在中国流传的全过程,其中的一些研究结论一直为后学所遵循。应该说,此书是研究古代中印关系史的经典。

另一本经典之作,则是季羡林的《中印文化关系史论文集》。出版于 1983 年,此前,于 1957 年曾有《中印文化关系史论丛》问世。《中印文化关系史论文集》是在原《中印文化关系史论丛》编入的 10 篇文章基础上,又增加了 11 篇。所收文章涉及的面较广,有宗教、哲学、语言、文学、物质文化、历史人物等等。其文章的论述,立意新颖、见解独到,并把语言学的研究成果应用于历史研究之中。读了《中国纸和造纸法输入印度的时间和地点问题》《中国纸和造纸法最初是否由海路传到印度去的?》《中国蚕丝输入印度问题的初步研究》几篇文章后,使我们明确了中国文化对印度的影响,一改过去只注重印度文化对中国影响的惯说,并强调了文化交流的相互渗透、交光互影的客观实际。从《吐火罗语的发现与考释及其在中印文化交流中的作用》一文,使我们认识到,佛经翻译中的印度文借字,并非直接来自梵文,而是经过中亚的古代语言,特别是吐火罗语的媒介。有关《浮屠与佛》和《论梵文 t d 的音译》这两篇文章,已故的我国梵文研究的后起之秀蒋忠新是这样认为的:"是把语言学的成果应用于历史研究的杰作";"特别是《浮屠与佛》一文,这篇文章决不限于译经史上一个名词的翻译问题。它不仅否定了'佛'是'浮屠'的省略这个从来没有人怀疑过的传统说法,而且还第一次修正了法国学者烈维关于佛教最初不是直接由印度传到中国来的推论,并从译本的来源方面回答了梁任公、汤锡予、陈援庵和胡适之等提出的《四十二章经》真伪问题"。[1] 不难看出,季羡林正是以深厚的汉学、印度学、语言学的根底,加上缜密的思维逻辑、精湛的考证功力,写出了这些前无古人,后尚无来者的,有很高学术造诣的著述。

金克木广闻博记,学识渊深,曾在印度游学五年,按照印度传统的口耳传授方式学习梵文、巴利文。这为他研究印度古代文化打下了坚实基础,使他在文学、哲学、佛教上的造诣很高,可以说是 20 世纪国内少有的、德高望重的印度学学者之一。当 50 年代中印两国处在蜜月时期,出版了《中印人民友谊史话》一书。全书十个内容:①越过艰险道路而结成的和平友谊;②我们学习过印度的科学;③印度语言、文学、艺术给我们的影响;④古代中印外交关系;⑤到印度去的古代中国旅行家;⑥法显、玄奘、义净;⑦佛教在中国的传播;⑧鸠摩罗什;⑨到中国来的古代印度翻译家;⑩万古长青的友谊,概括了古代中国和印度在政治、经济和文化各个方面的交往。阅读此书后,可以掌握古代中印关系史的梗概。是一部深入浅出的名家之作,是学术研究走出象牙之塔的范例,在当时确实起到普及中印关系知识的作用,有社会效应。经过半个世纪的风风雨雨,今天来看看这本书,其学术价值和社会效应依然如故,从此书的英文版[2]问世,更是一个有力的佐证了。

通过学习以上的大家之作,使我深深地认识到,致力古代中印关系史研究,应该具备以下的学术素养:通晓历代典籍及有关汉文的印度史料;熟悉汉译释典;掌握印度学的相关知识;认识梵文、巴利文并中亚的一些死文学。如此,才有望写出高质量的学术论著。

---

1   蒋忠新:《季羡林著〈中印文化关系史论文集〉读后》,《中国史研究》1985 年第 1 期。

2   外文出版社 1958 年版。

三、对新世纪研究的展望

　　在谈展望之前,先看一看百年研究的发展趋势。大体有二:一是在研究领域不断扩大和深入的基础上,从宗教、文化到经济、政治的方方面面,发展到研究的问题具体而有特色。如从 20 世纪初研究佛教东传的一般概述,到 1980 年代后出现的《一张有关印度制糖法传入中国的敦煌残卷》[1]以及在西藏发现的《西藏吉隆县发现唐显庆三年〈大唐天竺使出铭〉》[2],都说明了研究的内容具体而深入。从而,要求研究者具备更高的专业知识及学术水平。

　　发展趋势之二,是研究方向和范围向近现代伸延。20 世纪二三十年代、五六十年代的学人致力研究的问题,大多在古代中印关系史的界限内。但由于时代的前进和社会的发展,1980 年代后,出现了研究的动向,向近现代倾斜,如吕昭义的《英属印度与中国西南边境(1774~1911)》一书[3],应引起重视,它填补了过去中印关系史研究上的空白,有学术研究和社会效应的双重价值。在此,还要提到另一本书,即王宏纬的《喜马拉雅山情结:中印关系研究》[4]。书上的主要内容讲的是 1962 年边境自卫反击战,当然是现代事件了。但作者花了一定笔墨,追述英帝国主义利用印度侵略西藏,而独立后的印度,又意欲取代英帝国主义的衣钵,面对如此情况,新中国的对策等。通过这些论述,使人们了解到边境战争发生的历史因素。可见,在深入研究古代中印关系的同时,加强近现代中印关系史的研究,将是这一学科的必然趋势。

　　至于对新世纪研究的展望,在此,仍然先介绍两本书。一是

1　《历史研究》1982 年第 1 期。

2　《考古》1994 年第 7 期。

3　中国社会科学出版社 1996 年版。

4　中国藏学出版社 1998 年版。

李崇峰的《中印佛教石窟寺比较研究》[1]。该书作者积数年的佛教考古与佛教艺术的教学经验,又实地考察过中印两国的石窟寺和佛教寺院遗址,运用比较研究的手段,得出明确结论。佛教石窟寺起源于印度,向外传播后,即与当地文化相结合,中国北方地区的塔庙窟,是汉化了的支提窟(印度马哈拉特施拉邦境内),这充分体现了文化在融合中的创新。另一部书是钮卫星的《西望梵天——汉译佛经中的天文学源流》[2],该书引用了汉译释典中大量的印度天文学材料,探讨印度天文学对中国传统天文学潜移默化的影响,勾勒出两个古老的文明国家在技术领域中的相互影响。

这是新世纪以来,中印关系史研究上的代表作品。两位作者都是我们国家改革开放后培养起来的一代学人,他们为中印文化关系史的研究开拓了新思路。前者是阅读了古今中外的大量文献,并实地勘察中国、印度的许多石窟,用比较的方法,得出扎实而独到的结论。后者是在通晓中印两国天文学史的基础上,熟读汉译释典,借助汉学和梵学,考证、推论中国古代天文学的源和流,揭示出古代中印科技、文化的相互渗透。这是跨学科的研究范例,在新世纪将要进一步推广。从而,要求处在当今信息时代的新一代学人,除了具备中外古典学的知识、多种语言,包括死语言的功能外,更重要的是触类旁通、由表及里,提高跨学科的综合研究能力和水平。

四、国外学者的研究成果

中印两个古老的国家,其文明底蕴早就受国外汉学家的青睐。研究两个文明的交往,在 20 世纪初,也成了国外学人们的热门话题。在 20 世纪的上半叶及后来,陆陆续续出了一些成果。

1　北京大学出版社 2004 年版。
2　上海交通大学出版社 2004 年版。

兹将重要的论著分东西方汉学家的和印度学者的,各罗列如下。

东西方汉学家的:

法国烈维的《王玄策使印度记》(《亚洲报》1900 年 3、4 月刊)

德国孔好古的《纪元前 4 世纪印度对中国的影响》(德国东方学术研究社,杂志,第 60 册,1906 年)

俄国钢和泰的《音译梵书与中国古音》(1923 年)

日本堀谦德的《解说西域记》(前川文学阁,1912 年)

日本足立喜六《法显传考证》(何健民、张小柳译,1937 年)

法国伯希和的《交广印度两道改》(冯承钧译,中华书局 1955 年)

意大利 L. 佩梯克的《〈水经注〉中的北印度》(罗马 1950 年)

苏联 Л. C. 丘扎江的《中印文化关系简史》(《世界文明史通报》1958 年第 5 期)

苏联石铁英的《古代中国和印度的经济文化交流(公元 3 世纪前)》(莫斯科 1960 年)

印度学者的:

拉达克里希南的《印度和中国》(孟买 1944 年)

巴格奇的《印度和中国,一千年的文化关系》(孟买 1950 年)

帕尼卡的《印度和中国,文化关系研究》(孟买 1957 年)

苏布拉玛尼的《中世纪中国的泰米尔人聚居地》(《南印度研究》1978 年)

雷易的《印中关系里的贸易和外交,15 世纪的孟加拉研究》(新德里 1993 年)

最后,应该附上一笔的是,1937 年 4 月 14 日在印度的国际大学成立了中国学院,后曾出版过《中国——印度丛书》四卷,其上有许多关于中印关系的文章。

(原载中国中外关系史学会、暨南大学文学院主编:
《丝绸之路与文明的对话》,新疆人民出版社 2007 年版)

1981 年中国与南亚关系史研究概况

中国与南亚各国的关系历史悠久,自公元前 2 世纪起双方之间就有接触。依据中国史料,两千多年以来中国与南亚各国的使臣、僧侣、商人相互往来不断;中国研究南亚的学者也不乏其人。新中国成立后,中国与南亚关系史的研究在 20 世纪 50 年代中期较活跃;现在 80 年代初期又处在一个方兴未艾的新阶段。从 1981 年研究成果来看,质和量都有显著地提高。

本年度,在中国与南亚的佛教关系的研究上发表了一些有一定深度的文章。季羡林的《关于大乘上座部的问题》(《中国社会科学》1981 年第 5 期),虞愚的《玄奘对因明的贡献》(《中国社会科学》1981 年第 1 期),以及张春波的《玄奘对唯识学的发展》(《社会科学战线》1981 年第 1 期)都是很重要的论文。

季文对玄奘在《大唐西域记》中五次提到的"大乘上座部"问题作出了自己的论断。由于大乘本无"上座部"、"大众部"之分,可是玄奘又五次提到它;对此,各国学者异说纷纭。季羡林则根据巴利文佛典和锡兰史籍的记载,又运用中外史籍的资料,探讨了"大乘上座部"的含义。他认为"所谓'大乘上座部',并不是大乘与上座部两种东西,而是接受大乘思想的小乘上座部一种东西,可是又包含大乘与小乘两方面的内容,因此才形成了'大乘上座部'这种奇特的教派。"该文在解决一百多年来欧洲、日本学者的争论中起独树一帜的作用。

虞文认为因明是印度逻辑史上的一个重要体系,玄奘在印度游学时对因明作了贡献,具体表现在"对胜军'诸大乘经皆是佛说'一量的修改上"和"在解答正量部师般若毱多的难题上"。虞愚又把玄奘归国后对因明的发展归纳为五点,同时还指出了玄奘的贡献也表现在纠正吕才对因明的误解上。这些论点丰富了中印佛教关系史的内容。

张文认为玄奘对印度的唯识学是有发展的,即"挟带说"和"真唯实量"。文中对这两个新观点作了具体阐述;同时还指出玄奘揉译的《成唯实论》既代表了他对唯识学的理解,也代表了他的创见。但张春波认为唯实学术是唯心主义的,未起好作用,一律应予批判。

1981 年度关于中国与南亚物质经济文化交流的研究也颇见成效。

李治寰的《从制糖史谈石蜜和冰糖》(《历史研究》1981 年第 2 期)文章中明确提出"制固体石蜜的技术是唐代自中印度引进制沙糖法时同时引进的",也就是说,唐贞观二十一年派留学生赴中印度摩揭它国学熬糖法,既包括沙糖,也包括固体石蜜等制作方法。

杨瑞林的《中国佛教艺术演变略谈》(《南亚研究》1981 年第 1 期)一文认为佛教传入中国后,"中国艺术便逐渐吸收印度艺术的特色,并加以发展,形成了独特风格的佛教艺术"。他从雕刻、绘画、建筑等几方面剖析了中国佛教艺术受印度影响的情况。郁龙余的《从沈括的〈梦溪笔谈〉看中印古代文化交流》(《南亚研究》1981 年第 1 期)一文,则对《梦溪笔谈》中保存的中印文化交流的资料作了分析和探讨。

《南亚研究》第 2 期译载了日本人中村元的《论中国文化在亚洲的意义》一文,着重论述了中国文化对南亚的影响。他首先考证了中国何时为南亚所知；其次提出"中国思想在印度留下了痕迹，即如，'天子'观念为贵霜王朝所接受"；再之，他论证了中国文化对南亚的实际意义。他认为"如果没有中国巡礼僧的游记，就不可能产生印度古代地理学和古代考古学"。又认为"中国对印度的影响，明确地见于文学的是密教文献"。还认为"起源于中国文明的技术进步，曾对印度文明的发展方向起过决定性的作用，那就是使用火药的大炮的发展"。他的这些新颖论点有助于中国与南亚文化关系史的深入研究。

在中国与南亚的交通方面有陈茜的《川滇缅印古道初考》（《中国社会科学》1981 年第 1 期）。该文对我国四川、云南和缅甸、印度的古代陆路交通线进行了初步的探索，并分先秦至两汉、唐宋、元明清三个时期来阐述。文中的一个重要论点即中国和印度的陆路交通和经济往来至少在公元前 4 世纪即已开始。其理由是根据印度史籍《政事论》和《摩奴法典》的成书年代，通过对两书中的支那（cina）以及《政事论》中的"Kaus'eyam Cinapatta'sca Cinabhumi-jah"（侨奢耶和产生在支那成捆的丝），考证得出"侨奢耶是蜀地丝织品的译名"。从而认为蜀地丝绸是在公元前 4 世纪由四川、云南一路经缅甸运到印度去的。对此，蒋忠新在《对于〈川滇缅印古道初考〉的一点意见》（《中国社会科学》1981 年第 6 期）一文中提出了不同意见。他首先指出《政事论》和《摩奴法典》的成书年代均不是公元前 4 世纪。其次，他又从梵文的字源和字义上弄清了 Cinapatta（支那帕塔）和 Kaus'eya（侨奢耶）这两个词的意思。前者不是"丝织品的原料"，而后者也不会是蜀地丝织品的译名。无疑，这样的争鸣将会推动学术界对这一问题的深入探讨。

1981 年对古代中国和南亚各个国家间关系的研究，也有了进展。

莫任南在题为《东汉和贵霜关系史上的两个问题》（《世界历史》1981 年第 2 期）的文章中，对《史记·大宛列传》《汉书·匈奴传》《汉书·西域传》《后汉书·班超传》《后汉书·西域传》《三国志·魏志》卷 30 以及《大唐西域记》卷 1、4 的有关国条作了切实的考证和研究,有力地驳斥了苏联科学院主编的《世界通史》中提出的"班超迫使贵霜王迦腻色迦正式承认臣服于汉帝国"、"迦腻色迦统治的末期,东土尔克斯坦的最重要城市国家——疏勒、莎车、于阗都被并入贵霜强国的版图"等两个错误的论断。这将有助于澄清混乱、消除上述《世界通史》中的错误论点所造成的影响。

刘如仲在《郑和与南亚》(《南亚研究》1981 年第 3 期)一文中,认为中国与南亚国家的遣使以"明代为最盛"。他用丰富的史料叙述了郑和七次下西洋到南亚各国的具体情况。同时,还指出了郑和下西洋主要是进行政治交往,但又带有"海外贸易的意义";故而在文中较详细地描述了中国与南亚各国的贸易情况。此外该文还附有文物资料照片,以及"郑和下西洋时所到南亚国家及时间表""郑和下西洋时南亚国家遣使来中国情况简表"等,是为其特点。

另外,还有耕砚的《中印关系的回顾与展望》(《南亚研究》1981 年第 3 期),王宏纬的《中尼友谊的回顾和展望》(《世界历史》1981 年第 2 期)以及刘正学的《中国和斯里兰卡的传统友谊》(《人民日报》1981 年 7 月 2 日)。这几篇文章对深入研究古代中国与南亚国家的关系,以及开展当今中国与南亚各国的友好关系有实际意义。

除上述各文外,1981 年还有两篇值得注意的资料性文章,即耿引曾的《二十四史中的南亚史料简介》(《南亚研究》1981 年第 1 期)、宫静的《现代中国学者对印度古代文化的研究概况》(《南亚研究》1981 年第 1 期)。

耿文将保存在二十四史中的有关南亚以及中国与南亚关系的史料进行了归纳整理,运用这些史料从政府间的交往、商业贸易的联系、交通道路的开辟与扩展、思想文化上的交流等四个方面介绍了古代中国与南亚的关系。同时还叙述了古代中国对南亚认识逐步深入的史实。

宫文对现代中国学者研究印度古代文化的情况作了一个总结,从梵语文学的翻译、比较语言学和比较文学的研究,以及宗教哲学研究的概况这三个方面作了介绍。文章并附有"现代中国梵学研究——主要著作、翻译及讲授"表、"现代中国梵学研究——重要论文"表。

这两篇文章为研究南亚的中外学者提供了非常宝贵的资料,有一定参考价值。

(原载中国中外关系史学会编:《中外关系史学会通讯》
1982 年第 1 期[总第 2 期])

汉文印度史料述略

在世界上所有的文明古国中，中国同印度是仅有的两个文化传统迄今没有中断又对世界文化作出巨大贡献的国家。远在历史黎明时期，这两个国家就屹立在世界的东方。印度河和黄河哺育了印度人民和中国人民，他们以智慧和勤劳创造了赖以生存的物质财富的同时，也创造了丰富的精神财富，以拥有优秀的文化遗产而闻名于世界。古代印度是佛教文化的诞生地，富于哲学思考和神话的传说。中国则形成了儒家学说，又是纸和印刷术的故乡。双方各有其特点。喜马拉雅山和南海又从地理交通上把两者紧紧联系在一起，从很早的古代起，通过双方商人、使臣、僧侣，这两个地区相互之间就有了一定的认识和了解。在公元前的中国文献中，就有关于印度的记述，两千年来一直绵延不断。

历史学家们熟知，公元前 4 世纪末，希腊驻印度大使美伽斯蒂尼的《印度志》（原书已佚，仅在阿里安的《印度志》和斯特拉波的《地理学》等书中保存了片断）是研究印度孔雀王朝时期的重要史料。而中国载籍中所保存的印度史料之丰富、之珍贵，是其他任何国家所不及的。其中如玄奘的《大唐西域记》和法显的《佛国记》已成为世界上研究印度历史的必读参考书。这虽是两本僧人的著录，但其中所保存的 3 世纪末、4 世纪初，以及 7 世纪时期的印度社会历史情况的资料都是至为宝贵的。

除专门的著录之外,散见在其他各种典籍中的史料也是非常有价值的。在此,分三个方面作一简要介绍。

一是关于保存在中国历朝历代官修史书中的印度史料。

二是关于保存在中国佛教典籍中的印度史料。

三是保存在古代中国地理书籍及各种笔记、小说中的印度史料。

先谈官修史书"二十四史"中的史料。从公元前 2 世纪末至公元前 1 世纪初成书的《史记》到 17 世纪成书的《明史》,其中有关印度的记载可以说是"史不绝书"。除印度本身情况外,还有古代中国与印度的官方交往情况,地理交通开辟和不断扩大情况,商业贸易的情况,以及思想文化交流的情况等。在《史记》里有张骞派副使到身毒(今印度)的记述。1 世纪成书的《汉书》中,见到描写罽宾(今克什米尔)的疆域、人种、气候、物产的专门篇章,并记述了该地区在公元前的 2 世纪与汉朝就建立了外交关系。又如 14 世纪成书的《宋史》中,有对注辇国(今印度科罗曼德尔海岸一带)的单独记录。其中特别记载了注辇使臣娑里三文到中国来,所走的水路行程,这段史料早已被中外交通史研究者视为瑰宝。而我认为最重要的是记述了该国王统帅下的 31 个部落;包括其法制、婚俗、赋税,以及军事情况、土特产品等等。对 31 个部落名称及地望的考订,至今仍是中国历史学家尚未解决的问题,有待结合南印度的文献、碑铭来进一步研究。以上仅举罽宾和注辇两个例子,至于详细的古代中印的官方交往、地理交通、商业贸易和文化交流情况可参见拙文《二十四史中南亚史料简介》[1]。

第二要介绍的是,关于中国佛教典籍中的印度史料。在此先

---

1   见《南亚研究》1981 年第 1 期。

不谈汉译释典,因为这是另一个研究领域。这里仅就保存在佛教典籍中的几部高僧传记,即 522 年(南朝梁普通三年)成书的《高僧传》(又名《梁高僧传》《高僧传初集》)、645 年(唐贞观十九年)成书的《唐高僧传》(又名《续高僧传》《高僧传二集》)、988 年(北宋端拱四年)成书的《宋高僧传》(又名《高僧传三集》)中的重要史料作一简述。

这三部《高僧传》是有关僧人的传记,被列入传记中的高僧,不论是中国人,还是外国人,他们都为中国的佛教事业作出了贡献。《梁高僧传》记南亚、中亚的僧人共 48 位,其中属古代印度的 29 位,《唐高僧传》中记有 24 位印度僧人,《宋高僧传》中记 20 位印度僧人,总计共有 73 位,占全部高僧人数的 4.57%。数字所占比例虽不算大,但这些僧人的作用是不能低估的。下面扼要介绍来华印度僧人的具体贡献。

僧人来华的主要活动是传播佛教、翻译佛经。

中国的佛经翻译始于 2 世纪末的东汉末年,3 至 6 世纪的魏晋南北朝时期有了进一步发展,6 至 10 世纪中的隋唐五代则为极盛的时代。到 960 年宋朝开国之后,有译经院的正式建立,并在佛经翻译上有了完备的规章制度。在众多的译经僧人中,杰出者如父亲是天竺(今印度)人、母亲是龟兹人的鸠摩罗什,在 401 年(东晋隆安五年)后,被后秦国王姚兴请到长安去译经,他不仅指出了之前所译经典的“不与梵文相应”问题,并提倡意译,还注意到译文应保持原作品的文体风格,可见罗什译经是保证了质量的。这些见解在当时和后来的佛教翻译上产生了一定的影响。又如 548 年(南朝梁太清二年)来华的西天竺优禅尼国人拘那罗陀,又名真谛,在江苏、浙江、广州等地先后 23 年,共译经论、记传 64 部,合 278 卷,被后人称为译经大师。而值得提出的是,被唐朝人称为“开元三大士”的南印度摩赖耶国人金刚智、北天竺人不空、中印度人善无畏。他们来华,带来了印度纯粹的瑜伽密教,使中国佛教的密宗正式建立起来。尤其是不空,共译出密教经典110部143卷。在密教经典的翻译上,他做了很大的贡献。以上三位僧人所译的经典,如今都被保存在汉译释典中,而汉译释典又是人类的一笔宝贵精神财富。

伴随翻译佛经而来的,是促使了中国人对梵学的研究,与此同时,也促进了外国人对汉文的学习。如508年(北魏永平元年)来华的北天竺人菩提流支,还将中国僧人昙无最的《大乘义章》译成了梵文,寄往大夏(今阿富汗)。对于梵学的传入中国,现代学者已做了许多研究,并得出一致的结论,梵学的传入促使了汉语音韵的发展。[1]

特别要指出的是,僧人在翻译佛经的同时,把古代印度的科学技术也介绍到中国。《梁高僧传》《唐高僧传》《宋高僧传》中不乏记载。

首先是天文历算,如570至575年(北周天和五年至建德四年)摩勒国(即摩腊婆,今印度古吉拉特邦东部马希河一带)人达摩流支译出《婆罗门天文》20卷。南朝宋(420—479)京师东安寺僧人慧严曾向当时的天文学家何承天介绍了印度的历法、度量衡情况如下:"天竺夏至之日方中无影。所谓天中,於五行土德。色尚黄,数尚五,八寸为一尺。十两当此土十二两。建辰之月为岁首。及讨核分至,推校薄蚀,顾步光影,其法甚详。宿度年纪,咸有条例。"后来,婆利国(故地众说不一,有今印度尼西亚巴厘岛,或加里曼丹岛,或苏门答腊岛东南部占碑一带等)人来,所说与慧业相同。[2] 又如中国僧人刘凭撰写了《内外旁通比较数法》一书,在其"序"中提到:"然东夏数法,自有三等之差。西天所陈,何无异端之例。然则先译诸经,并以大千称为百亿。言一由旬为四十

1　罗莘田:《中国音韵学的外来影响》,《东方杂志》32卷14号。钢和泰:《音译梵书与中国古音》,《国学季刊》1卷1号。

2　《梁高僧传》卷7《宋京师东安寺释慧严》。

里。依诸算计,悉不相符。窍疑翻之日彼此异音。指㧑之际于斯取失。故众经算数之法,与东夏相参。十十变之,旁通对衍。"[1] 他是以佛经中印度的大数记数法和中国的大数记数法相对比。由此可知,印度的大数记数法是随着佛经的翻译被介绍到中国的。

其次,来华僧人还传播了印度的医学。558 年(北周明帝二年)来华的波头摩国律师攘那跋陀罗与耶舍崛多合译出《五明论》。《五明论》中有医方明。在此之前的 4 世纪时,北凉统治者沮渠蒙逊的弟弟安阳侯曾在于阗瞿摩帝大寺,师从天竺法师佛驮斯那,学习《禅秘要治病经》。后来,他回到河西,把《禅秘要治病经》译成汉文。[2]《梁高僧传》《唐高僧传》《宋高僧传》中不止一次的记载了印度僧人在华治病的事迹,如 306 年(西晋光熙元年)到达洛阳的耆域,曾治好了衡阳太守滕永文的脚挛屈病症。[3] 又如 626 年(唐武德九年)来华的中天竺僧人波罗颇迦罗密多罗,曾为唐朝太子治病百日。[4] 655 年(唐永徽四年)来华的中印度人那提曾受唐高宗之命,到南海去采药。[5]

再则,要引起重视的是,印度的建筑术和制糖技术也进入中国。隋代有印度工匠参加龙池寺的建造。[6] 还有另一位西域那烂陀喜鹊院僧人纯陀,在山西五台山清凉寺建造了一座寺院。"寺成后敕赐不空三藏"[7]。有关制糖技术传入的情况,《唐高僧传·玄奘》篇中记述如下:"并就普提寺僧如石密匠,乃遣匠二人、僧八人,俱到东夏。寻敕往越州,就甘蔗造之,皆得成就。"这说明了印度制糖工人来中国传播经验。印度制糖术传入中国是一个有意

1　《唐高僧传》卷 2《隋东都雒滨上林园翻经馆南贤豆沙门达摩笈多》。

2　《梁高僧传》卷 2《晋河西昙无忏》。

3　《梁高僧传》卷 10《晋洛阳耆域》。

4　《唐高僧传》卷 3《唐京师胜光寺中天竺沙门波颇》。

5　《唐高僧传》卷 5《唐京师大慈恩等梵僧那提》。

6　《唐高僧传》卷 14《隋终南山龙池道场释道判》。

7　《宋高僧传》卷 21《唐五台山清凉寺道义》。

义的探讨课题,著名学者季羡林已作了专门研究[1],这里不赘。

第四,中国古代地理书籍中也有不少关于印度的记载。6 世纪成书的《水经注》对印度河和恒河这两条大河的来龙去脉讲得非常清楚。10 世纪以后成书的地理著作中,记载了不少从商业贸易上传来的信息。1178 年(南宋淳熙五年)成书的《岭外代答》中,提到故临(今印度西南岸奎隆)是当时中国与阿拉伯人的商业贸易中转站,中国的大船到故临后,换上小船西行到阿拉伯半岛。在 1225 年(南宋宝庆元年)写成的《诸蕃志》中,有关于晏陀蛮国(今安达曼群岛)的全面描述。1349 年(元至正九年)写成的《岛夷志略》书中,对印度半岛的胡椒生产、布帛生产情况,以及印度半岛西海岸与阿拉伯地区的商业贸易都有真实的记录。

笔记小说中有关印度的史料也是十分丰富的,其中最重要的,在拙著《汉文南亚史料学》[2]一书中已有过介绍。这里,只想简述一个有趣的故事,这个故事并不十分可信,但依然反映了中印历史关系中的一个侧面。

中国西南边陲省份云南,邻接缅甸并靠近印度,那里自古有一条商道,越崇山峻岭、急流险滩而达印度。所以云南由于同印度的交往,受印度文化的影响比中国其他地方要早。从古代起,云南即生活着许多少数民族。战国(公元前 475 至公元前 221 年)时楚国将军庄矫征服云南,并建立滇国。之后许多汉人移居云南,带来先进的生产技术和文化,与当地居民和平相处。8 世纪时,云南先后出现了强有力的南诏(738—902)和大理(739—1253)王国。有不少史书、笔记记载有南诏和大理的历史。有一

1　季羡林:《唐太宗与摩揭陀——唐代印度制糖术传入中国(上、下)》,《文献》1988 年第 2、3 期;《一张有关印度制糖法传入中国的敦煌残卷》,《历史研究》1982 年第 1 期;《对〈一张有关印度制糖法传入中国的敦煌残卷〉的一点补充》,《历史研究》1982 年第 3 期;《古代印度沙糖的制造和使用》,《历史研究》1984 年第 1 期。
2　耿引曾:《汉文南亚史料学》,北京大学出版社 1991 年版。

本元人写的书,名《纪古滇说原集》。这本书中记述,周宣王(公元前 827 至公元前 782 年)时,西印度摩揭陀国,有王名阿育王,生有三子。某日,一匹金马出现在三子面前向东奔去。三子尾追不舍,第三子追马至滇池之东山,得马,故名该山为金马山。长子逐马至滇池之西山,得风,故名该山为碧鸡山。今天在昆明仍有金马、碧鸡二山存在。次子跑到滇池之北,并居于彼处。三子在云南各统治一方,不归印度。久之,阿育王思子心切,乃遣其舅到云南,劝说三子返回。但他们被哀牢夷王及其部下所阻。后来,楚将庄矫征服云南,与他同来的汉人兵众渐和阿育王三子之后杂处、融合,形成云南的白族,他们建立了南诏国和大理国。

　　我不敢说这是一个真实的故事,阿育王的儿子也许没有统治过云南。但云南在南诏和大理时却无疑与印度关系密切。那时有许多印度僧人来到云南,如《滇释纪》中提到的西域人禅陀子。又如《云南通志》中提到的"蒙保和二年乙巳(唐敬宗宝历元年,即825 年),有西域和尚普立陀诃者入蒙国";"赞陀崛多神僧,蒙氏保和十六年(唐文宗开成四年,即 839 年),自西域摩迦陀国来,为蒙氏所崇信"等,现在还留存着许多天竺僧人的塑像,如剑川石宝山石窟中的天竺僧人像。[1] 近来,又有"赞陀崛多石刻像的发现"[2]。当地仍流传许多天竺僧人的故事,其中一个故事说,一个印度和尚即赞陀崛多,来到云南的朱峰下隐居,其地四面皆水,人民缺少耕地,难以维生。该僧遂入岩穴中,面壁修持十年,炼得法力。然后上山掷石于水中,山峰崩塌,流水四溢,大片陆地涌现,人民乃得安居。[3] 根据以上所述,云南在中印关系中占有重要地位。南诏、大理时期的佛教在当地十分兴盛,寺庙、佛塔修筑很多。今

　　1　宋伯胤:《记剑川石窟》,《文物参考资料》1957 年第 4 期。

　　2　李绍明:《凉山博什瓦里南诏大理石刻中"梵僧"画像考》,《思想战线》1988 年第 2 期。

　　3　清代鹤庆人杨金和撰《南新河记》。

天,那里还有许多中印关系史的资料待我们去发掘整理。如能整理出来,定可使中印关系中增添不少新篇章。

以上介绍的印度史料仅是汉文载籍中的很小很小一部分。但它仍可说明史料的涉及面广,政治、经济、文化,无所不包。无疑,这些史料对编写、研究印度历史、中印关系史都有极重要的参考价值,早已引起印度同行们注意。正如著名印度历史学家阿里(Ali)教授给季羡林先生的信中所说:"如果没有法显、玄奘和马欢的著作,重建印度史是完全不可能的。"[1]然而,值得庆幸的是,在90年代的中国史坛上出现了《中国载籍中南亚史料汇编》上下两册,计90余万字。[2] 相信这会引起世界各国、包括印度历史学家的印度史研究者的兴趣和注意。这也是中华民族为世界文化知识宝库提供的一笔财富,当引以自豪。

(本文为作者1993年11月,受印度历史研究会邀请,在印度作的
三篇讲演稿:《中国载籍中印度史料的介绍》《跨喜马拉雅山两国
伟大历史友谊中的一个插曲》《僧人传记与中印文化交流》
缀合而成。原载北京大学亚非研究所编:《亚非研究》
[第5辑],北京大学出版社1995年版)

---

1 《大唐西域记校注》前言,[唐]玄奘、辩机著,季羡林等注释:《大唐西域记校注》,中华书局1985年版。

2 耿引曾:《中国载籍中南亚史料汇编》,上海古籍出版社1994年版。

印度洋沿岸出土的中国文物

　　在叙述印度洋沿岸出土的中国文物之前,我先向读者介绍两幅图画。一幅是印度阿旃陀壁画上的《中国帆船图》(图一),另一幅是《圣经》插图《东方的商贾》(图二)。

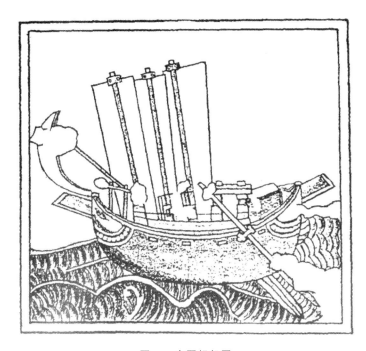

图一　中国帆船图

图二　东方的商贾

　　举世闻名的阿旃陀石窟,在今印度马哈拉斯特拉邦境内、南印度德干高原温德亚山的悬崖上。它修建于公元前1、2世纪至公元6、7世纪之间。洞窟中有石雕佛像和壁画。壁画虽以佛教为基本题材,同时也反映了不少古代社会生活的情况。最难能可贵的是保存了一幅中国的帆船图像。它可以用来说明远在6、7世纪时,中国人已来到南印度开展印度洋的航海业。

　　在《东方的商贾》这幅图中,我们看到了一艘收起篷帆的阿拉伯天鹅船首的海船,停泊在岸边,码头上有7个人物在活动着。仔细分辨画面,从人物的衣着上看,他们来自不同的国度。从人物的举动上看,表现出他们正进行瓷器和丝绸交易。其中站在船前的、左手叉腰、右手捋胡须、身着敞袍、头上箍头巾的,显然是阿拉伯商人。与这个商人对话的是一个双手捧瓷罐、头戴无檐毡帽、身着黑边短袖束腰背搭的西亚人,似乎在兜售他的商品。在阿拉伯人与西亚人之间有一筐瓷器,筐里有一个细颈瓶和一个大腹瓶,筐外也有一个细颈瓶和一个小碗。西亚人的后面又有一个包扎头巾、身穿直裰、卷袖露臂、弯腰并双手捧一个圆形器皿向筐内之姿态的人,此人大概是阿拉伯商人的伙计。在阿拉伯人的后面还有一个头顶大包、裸露右肩右臂、赤脚行走的人,无疑是商船上的苦力。现在我们把视线再移到画面的另一端,可以看到一个头戴皮帽、身着短袖长袍的老年波斯商人,和一个头戴尖顶帽、身穿宽袖长袍的中国商人一起拉扯着一匹绸缎,似乎在品评质量和价格。而站在中国商人旁边的人，从他头戴尖顶帽、身着直裰、手抱一捆绸缎、腰上拴个布袋和别着一把短刀，再加上面前又堆了一个大包和一捆丝绸，可以断言，此人是中国商人的伙计。尽管这幅画的作者和成画时间尚待进一步考证，但它仍不失为描绘 13 世纪海上交通贸易的一个形象资料。由于画中的交易品是中国的特产——瓷器和丝绸，交易者是中国人、阿拉伯人、波斯人，即使交代不出这艘海船停泊港口的名称，也不妨碍这幅画作为中国人参加印度洋贸易的佐证。这正是笔者介绍此画的着眼点。

以下介绍印度洋沿岸出土的中国文物。

世人皆知，古代中华文明的主要标志是有内涵丰富的传统文化，而千百年来在中华大地上保存下来的文化遗迹和数以万计埋藏在地下的历史文物，则是中国传统文化的一个重要组成部分。近一个多世纪以来，由于考古学这门科学在国内外的发展，不仅中国本土发掘出了许多价值连城的历史文物，而且在中国之外的亚洲、非洲、欧洲甚至澳洲、美洲等地也发现了中国的历史文物，尤其以在亚洲、非洲地区出土的大量青瓷和冠以帝王年号的铜钱最为显著。20 世纪 60 年代日本著名学者三上次男先生实地考察了在亚洲、非洲地区保存、发现或出土的中国青瓷。他从北非到东非沿岸，又从阿拉伯半岛到波斯湾，再从东地中海到美索不达米亚，后又自印度半岛的西海岸到东海岸，最后进入东南亚。在此基础上，他作了深入的探讨和研究，终于撰写成了《陶瓷之路》一书（东京：岩波书店，1970 年版）[1]。他认为这条海上的"陶瓷之路"是中世纪东西文化的接点和东西贸易的象征，可以与陆上的"丝绸之路"，即从中国跨越亚洲的沙漠和草原或山脉，通往波斯，然后到达地中海海岸的贸易路线相颉颃。如今他的这一很有见

1　中国古外销陶瓷研究会编：《中国古外销陶瓷研究资料》第 2 辑《陶瓷之路》；另有李锡经、高喜美译：《陶瓷之路》，文物出版社 1984 年版。

地的立论已得到国际学术界,包括中国学术界的认同。就是在他的学术观点指导下,我受到很大启迪。我认为,三上次男先生提出的"陶瓷之路"正是一条跨越印度洋的海上航路。中国人不仅参与开辟了这条航路,还为这条航路的确立和扩大,做出了应有的贡献。这是人类在征服印度洋过程中中华文明做出贡献的具体表现。为此,我们应该先了解早在几个世纪前,甚至千百年前落脚在印度洋沿岸的中国文物。现在就由远而近,从印度洋的西面到东面,分非洲东海岸、阿拉伯半岛、波斯湾沿岸、印度半岛,东南亚几个地区,分别阐述那里流传或出土的中国瓷器和钱币。

一、非洲东海岸

自 19 世纪 80 年代以来,非洲大地上出土了大量中国的青瓷和钱币。在此,只介绍濒临印度洋西海岸的埃塞俄比亚、索马里、肯尼亚和坦桑尼亚等地的出土情况。

1. 埃塞俄比亚

根据考古学家的断定,今天索马里的撒丁岛是中世纪时期的卸货场,穿越印度洋而来的中国青瓷都是从这里集散,而后通过陆地运往高原各处。所以在今天埃塞俄比亚和索马里相连的通道上,经常会发现中国青瓷。在这个国度里大体有埃塞俄比亚和索马里交界处的奥贝尔、奥博巴、德比尔和谢赫巴卡布 4 个遗址,以及鲁加伊、哈拉尔、里马岛、贡德尔共 8 处,出土或发现了较为重要的中国青瓷。这些中国的古瓷,有 12—15 世纪的青瓷,还有 16—17 世纪的青花瓷。其中值得提出的有两处:一是地处该国西北部塔纳湖(Tana L.)中的里马岛,岛上有一座教堂,教堂内保存了一个精致的中国明代瓷罐。罐内装着顿加尔王的内脏。另一处是位于塔纳湖之北 100 公里的贡德尔宫殿遗址,在这座 17 世纪建造的宫殿遗址中,发现了许多中国古瓷;在伊亚索大帝统治时期(1682—1706)建造的宫殿墙壁上,镶嵌着中国古瓷,以此作为装饰品。特别是把自己国家的王侯内脏装在异国的器皿中,只能说明这个国家和人民对中国青瓷的爱慕之心。

2. 索马里

这个国家出土的中国文物主要集中在索马里和埃塞俄比亚交界处、索马里的南部海域,以及索马里与肯尼亚的边界附近。索马里和埃塞俄比亚交界处的博腊马地区有阿姆德、阿巴萨、戈吉萨、哈萨丁尔、达米拉哈德、库尔加布、阿罗加拉布、比约达德拉、德尔比加阿达德、穆萨哈桑和卡巴布等 11 处遗址。上述的这些遗址,经过 1934 年、1943 年和 1950 年三次调查和发掘,发现了12—15 世纪,也就是宋元明时期的中国青瓷;以及 16—17 世纪,也就是明清时期的中国青花瓷和少许的釉里红瓷片、浅青白色釉瓷片。南部海域的摩加迪沙,不仅出土了大量的中国青瓷片,还出土了中国钱币 32 枚。另外,该地区又收集到中国钱币 15 枚。出土的钱币自五代南唐李璟(943—961 在位)的“唐国通宝”到清文宗咸丰(1851—1861 在位)的“咸丰□宝”,也就是说从五代十国的南唐、宋、元、明,直到清,各个朝代的中国钱币均有。在索马里和肯尼亚边界附近的基西马尤、拉西尼、库拉、布尔高、汉拿萨、基斯基其尼、基安博尼角,以及科伊阿马群岛,都发现了大量的中国古瓷。古瓷的年代大体以 15、16 世纪的居多。要引起注意的是,中国青瓷不仅从地下出土,还在地面上表露出。如布尔高的一座柱墓顶上安放一个大瓷罐。难怪在 20 世纪 30 年代,施沃茨说过,从基西马尤到桑给巴尔的整个海岸,都散布着中国古瓷。[1]

3. 肯尼亚

“从 14 世纪到 19 世纪中叶,肯尼亚从中国进口陶瓷的数量等于或往往超过了所有其他国家进口的陶瓷的总和。”这是在肯

1　孟凡人、马文宽:《中国古瓷在非洲的发现》,紫禁城出版社 1987 年版,第 10 页。

尼亚作过多年的考古调查、发掘和研究,在 1960 年代曾任蒙巴萨 Fort Jesus 国立公园园长的杰姆斯·卡库曼(James Kirkman)得出的结论。[1] 该国发现中国古瓷的遗址大约有 40 个以上。这些遗址大体分布在北部海域的拉姆群岛(Lamu Is.)区,从塔纳河(Tana R.)至加拉纳河(Galana R.)河口马林迪(Malindi)海岸区,南部海岸蒙巴萨(Mombasa)区三个区域内。其中要注意的是拉姆群岛区曼达城(Manda)伊斯兰遗址,它的时代上限可早到 9 世纪。在这里出土了 9—10 世纪的越窑青瓷和白瓷,这是迄今为止在东非沿岸发现的最早的中国瓷器。另外,马林迪海岸区的格迪(Gedi)遗址出土了一件元代釉里红瓷瓶,它是东非沿岸目前仅有的一件可复原的釉里红瓷器。并有南宋宁宗时期的庆元(1195—1200)通宝和理宗时期的绍定(1228—1233)通宝出土。还有,蒙巴萨区的杰萨斯堡博物馆,馆内展出了许多中国瓷器,可谓是集肯尼亚出土中国瓷器之大成,值得参观访问。

4. 坦桑尼亚

在坦桑尼亚作过考古发掘的考古学家惠勒(Wheeler. M)曾经得出结论:"我一生中从没有见过如此多的瓷片,正如过去两个星期我在沿海和基尔瓦岛(Kilwa I.)所见到的,毫不夸张地说中国瓷片可以整锹地铲起来。"又说:"我认为,公平地说,就中世纪而言,从 10 世纪以来的坦桑尼亚地下埋藏的历史是用中国瓷器写成的。"[2] 坦桑尼亚共发现过 60 个以上的中国古瓷遗址,大体分布情况:坦噶地区有 22 处,滨海区有 10 处,奔巴岛(Pemba I.)及附近岛屿有 9 处,桑给巴尔岛及附近岛屿主要有 4 处,另外,还有马菲亚岛(Mafia I.)及附近岛屿,以及基尔瓦岛各处。在此要指出的是,基尔瓦岛不仅是坦桑尼亚出土中国古瓷最多的地方,也

1　孟凡人、马文宽:《中国古瓷在非洲的发现》,紫禁城出版社 1987 年版,第 10 页。
2　同上书,第 17—18 页。

是非洲出土中国古瓷最多的地点之一。同时要引以自豪的是,中国的青瓷已融入非洲的物质文化中。这里和非洲其他地方一样,用中国陶瓷作为装饰,不仅嵌在柱墓上,还嵌在建筑物上。如在马库丹尼遗址中,见到带廊的房子,房子的小圆屋顶上镶嵌了许多瓷碗,非常遗憾的是,现在仅存中间的一件大青瓷碗。这里还要提上一笔的是,该岛发现的最完整的一件瓷器,即景德镇产品、元代青白瓷玉壶春瓶。这件元代青白瓷玉壶春瓶出土于胡逊尼库布瓦的宫殿遗址内。不论这个瓷瓶是生活用品,还是鉴赏品,都表明中国青瓷已经深入中世纪非洲的实际生活中。

除了青瓷之外,坦桑尼亚还发现和出土了不少中国钱币。计有 4 个地点:达累斯萨拉姆(Dar-es-Salaam)、桑给巴尔岛、马菲亚岛、基尔瓦岛。除了达累斯萨拉姆发现的那枚铜钱碎片辨不清字迹外,在桑给巴尔岛东南部的卡将瓦(Kajenwa)出土了一个钱币窖藏,约有 250 枚中国钱,其中除 4 枚唐代开元通宝外,余下都属北宋(960—1127)、南宋(1127—1279)各个时期的。考古学家断定,这个钱币窖藏的时代在南宋末年。马菲亚岛总共发现过 9 枚中国钱币,有 3 枚是宋代的,其余 6 枚情况不明。至于基尔瓦岛,在 19 世纪 80 年代就发现一个 4 枚中国北宋钱币和 127 枚基尔瓦钱共存的钱币窖藏。20 世纪初又发现一个钱币窖藏,其中 1 枚北宋神宗熙宁(1068—1077)钱币和 63 枚基尔瓦钱共存。此外,该岛还发掘出土了 9 枚中国北宋钱币,以及在海滩上捡拾得 14 枚中国钱币,多为宋钱,其中有 1 枚明代钱币。

上面所介绍的仅是濒临印度洋的东非出土中国文物的简况。关于整个非洲发现的中国青瓷和钱币,已引起国际学术界的瞩目,掀起了一股研究热潮。可喜的是近十几年来,中国学者也作了探讨、研究,并有论述。可阅读《中国古瓷在非洲的发现》一书和《非洲出土的中国钱币及其意义》[1]一文。

1　马文宽:《非洲出土的中国钱币及其意义》,《海交史研究》1988 年第 2 期。

二、阿拉伯半岛、波斯湾沿岸、印度半岛

以上谈了非洲东海岸出土中国文物的情况,而阿拉伯半岛的南端与非洲东部的埃塞俄比亚、索马里隔海相望,根据古代印度洋的航海路线,阿拉伯半岛及波斯湾一带出土中国文物,势在必然。这里仅介绍也门的亚丁、阿曼的苏哈尔、波斯湾的巴林岛和伊朗的古港口斯拉夫等地的出土情况。

1. 亚丁

迄今这里仍是西亚的著名港口。在它附近的卡乌德亚穆赛拉(Kaud am Saila)和亚尔哈比尔(Al Habil),以及在它东北56公里外的海港阿布安(Abyan)等废墟中发现了中国的陶瓷。阿布安废墟曾经是一个非常繁华的都市,是12—15世纪时国际商品荟萃的地方。上面提到东非索马里的撒丁港是卸货场,而货物正是从阿布安海运过去的。所以,在废墟中残存了大量的中国陶瓷,这些陶瓷属于12—15世纪。关于亚丁港瓷器交易情况,14世纪著名的摩洛哥旅行家伊本·白图泰(Ibn Battuta,1304—1377)的《游记》[1]中有描述。15世纪跟随郑和远航的费信,所著《星槎胜览》中也提到用中国青花瓷互市。

2. 苏哈尔

它是9—12世纪的一个繁荣的国际性商业港口。20世纪80年代法国考古学者对这里一座兴建于13—14世纪的城堡进行了发掘,出土了大量的中国陶瓷。经过鉴定,得出一个有趣的结论,这些中国陶瓷的时代主要是9—12世纪初的,还有18—20世纪的。这说明了12—18世纪正是苏尔哈国际地位的衰落时期。9—10世纪的陶瓷包括浙江北部的越窑青瓷碎片,和大概出自河北窑、

1　伊本·白图泰:《伊本·白图泰游记》,马金鹏译,宁夏人民出版社1985年版。

邢窑和定窑，以及南方窑、景德镇等地产的白瓷碎片。另外，还有湖南长沙窑的陶瓷和广州西村窑的瓷碟残片。有关这个城堡遗址出土中国陶瓷的详细情况请参阅法国米歇尔·皮拉左里著，程存浩译《阿曼苏丹国苏哈尔遗址出土的中国陶瓷》[1] 一文。

3. 巴林岛

位于卡塔尔和沙特阿拉伯之间波斯湾海面上的巴林岛，虽以盛产石油而著名，然而在卡拉托巴林南 400 米的清真寺废墟和附近的海滨上也发现了中国文物。日本学者曾在这里收集到 28 块青瓷片和 58 块青花瓷碎片。经鉴定，大部分属于 14 世纪后半叶及 15 世纪初的龙泉窑青瓷。另外，在巴林岛采集到的中国陶瓷，还有一些被美国的宾夕法尼亚大学收藏着。应该提到的是，美国学者曾经在巴林岛对岸沙特阿拉伯的达兰和附近海岸的卡提夫发现并收集到中国北宋真宗时期的钱币咸平（998—1003）通宝，以及北宋绍圣年间（1094—1098）和南宋绍定年间（1228—1233）的铜钱。这些中国文物，证实了巴林岛及其对岸的沙特阿拉伯卡提夫地区，是中世纪波斯湾南岸重要的转口贸易基地。

4. 伊朗

波斯湾北岸也发现了中国文物。现在由东面到西面阐述，在霍尔木兹岛对岸的大陆，靠近米纳卜（Minab）海岸的卡拉敦（Kalatun）出土了大量优质的宋代陶瓷和一枚北宋铜钱，可能是政和（1111—1118）通宝之类的。出土瓷器被认为是 12 世纪前后的南宋遗物。由米纳卜海岸往西的塔希利（Tahiri）海岸，保存着一些小部落，其间的遗址即 9 世纪中叶至 13 世纪时波斯湾最兴盛的港口斯拉夫（Siraf）。英国考古学家在这里作过多次的调查发掘工作，发现并出土了大量的中国瓷片，其中最引人注意的是唐邢窑系白瓷和越窑系青瓷。另外，在吉许（Kish）、喜拉（Hira）、

1　载《海交史研究》1992 年第 2 期。

乌孛拉(Ubolla)、巴斯拉(Basra)等地都有龙泉青瓷碎片发现。

5. 印度半岛

这一地带从孟加拉湾到阿拉伯海,有关巴基斯坦以及嵌在印度洋中的斯里兰卡出土中国文物情况,也一并交代。

从波斯湾出来,经过阿曼湾,先到巴基斯坦的阿拉伯海岸,特别是印度河口的卡拉奇附近,有个曼波尔(Bhambore)遗址值得介绍。曼波尔是个废港,在古代和中世纪时期,它都兴盛一时,凡渡过印度洋的货物,不管是东面来的,还是西面来的,都要在这里集散。因而,出土中国陶瓷应是顺理成章的事。在巴基斯坦考古学者的系统发掘下,这个地区出土了晚唐时期的浙江越窑青瓷、湖南长沙窑釉下彩绘的碎钵片。更多的是宋代瓷片,包括宋初的越窑刻花、广东地区青白瓷浮雕莲瓣纹,以及宋末元初浙江龙泉窑青瓷残片。如果要欣赏这些无声地躺在异国他乡地下近千年,而今又重见天日的中国文物,可前去卡拉奇国立博物馆浏览或去曼波尔遗址博物馆参观。

现在谈谈印度。来到印度的西海岸,先介绍孟买的威尔士王子博物馆(Prince of Wales Museum)。在该馆一个展室的陈列柜内堆积着大量的中国陶瓷,其中以明代青瓷和青花瓷为多。后介绍迈索尔邦立博物馆,这里展出了两片宋代龙泉窑的青碎瓷、一片白瓷,似乎是产自广东、福建的瓷窑;还有一片南方出产的黑褐釉陶碎片与北宋神宗元丰(1078—1085)通宝粘在一起。这几件中国文物是从迈索尔邦钱德拉维利(Chamdravalli)遗址发掘出来的。日本学者三上次男断定"大概是宋代带到印度的港口,并一定是被搬运到迈索尔的内地来的"[1]。他提到的印度港口当是今天喀拉拉邦的奎隆(Quilon)、科钦(Cochin)一带。因为宋人周去非在其著述《岭外代答》中明确记载,故临(今奎隆)是中国至阿拉

---

[1] 中国古外销陶瓷研究会编:《中国古外销陶瓷研究资料》第2辑《南海的青瓷》。

伯地区的贸易中转站。不仅如此，还有传闻，说在印度的马拉巴尔海岸经常发现中国铜钱。[1] 以下将谈南印度东面的科罗曼德尔海岸的情况。在泰米尔纳德邦本地治里城附近的阿利卡美德（Arikamedu）遗址，经过考古学家的调查和发掘，也发现了大量的中国陶瓷碎片，除了一件完整的宋代龙泉窑砧手青瓷钵外，还有龙泉窑青瓷深钵碎片和壶的残部，并见到 9—10 世纪的越州窑瓷碟碎片。另外，也有磁州窑的陶片。值得指出的一个现象是，某些陶瓷片是与 11—12 世纪时 Cola（注辇）朝钱币共存，而且北宋徽宗时的宣和（1119—1125）通宝也夹杂在陶瓷碎片中出土。另外，在本地治里的库利美德（Korimedu）遗址，也发现了 12—13 世纪即宋元时期的陶瓷碎片。在此，还应该提出来的是，泰米尔纳德邦南端的卡雅尔（Kayal）也出土了中国的陶瓷。

从科罗曼德尔海岸南下，跨过保克海峡，到斯里兰卡。斯里兰卡有"印度洋上的珍珠"之称，处于孟加拉湾和阿拉伯海之间，自古以来就是东西方贸易的中枢，理所应当在这里发现中国文物。科伦坡博物馆里不仅陈列了几十件使人感兴趣的、从宋代到清代的中国陶瓷，还有 1911 年在该国加利（Galle）城出土的一块"郑和布施碑"。碑上见汉文、阿拉伯文、泰米尔文三种文字，记述郑和去该国时在立佛寺上香布施的情况。[2] 此外，往康提（Kandy）路上科加拉（Ke-Galla）的底帝加马（Dadiga-Ma）小部落中，有建于 11—12 世纪的大佛塔遗迹，出土了 10—13 世纪的中国陶瓷。包括龙泉窑青瓷钵残片数件、青白瓷橘形小壶和四脚小香炉的残件，以及越州窑青瓷片、褐釉罐碎片等。还有，该国北部阿努拉达普达（Anuladhapuna）南边的雅巴弗巴（Yapahuva）遗址，经过两次发掘，不仅出土了宋元时代的陶瓷，还有 1364 枚铜钱。这

1　中国古外销陶瓷研究会编：《中国古外销陶瓷研究资料》第 2 辑《南海的青瓷》。
2　刘如仲：《郑和与南亚》，《南亚研究》1981 年第 3、4 合期。

些铜钱绝大部分属于北宋、南宋时期,也有若干枚唐代的开元通宝和一枚元世祖至元(1264—1294)通宝。最引人注目的是,南宋时期的面有棱纹的龙泉窑青瓷钵,两个属于上品的宋代青白瓷钵,和三彩系完整的绿釉长壶,以及橄榄色的青瓷小狮子狗头。以上这些在斯里兰卡高原地带发现的中国文物,无疑是由海港运入内地的。而把大量的中国货币作为财宝来储存,又从一个侧面说明了中国与印度洋海域国家的贸易交往情况。

三、东南亚

这一地域属于印度洋的东岸了。兹将印度尼西亚、马来西亚、泰国、缅甸等地发现的中国文物作一番介绍。

1. 印度尼西亚

在爪哇和苏门答腊各地发现了大量的中国陶瓷,有青瓷、白瓷、青白瓷、青花瓷和五彩等,还有唐三彩。其中不少是完整保存下来的瓷器。这些瓷器绝大部分为雅加达国家博物馆和收藏家所收藏,而雅加达博物馆的展品以笛·夫利纳斯(E. W. Van Orsoy de Flines)所收藏的数千件陶瓷为主体。这些陶瓷的年代绝大多数为晚唐以后的,但有少许东汉至唐的,就是 1 世纪至 9 世纪的陶瓷。如此丰富的遗物,本可以用来说明重要的历史问题,可是根据三上次男先生的看法,由于遗物的出土地点不够确切,给进一步利用这些展品带来一定麻烦。即使如此,也可以说明早在纪元的最初几个世纪里,中国文物就已沿岸航行落脚印度洋东面的东南亚各地。

2. 马来西亚

先应该提到的是东马来西亚的沙捞越河三角洲一带。这里进行过发掘,出土瓷片达百余万件。其中有宋代青瓷、青白瓷、黑瓷及磁州窑系的瓷片,也有不少完整的壶、瓶、盒子、笔洗、碗等器物。而沿印度洋的马来西亚西面,也出土了景德镇及福建德化窑青白瓷印花瓷器残片,出土地点在莫尔包河口南边的布吉巴土林登(Bukit Batu Lintang)。

3. 泰国

近一些年来,泰国的考古工作取得了一定的成绩。特别是泰国南部的一些考古遗址,出土了许多中国的陶瓷。值得在此提出来的是 Ko Kho Khao 岛的 Tungtuk,和素呖府猜耶县的 Laem Pho 两处。两处不仅出土了 9 世纪的中国陶瓷,还出土了一些唐代开元通宝。在此要作重点介绍的是,20 世纪 80 年代末在猜耶县发现的一块属 9 世纪中国长沙窑出口的瓷碗残器,碗上描绘了类似阿拉伯文的图案。经过专家们的考证和鉴定,瓷碗确是长沙窑产品,属陶胎釉下褐彩,碗上的纹饰确是阿拉伯文,是"Allah"(安拉)一词的对称写法。这说明了唐代末年,中国湖南的长沙窑已从事生产专门供给穆斯林市场的陶瓷器。这个碗上的阿拉伯文图案,与 1980 年江苏扬州发现的唐代阿拉伯文背水壶上的图案相一致。有关在猜耶县发现的瓷碗残器上的图案考证情况,请参阅陈达生写的《唐代丝绸之路的见证——泰国猜耶出土瓷碗和扬州出土背水壶上阿拉伯文图案的鉴定》[1]一文。

4. 缅甸

在这个国家里发现和出土了许多中国瓷器,其中龙泉青瓷不少见。在此要交代的是马达班(Martaban)湾的马达班市,它是古代东西交通的一个转运中心点,中国出口的陶瓷几乎都是从这里转运其他各处。正因为如此,所以土耳其等国家称青瓷为马达班或马达班尼。

上面介绍的印度洋沿岸出土的大量青瓷和铜钱,充分说明了 9 世纪至 15 世纪,也就是从唐末到明代中叶,中国人在印度洋的贸易活动中扮演了重要角色。这个结论,我们还可以从古代中国

1　载《海交史研究》1992 年第 2 期。

人的笔下了解到,古人写下了许多有关陶瓷作对外贸易品的记载。这些记载可以与印度洋沿岸出土的中国文物相互印证。现在简要介绍如下。

有关陶瓷作为对外贸易品的最早记载,见于北宋朱彧写的《萍州可谈》一书中。这本书成书大约在哲宗元符三年(1100)以前。这个时期已有许多商人,特别是南方沿海一带的人,到海外去贸易。朱彧的父亲曾在广州做过官,所以书中记载了许多其父在广州时有关蕃坊市舶的见闻。书中写道,"富者乘时蓄缯帛、陶货,加其值,与求债者计息,何啻倍蓰"。还说,"船舶深阔各数十丈,商人分占贮货,人得数尺许,下以贮物,夜卧其上,货多陶器,大小相套,无少隙地"。此外,在《宋史·食货志》中,我们看到明确的记载,当时的陶瓷器作为商品,与东南亚、阿拉伯半岛的南部互为贸易。以中国的"金、银、缗钱、铅、锡、杂色帛、瓷器,市香药、犀、象、珊瑚、琥珀、珠琲、镔铁、鼊皮、玳瑁、玛瑙、车渠、水精、蕃布、乌樠、苏木等物"。在《宋史·食货志》中还见到防止钱币外流的规定,"宁宗嘉定十二年(1219)臣僚言,以金钱博买,泄之远夷为可惜。乃命有司止,以绢布、锦绮、瓷器之物博易,听其来之多少。若不至,则任之,不必以为重也"。南宋政府的这个举措使我们明了两点:一是在 1219 年以前,中国钱币确实大量流到海外;二是凡外货交易,不用金银铜钱,而以绢帛、瓷器为代价。这一规定的颁布,更促使了瓷器的大量输出和远销到海外各地。可见,印度洋沿岸出土的中国瓷器、铜钱绝非无源之水、无本之木了。

至于中国古瓷输出的地区,在古代中国人笔下也有明确的记述。这里,只介绍三本书。

一是南宋理宗宝庆元年(1225)成书,由福建路的市舶提举,即专管海外贸易之事的赵汝适撰写的《诸蕃志》。书内列出亚非地区的 56 个国家,其中约有 1/4 以上与中国进行了陶瓷贸易。如:"三佛齐"(今印度尼西亚苏门答腊巴淋旁)条中记"番商兴贩用瓷器等博易"。"兰无里"（今印度尼西亚苏门答腊 Lambri）条记"番商兴贩用青白瓷器等为货"。"单马令"、"凌牙斯加"、"佛罗安"（均在今马来西亚南部）等条中记"番商用瓷器、盆钵博易"、"番商兴贩用瓷器等为货"、"番以瓷博易"。"细兰"（今斯里兰卡）条记"番商博易用瓷器等为货"。"南毗"（今印度半岛西岸 Malabar 地方）条、"故临"（今印度西南奎隆）条记"用瓷器为货"。"层拔"（今坦桑尼亚桑给巴尔）条记"以瓷器为货"。这些记载告诉了我们宋代瓷器对外输出的大致范围。

现在看一看第二本书中的记述。元至正九年（1349）成书，由元代民间航海家汪大渊两次航海归来撰写的《岛夷志略》。这本书记述的是他亲眼所见、亲耳所闻的事。其中涉及瓷器的有 44 处，如："日丽"（今印度尼西亚苏门答腊）条记"贸易之货用青瓷器粗碗之属"。"戎"（今马来西亚克拉地峡）条记"贸易之货用青白花碗、瓷壶、瓶、紫烧珠之属"。"罗卫"（今马来西亚）条记"贸易之货用五色烧珠、青白碗之属"。"淡邈"（今缅甸东南部）条记"货用粗碗青瓷之属"。"朋加剌"（今孟加拉）、"乌爹"（今印度奥里萨邦东北）条均记"贸易之货用青白花器之属"。"千里马"（今斯里兰卡东岸的亭可马里 Trincomalee）条记"贸易之货用粗碗之属"。"马八儿屿"（今印度半岛西南马拉巴尔一带）条记"货用红绿烧珠之属"。"须支那"（今印度孟买北部）条记"贸易之货用大小水罐之属"。"放拜"（今印度孟买）条记"货用红白烧珠之属"。"加里那"（今波斯湾内伊朗西南部一带）条记"贸易之货用青白花碗之属"。"天堂"（今沙特阿拉伯麦加）条记"贸易之货用青白花器之属"。从以上所列地点看，元代瓷器外销的范围比宋代又扩大了一些。这里值得提上一笔的是，有关《诸蕃志》和《岛夷志略》两书中所记中国瓷器外销情况，我国古瓷专家冯先铭先生已作过仔细探讨，并列表以示，请参考他的《元代以前我国瓷器销行亚洲的考察》[1]一文。

1　载《文物》，1981 年第 1 期。

　　要介绍的第三本书是费信的《星槎胜览》。明成祖永乐三年至宣宗宣德八年间（1405—1433）的郑和七下西洋事件早为中外学者瞩目，而研究这一历史事件最直接的材料莫过于曾经跟随郑和下西洋的人归国后将实地见闻写成的书了。有马欢于明英宗天顺元年（1457）成书的《瀛涯胜览》、费信于明英宗正统元年（1436）成书的《星槎胜览》和巩珍于明宣宗宣德九年（1434）成书的《西洋番国志》。在此，仅将《星槎胜览》书中有关西亚、北非各地使用中国瓷器的情况略作简述。如：天方国（指今沙特阿拉伯麦加）"……货用……青花白瓷器"。竹步国（今索马里南部朱巴河口的淮博 Giumbo）"货用土珠、瓷器……之属"。木骨都束（今索马里首都摩加迪沙）"货物缎绢，瓷器……之属"。卜剌哇（今索马里南岸布腊瓦 Brava）"货用……瓷器之属"。从以上这些简短的记述中，可以知道 15 世纪中叶西亚、北非使用中国陶瓷的状况。不言而喻，通过郑和的官方贸易，更加促进了中国瓷器在东非的销售量。所以说，濒临印度洋的东非出土大量的中国陶瓷是非常自然的事。

（原载耿引曾：《中国人与印度洋》，大象出版社 1997 年版）

中印文化亲属关系

凡是从事中印文化交流的人没有不知道谭云山这个名字的，而谭云山的名字又总是和泰戈尔的名字连结在一起，这两个名字的连结象征着中印两大文化历史上的亲属关系，也正是这一亲属关系把印度大诗人、诺贝尔奖获得者泰戈尔(Tagore)和中国文化紧密地结合在一起，纪念谭云山诞辰百周年就把我的思路引到古代历史领域中去了。

历史学家们熟知，公元前 4 世纪末，希腊驻印度大使美伽斯蒂尼的《印度志》(原书已佚，仅在阿里安的《印度志》和斯特拉波的《地理学》等书中保存了片断)是研究印度孔雀王朝时期的重要史料。而中国载籍中所保存的印度史料之丰富、之珍贵，是其他任何国家所不及的。其中如玄奘的《大唐西域记》和法显的《佛国记》已成为世界上研究印度历史的必读参考书。这虽是两本僧人的著录，但其中所保存的 3 世纪末、4 世纪初，以及 7 世纪时期的印度社会历史情况的资料都是至为宝贵的。

除专门的著录之外，散见在其他各种典籍中的史料也是非常有价值的。在此，分三个方面作一简要介绍。

一是关于保存在中国历朝历代官修史书中的印度史料。

二是关于保存在中国佛教典籍中的印度史料。

三是保存在古代中国地理书籍及各种笔记、小说中的印度史料。

先谈官修史书"二十四史"中的史料。从公元前2世纪末至公元前1世纪初成书的《史记》到17世纪成书的《明史》,其中有关印度的记载可以说是史不绝书。除印度本身情况外,还有古代中国与印度的官方交往情况,地理交通开辟和不断扩大情况,商业贸易的情况,以及思想文化交流的情况等。一世纪成书的《汉书》中,见到描写罽宾(今克什米尔)有关它的疆域、人种、气候、物产的专门篇章,并记述了该地区在公元前的二世纪与汉朝就建立了外交关系。又如十四世纪成书的《宋史》中,有对注辇国(今印度科罗曼德尔海岸一带)的单独记录。其中特别记载了注辇使臣娑里三文到中国来,所走的水路行程,这段史料早已被中外交通史研究者视为瑰宝。而我认为最重要的是记述了该国王统帅下的三十一个部落;包括其法制、婚俗、赋税,以及军事情况、土特产品等等。对三十一个部落名称及地望的考订,至今仍是中国历史学家尚未解决的问题,有待结合南印度的文献、碑铭来进一步研究。

第二要介绍的是,关于中国佛教典籍中的印度史料。保存在佛教典籍中的几部高僧传记,即522年(南朝梁普通三年)成书的《高僧传》(又名《梁高僧传》《高僧传初集》),645年(唐贞观十九年)成书的《唐高僧传》(又名《续高僧传》《高僧传二集》),988年(北宋端拱四年)成书的《宋高僧传》(又名《高僧传三集》)中的重要史料作一简述。

这三部《高僧传》是有关僧人的传记,被列入传记中的高僧,不论是中国人,还是外国人,他们都为中国的佛教事业作出了贡献。《梁高僧传》记南亚、中亚的僧人共四十八位,其中属古代印度的二十九位,《唐高僧传》中记有二十四位印度僧人,《宋高僧传》中记二十位印度僧人,总计共有七十三位,占全部高僧人数的4.57%。数字所占比例虽不算大,但这些僧人的作用是不能低估的。

5世纪北中国的统治者后秦皇帝姚兴聘任印度高僧鸠摩罗什(Kumarajiva)主掌"译经院"是世界文学发展史上的一件头号大事,中印和其他各国高僧在中国领土上开展的一千多年的译经活动,使中文变成储存佛教思想的最大宝库,这是人类文化交流史上的一大奇迹。现代印度大文豪泰戈尔十分重视这一中印文化交流的宝贵遗产,嘱咐谭云山教授在中国学院开始佛经还原工程——把汉译佛经译回成梵文经书,弥补原经遗失的空白。实际上,这一工程在一千四百多年前就已经有了先例。508年(北魏永平元年)来华的北天竺人菩提流支(Bodhiruci),将中国僧大昙无最的《大乘义章》译成了梵文,寄往大夏(今阿富汗)。他还对梵学的传入中国做出了贡献,现代学者已作了许多研究,并得出一致的结论,梵学的传入促使了汉语音韵的发展。[1]

僧人在翻译佛经的同时,把古代印度的科学技术也介绍到中国。《梁高僧传》、《唐高僧传》、《宋高僧传》中不乏记载。

首先是天文历算,如570至575年(北周天和五年至建德四年)摩勒国(即摩腊婆,今印度古吉拉特邦[Gujarat]东部马希河一带)人达摩流支译出《婆罗门天文》二十卷。南朝宋(420至479年)京师东安寺僧人慧严曾向当时的天文学家何承天介绍了印度的历法、度量衡情况如下:"天竺夏至之日方中无影。所谓天中,于五行土德。色尚黄,数尚五,八寸为一尺。十两当此土十二两。建辰之月为岁首。及讨覈分至,推校薄蚀,顾步光影,其法甚详。宿度年纪,咸有条例。"后来,婆利国(故地众说不一,有今印度尼西亚巴厘[Bali]岛,或加里曼丹[Karimata]岛,或苏门答腊[Sumatra]岛东南部占碑一带等)人来,所说与慧业相同[2]。又如中国僧人刘凭撰写了《内外旁通比较数法》一书,在其《序》中提到:"然

1　罗莘田:《中国音韵学的外来影响》,《东方杂志》,32卷14号。钢和泰:《音译梵书与中国古音》,《国学季刊》,1卷1号。

2　《梁高僧传》卷7《宋京师东安寺释慧严》

东夏数法,自有三等之差。西天所陈,何无异端之例。然则先译诸经,并以大千称为百亿。言一由旬为四十里。依诸算计,悉不相符。窃疑翻之日彼此异音。指执之际于斯取失。故众经算数之法,与东夏相参。十十变之,旁通对衍。"[1]他是以佛经中印度的大数记数法和中国的大数记数法相对比。由此可知,印度的大数记数法是随着佛经的翻译被介绍到中国的。

其次,来华僧人还传播了印度的医学。558年(北周明帝二年)来华的波头摩国律师攘那跋陀罗与耶舍崛多合译出《五明论》。《五明论》中有医方明。在此之前的4世纪时,北凉统治者沮渠蒙逊的弟弟安阳侯曾在于阗瞿摩帝大寺,师从天竺法师佛驮斯那,学习《禅秘要治病经》。后来,他回到河西,把《禅秘要治病经》译成汉文。[2]《梁高僧传》《唐高僧传》《宋高僧传》中不止一次的记载了印度僧人在华治病的事迹,如306年(西晋光熙元年)到达洛阳的耆域,曾治好了衡阳太守滕永文的脚挛屈病症。[3] 又如626年(唐武德九年)来华的中天竺僧人波罗颇迦罗密多罗,曾为唐朝太子治病百日。[4] 655年(唐永徽四年)来华的中印度人那提曾受唐高宗之命,到南海去采药。[5]

再则,要引起重视的是,印度的建筑术和制糖技术也进入中国。隋代有印度工匠参加龙池寺的建造[6]。还有另一位西域那烂陀(Nalanda)喜鹊院僧人纯陀,在山西五台山清凉寺建造了一座寺院,"寺成后敕赐不空三藏"[7]。有关制糖技术传入的情况,《唐高僧传·玄奘》篇中记述如下:"并就普提寺僧如石密匠,乃遣匠

1　《唐高僧传》卷2《隋东都雒滨上林园翻经馆南贤豆沙门达摩笈多》。

2　《梁高僧传》卷2《晋河西昙无忏》。

3　《梁高僧传》卷10《晋洛阳耆域》。

4　《唐高僧传》卷3《唐京师胜光寺中天竺沙门波颇》

5　《唐高僧传》卷5《唐京师大慈恩等梵僧那提》。

6　《唐高僧传》卷14《隋终南山龙池道场释道判》。

7　《宋高僧传》卷21《唐五台山清凉寺道义》。

二人、僧八人,俱到东夏。寻敕往越州,就甘蔗造之,皆得成就。"
这说明了印度制糖工人来中国传播经验。印度制糖术传入中国
是一个有意义的探讨课题,著名学者季羡林已作了专门研究[1],这
里不赘。

　　第三,有关古代中国地理书籍中也有不少关于印度的记载。
6 世纪成书的《水经注》对印度河和恒河这两条大河的来龙去脉讲
得非常清楚。10 世纪以后成书的地理著作中,记载了不少从商业
贸易上传来的信息。1178 年(南宋淳熙五年)成书的《岭外代答》
中,提到故临(今印度西南岸奎隆)是当时中国与阿拉伯人的商业
贸易中转站,中国的大船到故临后,换上小船西行到阿拉伯半岛。
在 1225 年(南宋宝庆元年)写成的《诸蕃志》中,有关于晏陀蛮国
(今安达曼群岛)的全面描述。1349 年(元至正九年)写成的《岛夷
志略》书中,对印度半岛的胡椒生产、布帛生产情况,以及印度半
岛西海岸与阿拉伯地区的商业贸易都有真实的记录。

　　关于笔记小说中有关印度的史料也是十分丰富的,其中最重
要的,在拙著《汉文南亚史料学》[2]一书中已有过介绍。

　　我认为中国历史文献有关印度的记载特点很多,归纳起来可
以看出下面三大特征:

　　其一,对印度记述的连续性和系统性。

　　这在官方修的各类史书中体现最明显。从公元前 2 世纪《史
记》中记载了张骞曾派副使到身毒(今印度),1 世纪写成的《汉书》
中有关于罽宾(今克什米尔一带)和汉朝互通使臣的记述,直到
《清朝续文献通考》中记的光绪六年(1880 年)印度遣使中国。两

　　1　季羡林:《唐太宗与摩揭陀—唐代印度制糖术传入中国(上、下)》,《文献》,
1988 年第 2、3 期;《一张有关印度制糖法传入中国的敦煌残卷》,《历史研究》1982 年第
1 期;《对〈一张有关印度制糖法传入中国的敦煌残卷〉的一点补充》,《历史研究》1982
年第 3 期;《古代印度沙糖的制造和使用》,《历史研究》1984 年第 1 期。
　　2　耿引曾:《汉文南亚史料学》,北京大学出版社 1991 年。

千年来中印两国的使臣互访史不绝书。另外,我曾汇集有关记述,编了个近两千年的《中印大事编年》,这篇手稿将由印度英迪拉甘地国立艺术中心东亚部主任谭中教授用英文整理出版。这仅是两国关系的一个梗概,它已经涉及政治、经济、文化等各方面。如若把整个汉文印度记述按佛教关系、地理交通、文化艺术等分门别类排列,都可自成一体,其系统性是显而易见的了。

其二,对印度记述的实践性和科学性。

在汉文载籍长期积累下的印度记述中,最难能可贵的是许多记述来自耳闻目睹的第一手材料。它充分体现在僧人著录、使臣行记和平民百姓的撰述中。提起僧侣,玄奘的事迹大家都熟悉,这里不赘。就说法显,他为寻求佛教戒律,于 399 年以 65 岁高龄走过上无飞鸟、下无走兽,仅靠死人枯骨为标识的戈壁沙滩,用坚韧的意志和顽强的精神,克服了难以想象的困难,翻越丛岭,终于巡礼了五印度。归来写成的《佛国记》是一部实地考察报告。唐代使人王玄策的《中天竺国行记》今天虽然只能在《法苑珠林》中见到残篇,但仍不失它的实地记录价值。还有,元代远航印度洋的汪大渊于 1439 年成书《岛夷志略》,在书的自序中写到所记之事"皆身所游览,耳目所亲见,传说之事,则不载焉"。在书中,他不仅记下亲眼看到的 1267 年中国人在印度东海岸建造的塔[1],还将印度半岛的纺织品和胡椒生产情况,以至印度南部的水利灌溉农田[2]都描绘得栩栩如生。这些实地见闻可靠性强,史料价值高,不言而喻,它的科学性也就寄寓其中了。由此,也显示出中国人固有的知行合一实践精神。

其三,对印度记述的时代感。

16 世纪当西方殖民者闯入亚洲后,中国人注视着急剧变化的

---

[1] 汪大渊原著,苏继顾校释:《岛夷志略校释》,中华书局 1981 年版,第 285 页,"土塔"条。

[2] 同上书,第 250 页,"特番里"条。

印度。从陈伦炯于 1730 年写的《海国闻见录》中可以了解到英、荷、法殖民者在印度、扩至南亚各处的殖民贸易情况。特别是 1820 年由谢清高口述、杨炳南笔录的《海录》，是站在世界发生了变化的立场上，记述了亚、欧、美、非几大洲的情况，披露西方殖民者在东方的政治、经济侵略。殖民者在印度的所作所为，牵动着中国的有识之士，不仅有切肤之痛，还认识到"制夷"的迫切与必要。魏源在《海国图志》中分析了五印度与中国反抗殖民侵略的关系，提出利用各殖民者在印度的矛盾，达到"以夷制夷"的目的。这里必须指出的是，魏源的笔下不只是客观的阐述印度，更是他与时俱进，站在"世情"变动的高度，把中印两国合在一起，从研究印度到借鉴印度，并提出解决中国问题的新见解。这种新见解不能不说是中国人经世致用精神的新发展。它代表着十九世纪下半叶以来中国人对印度记述的新转折。

我长期从事史料工作的整理，从不同的历史文献中查出肯定有关印度的以及不那么明确地道出印度但肯定与印度有关的史料非常丰富。这也是理所当然的，印度是紧邻中国的古老而繁荣的文明大国，她的文化辐射力遍及欧亚，中国可算是最先受到影响。我们如果好好研究史料中明确指名或不那么明确而牵涉印度的史料，就能更深刻地了解中印文化的亲属关系，这也能帮助我们认识中国文化传统的发展。另一方面，中国传统殷勤而仔细地保存史料的长处却又正是印度传统的一大弱点。一部古代印度史书如果不参考外国（特别是中国和希腊）记载是写不成的。因此中国史料中的丰富内容对印度文化、历史、社会的研究都是十分宝贵的。我曾经在季羡林先生指导下把一部分多年心血所掌握的史料公之于世（见北京大学南亚研究所编：《中国载籍中南亚史料汇编》，共两册，由上海古籍出版社出版）。很多印度朋友看了都认为重要，认为应该译成英文。我也和谭中教授谈过这件事。他说这里面不止是一个翻译问题，还必须考证。因此需要认真研究,必须要有一个研究班子来开展这一工作。我认为很对,谭中是继承父志,这一辈子就投到促进中印了解的事业中了,希望由他牵线把这一史料用英文整理出来,获得更多的读者,进一步帮助中印两国历史学家重新认识本国的发展和中印之间的交往,那就是对谭云山等人的最好纪念。

(原载谭中编:《谭云山与中印文化交流》,

香港中文大学出版社 1998 年版)

古代 [1] 中国人眼中的印度

中国有句俗语叫"眼见为实"。本篇文章即扼要介绍古代中国人所见的印度历史之实。为此,首先交代古代有哪些中国人,在什么时候,抱着什么目的去印度,他们归来所写的实录,哪些还流传到今天。其次,将从这些珍贵的实录中,勾稽出不同历史时期的印度社会生活情况。最后,简言这些珍贵实录的价值。

一

这些古代中国人,主要是僧侣,也有官员和航海者。他们在古代交通极其不便的情况下,以顽强的意志和坚韧的精神,经过千辛万苦,穿越沙漠和海洋,到达古代印度。在他们归国后,又将其旅途的经历和在印度的耳闻目睹,编写成书,传播于当时和后世。如今我们能见到的有僧人的著作、官员的记述和航海者的见闻。以下分别阐述:

(一)僧人著作

有从399—412年去印度寻求佛教经、律的东晋僧人法显(约

1　指 1840 年鸦片战争前。

342—423 年），返国后写成《佛国记》（又名《法显传》）一书；有从
518—522 年去印度求佛经的北魏敦煌人宋云和僧人惠生，他们的
《行记》，现保存在 547 年杨衒之著《洛阳伽蓝记》卷 5 中；有从
627—645 年去印度留学的唐代僧人玄奘（600/602—664）[1]，在带
回经、律 657 部返归长安后，受到盛大欢迎。后又得到唐太宗的
接见，并应太宗要求，他将历时 19 年、行程 5 万里、所历 138 个以
上的国家、城邦和地区的亲身见闻，于 646 年成书《大唐西域记》；
有从 671—693 年去印度求法的唐代僧人义净（635—713），在返
归途中停留于室利佛逝国（今印度尼西亚苏门答腊岛），除了翻译
一些经典外，还将在南海和印度观察到的有关情况，于 691 年成
书《大唐西域求法高僧传》和《南海寄归内法传》两部；有从 751—
790 年到印度求法的唐代僧人悟空，他的《行记》保存在圆照写的
《十力经序》中；有从 964—976 年，受宋朝廷派遣的 300 僧人赴印
度求舍利及贝多叶经，继业为其中之一。他所记的《行程》保存在
范成大的《吴船录》中。

　　上面提及的僧人著作，当以法显、玄奘、义净的书为重要。

（二）官员的记述

　　有唐朝使臣王玄策的《中天竺国行记》。王玄策其人其事，除
两《唐书》记载外，尚有洛阳龙门造像记[2]和西藏吉隆县发现的"唐
显庆三年《大唐天竺使出铭》"[3]为证。他在 643 年、647 年、657 年
三次出使印度，学术界也有第四次出使印度一说[4]，但尚无定论。
王玄策曾著《中天竺国行记》10 卷，但此书已失传，只能从唐人道
世写的《法苑珠林》一书见到片段。中外学者已作过一些辑录和

1　杨廷福：《玄奘》条目，见《中国大百科全书·中国历史卷Ⅲ》，第 1343 页。
2　温玉成：《龙门所见中外交通史料初探》，《西北史地》1983 年第 1 期。
3　《大唐天竺使出铭》，《考古》1994 年第 7 期。
4　阴松生：《王玄策出使印度、尼泊尔诸问题》，《南亚研究》1990 年第 2 期。

研究,有冯承钧的《王玄策事辑》[1],法国汉学家列维的《王玄策使
印度记》[2]。

官员在印度的亲眼所见,在王玄策之后,就数"郑和下西洋"
的随从所写的书了。

15世纪初,中国伟大的航海家郑和(1371—1433)率领船队于
1405—1433年,前后历时28年,七下西洋("西洋"是明朝人对加
里曼丹岛以西海域的习惯称呼)。前三次到达印度西海岸的古里
(今印度喀拉拉邦的卡利卡特)即回航,后四次均横渡印度洋,远
达非洲海岸。每次远航都访问了印度半岛沿岸的许多地方,而在
第七次下西洋的归途中,郑和殉职于古里。后来,跟随他第四次、
第七次出航的译员马欢于1457年成书《瀛涯胜览》。第三次、第
七次出航的随员费信于1443年成书《星槎胜览》。第七次的随行
者巩珍于1434年成书《西洋番国志》。从以上三书里,我们可以
看到当时印度半岛沿岸一些地区的实况。

(三)航海者的见闻

当数1349年成书的《岛夷志略》和1820年成书的《海录》。

《岛夷志略》的作者汪大渊(1311—?)是元代的民间航海家。
据考[3],他曾两次下东西洋,第一次是1330—1334年,浮海范围
以印度洋为主。第二次是1337—1339年,浮海范围以南洋为
主。根据他自己在书的《后序》中所述,在先后两次浮海中,把
"身所游览、耳目所亲见"的山川、土产、风景、物产,一一记下,
"传说之事,则不载焉"。可见,这部实地见闻科学性较强,史料
价值较高。在书的100个条目中,有20多个条目是关于当时印
度的。

1　《清华学报》第8卷,第1期。
2　冯承钧译:《西藏南海史地考证译丛》第2卷第7编,商务印书馆1995年版,第1—17页。
3　苏继庼校释:《岛夷志略校释·叙论》,中华书局1981年版。

《海录》是由谢清高(1765—1821)口述,杨炳南笔录,一说吴兰修笔录[1]成书的。谢清高出生于广东梅县一带,年幼读过一些书,后随商人从事海外贸易,在一次海上风暴中落海,被外国商船救起,此后随外国商船游历海外各国。归来,定居澳门。由于眼睛失明,只能口述,由别人记录他在世界各地的见闻。全书分三个区域:自今越南到印度的西北沿海;今柔佛(即马来西亚的Johore地区)至毛里求斯;以及欧、美、非三洲。而最难能可贵的是,他口述了英国殖民者对印度的统治情况。

二

从以上所介绍的珍贵实录中,我们可以了解到印度前天和昨天的一些情况。下面就按5、6、7世纪的印度社会生活,14、15世纪印度半岛沿岸的风土人情,以及18世纪末、19世纪初印度沦为英国殖民地的缩影三个不同的历史时代来阐述。

(一)5、6、7世纪的印度社会生活

这三个世纪的印度社会生活主要从法显、玄奘、义净的著录中反映出来。自佛教在中国落地生根后,西天佛国,也就是古代印度,便成了中国僧人向往的地方,去"西天求法"是当时中国僧人的最高理想。入3世纪后,去西天的僧人前仆后继,而法显、玄奘、义净当是众多僧人中的成功者。他们归来所写的书,其主观目的是为弘扬佛教。而当时的印度,佛教虽不像在阿育王时代那样兴盛,到了7世纪甚至有衰微的迹象。但不可否认,佛教仍是当时印度社会的主旋律,佛教与社会生活有千丝万缕的联系。虽然如此,本篇仍侧重于印度社会生活的情况,有关佛教的从略。

---

[1]　安京:《关于〈海录〉及其作者的新发现与新认识》,《海交史研究》2001年第1期。

在此,先剖析法显的《佛国记》。法显称印度为天竺。他是 5 世纪初到达印度的。他去了北天竺、西天竺、中天竺、东天竺,其时印度正是笈多王朝的超日王时代。他在所写的《佛国记》中,首先记述了他从中国到印度的艰苦历程。其次书中的大量篇幅,也是该书的主要内容,非常详细地描绘了在印度各地所见到的佛教情况。如佛陀生平的传说故事及其遗迹,佛陀与外道的斗争,佛教内部大、小乘的派别斗争,以及僧人的习俗等等。从中使我们知道印度历史上的拘萨罗波斯王、孔雀王朝的阿育王、贵霜王朝的迦腻色伽王,以及先欲毒害佛陀而后又信佛的摩揭陀国王阿阇世,这些帝王都是赞助佛教的。然而,要特别提出的是,他记述了笈多王朝的一些社会实况。如中国(即中天竺或中印度)是当时笈多王朝的中心地区。法显看到了这里寒暑调和,无霜、雪。人民殷富,没有户籍和课税。只有耕种王田才交租,而且去留不受约束。赠赐寺庙的“田宅、园圃、民户、牛犊”,实行古已有之的铁券书录制度。法律较宽松,不施重刑,犯法轻者罚钱,罪大者不过截右手而已。商业有一定发展,“易货用贝齿”,另外,也见有“金钱”买地、“钱货”雇向导的记述,可知流通的货币不限一种。当时还盛行“竞行仁义”的社会风尚,并有照顾弱者、病者的“福德医药舍”。可见佛家的思想理念已普及到全民生活中。法显还描述了“恶人旃荼罗”的社会地位,“旃荼罗名恶人,与人别居,若入城市则击木以自异,人则识而避之,不相唐突”。恶人可以杀生、饮酒、食葱蒜,其职业可以“卖肉耳”。所谓“恶人旃荼罗”即是不可接触的贱民。由此可知,当时印度有森严的等级制度。

时隔 200 年后,玄奘去了印度。这时羯若鞠阇国的戒日王,也就是两《唐书》上所见的摩揭陀国王尸罗逸多,统一了北印度,成为笈多王朝以后的一个大国。玄奘与戒日王有着诚挚的友谊。他看到的印度又是什么样呢? 在《大唐西域记》里有非常详实的描述。这部稀世奇书共有 12 卷,从卷 3 到卷 11,可以了解到当时北、中、东、南、西五印度诸国的情况。其中叙述的有关佛教主题，著名学者季羡林已作过深刻的探讨：从佛教与外道力量的对比；佛教内部大小乘力量的对比；佛教部派分布的情况；以及佛教日渐衰微的趋势几个方面，总结出当时印度佛教的发展与衍变[1]。这里仅从卷 2 的印度总述"释名、疆域、数量、岁历、邑居、衣食、文教、佛教、族姓、兵术、刑法、敬仪、病死、赋税、物产"各项中了解当时印度社会生活的方方面面。

当时的五印度，方圆九万多里，三面濒海，一面背靠雪山，全国划分了许多地区，有 70 多个国家。全社会分四个族姓，即种姓，第一叫婆罗门，第二叫刹帝利，第三叫吠舍，是商贾。第四叫首陀罗，是农民。四种姓清浊不同，只能在本种姓内婚娶。除此之外，还有名目繁多的杂种姓。卫国的战士有步、马、车、象四个兵种。刑法有割鼻、截耳、断手、斩足，或驱逐出国等项。政务简单、没有户口登记，老百姓不出力役，也不缴赋税。国王的田地一分为四，一份为国家所用、充祭祀的祭品，一份为封赠宰相大臣，一份赏赐给才高的学者，还有一份赠与不同的宗教团体。之外，每人有自己的家业田和口分田。如果租种了王家的土地，缴实物地租的 1/6。商人来往贩运商品，只需在津渡和关口缴轻微的税[2]。凡此一般，是当时社会经济的梗概。

在玄奘返回长安的 22 年后，义净于 671 年去了印度。他先后在南海和印度逗留 24 年，于 695 年返回洛阳。他的《大唐西域求法高僧传》是以传记形式，把从 641—691 年这 40 年间所见到的 57 位僧人（包括今属朝鲜半岛的、越南的、阿富汗、中亚等地的）赴印度求法事迹记录下来。从中，我们了解到 7 世纪初的南海交通情况，旁及南海地区、印度的文化和宗教，是非常有价值的

1　季羡林等校注：《大唐西域记校注·前言》，中华书局 1985 年版。
2　季羡林执笔：《大唐西域记今译》卷 2，陕西人民出版社 1985 年版。

史料。而他的另一部著作《南海寄归内法传》又记录了当时印度哪些事情呢？

由于义净在那烂陀寺留学 10 年，使他对当时印度佛教的发展状况和佛教寺院有较深刻的认识与了解，故而在书中写得淋漓尽致。全书 4 卷，分 40 个小节，从佛教的实况到寺院的规章制度，甚至僧人的衣食住行，逐一介绍。至于当时佛教的部派及大小乘问题，已有学人作了较深入的探讨[1]，在此从略。以下仅就佛教寺院情况概括如下。

寺院的僧团组织是相对独立的，其制度也是规范的。僧人们一经出家，便脱离了王籍。寺院成员主要是正式僧人，按其受戒年数及学问深浅有上座、小师、沙弥之分。当时还有准备出家而进入寺院学习的青年人，和不信佛而在寺院学习的人。寺院还接待游方僧人和外国来印度留学的僧人，因此有"客僧"一说。另外，还有为僧人服务，从事劳务的净人、户人、供人三种。寺院的管理者，从《大唐西域求法高僧传》中得知有护寺、维那、典事佐史 3 个职位，均由正式僧人担任。寺院的规模是宏大的，以那烂陀寺为例，"寺有八院，房有三百"，僧人 3500。支撑寺院存在的寺院经济来源，大体有四种：一是国王赏赐的"封邑"，封邑上的赋税收入及所提供的劳役服务；二是出租寺院直接拥有的土地，按"六分抽一"、三分取一或"量时斟酌"的分成，收取租佃；三是在寺院拥有的土地上，"自使奴婢"经营耕植，直接收取全部所得；四是其他捐赠[2]。寺院的财产和收入是属全寺院僧人的，财产的使用和寺院的重大事件，都要通过僧人大会来决定。义净还从寺院处理去世僧人的遗产、遗物中，看到僧人拥有田宅、邸店、屋宇、珍宝珠玉，以及象、马、驼等驮运工具等，认为僧人是富有的。更甚者，还有

1　王邦维校注：《南海寄归内法传校注·代校注前言》，中华书局 1985 年版。
2　同上书，第 132—133 页。

"券契之物",说明当时僧人还参与放高利贷,这足以证实僧人与世俗社会有着密切联系。可见,寺院经济不是孤立的,它的存在与发展有赖于整个社会。

中国人看到 7 世纪初印度的情况,除了玄奘,义净的所见所闻外,还应将王玄策看到的提上一笔。从《中天竺国行记》流传至今的残篇中,使我们了解到他第三次出使印度,于 659 年抵达婆栗阇国(今印度甘达克河与马格巴提河之间,大体相当于现在的达尔般迦县北部地区)时,其王设"五女戏"接待大唐使人。王玄策绘声绘色地描写道:"五女传弄三刀,如至十刀。又作绳技,腾虚绳上,著履而掷,乎弄三仗、刀、盾、枪等,种种关伎,杂诸幻术,截舌、抽肠等,不可具述。"[1]可见印度的杂耍技艺由来已久。另一处他记下了摩伽陀国的法律:对待犯罪之人用"神称称之"来代替拷掠;其刑法有"剜眼截腕,斩指刖足",按犯罪轻重量刑。这两条记述反映了当时社会生活的一个侧面。

(二)14、15 世纪印度半岛沿岸的风土人情

元代民间航海家汪大渊把收入眼帘的印度半岛沿岸情景,写在《岛夷志略》一书中。在该书的 100 个条目中,属印度半岛的,接其书目编序,抄录如下:

> 特番里(今泰米尔纳德南部坦布拉普尼河一带)
>
> 班达里(今喀拉拉邦卡利卡特北约 16 英里的潘达莱英尼)
>
> 曼佗郎(今古吉拉特邦卡奇南部曼德维港东 30 英里的蒙德培)
>
> 下里(今喀拉拉邦科钦北 20 英里小港阿尔瓦那)
>
> 沙里八丹(今泰米尔纳德邦东岸讷加帕塔姆)
>
> 金塔(今南印度科罗曼德海岸马哈巴利普兰与钦格尔

普特间的灵鹫圣山）

　　东淡貌（今印度西南岸果阿）

　　大八丹（今马拉巴尔海岸坎纳纳诺尔与特里切里之间）

　　土塔（一名支那塔，遗址在今纳加帕塔姆西北约 1 英里处）

　　第三港（今马纳尔湾沿岸的奔颜加一）

　　华罗（今印度西北岸卡提阿瓦半岛西南的佛腊伐耳）

　　须文那（今孟买北约 30 英里的古港 Supparaka）

　　小咀喃（今印度西南岸奎隆）

　　古里佛（今喀拉拉邦卡利卡特）

　　朋加剌（今孟加拉国及印度西孟加拉邦）

　　巴南巴西（今卡纳塔克邦卡尔瓦尔东南）

　　放拜（今孟买）

　　大乌爹（今奥里萨邦的沿海一带）

　　马八儿屿（今印度东南海岸的拉梅斯瓦兰岛至斯里兰卡的马纳尔岛的一连串岛屿）

　　天竺（今巴基斯坦的信德省）

　　罗婆斯（今印度洋东北面的尼科巴群岛）

　　汪大渊记叙了每个地方的山川形势、地理方位，更重要的是民情风俗、物产贸易。如盛产珍珠的第三港，他栩栩如生地记下采珠过程："舟人采珠，每舟以五人为率，二人荡桨，二人收缆，其一人用圈竹匡其袋口，悬于颈上，仍用收缆，系石于腰，放坠海底，以手爬珠蚌入袋中，遂执缆牵掣。其舟中之人收缆，人随缆而上，才以珠蚌倾舟中。既满载，则官场周回皆官兵守之。越数日，候其肉腐烂，则去其壳，以罗盛腐肉漉转洗之，则肉去珠存。"又如在巴南巴西，他看到 7 岁的民间小女子，由父母教其歌舞，"身折叠而圆转，变态百出"，为的是献艺得赏钱。

　　关于物产贸易，叙述详实。几乎在每个条目之后，都要写上

"贸易之货"。先谈商品,当时印度半岛以出产布匹而称著,有朋加刺的苾布、高你布、沙里八丹的八丹布,大八丹的绵布、花布大手巾、马八屿的细布、巴南巴西的细绵布、放拜的绝细布匹、大乌爹的布匹、须文那的丝布等。这些布匹都是参与贸易的商品,有的还是参与印度洋贸易的输出品。因为汪大渊在麻那里(今肯尼亚马林迪)条目中,写下他看到东非沿岸国家的居民,穿五色绢短衫,"以朋加刺布为独幅裙系之"。既有贸易当有货币与税收,朋加刺地方铸银钱,称钱为"唐加",每个钱重二钱八分,一个钱可以兑换贝八子(即海贝)11520 个。天竺地方"民间以金钱流通使用"。至于税收,在朋加刺有"官税以十分中取其二焉"之说。而以上所述第三港的采珠人所得之珠,"于十分中,官抽一半,以五分与舟人均分"。

这里,要特别指出"土塔"条目。汪大渊在印度半岛东岸的一个港口,看到"木石围绕,有土砖甃塔,高数丈。汉字书云'咸淳三年八月毕工'。传闻中国之人其年旅彼,为书于石以刻之,至今不磨灭焉"的中国塔。咸淳三年即 1267 年,这当是 13 世纪后半叶建造的。在异国他乡书写汉字,既表达海外游子对祖国的怀念,也反映了当时来印度半岛的中国商人之多。这个塔在 1846 年尚存三层,1856 年英印当局下令拆毁[1]。

综上所述,当时印度半岛沿岸商品贸易较发达,人民生活也很和谐。

15 世纪上半叶印度半岛沿岸的风情,在郑和随从写的《瀛涯胜览》《星槎胜览》《西洋番国志》三书中可以看到。在这三本书中,记述印度沿岸各地的有:

小葛兰国(《星槎胜览》称咀喃,今印度西南岸奎隆)

　　1　约翰·盖伊:《纳格伯蒂纳姆和泉州已消失的寺庙》,丁毓玲译,《海交史研究》1995 年第 2 期。

　　柯枝国（今印度喀拉拉邦之科钦）

　　古里国（今印度喀拉拉邦之卡利卡特）

　　榜葛剌国（今孟加拉国及印度的西孟加拉邦）

　　翠蓝屿（泛指印度洋的尼科巴群岛、安达曼群岛）

　　从其描述中可知柯枝国将人分五等："一等名南毗，与王同类，中有剃头挂线在颈者最为贵族。二等回回人。三等名哲地，乃是国中财主。四等革令，专为牙侩。五等名木瓜，最卑贱。"木瓜的社会地位最低，住在海滨，屋檐不得过三尺，衣上不过脐、下不过膝。不许经商，只能以渔樵及抬负重物为生。路遇南毗、哲地，必须俯伏，过后才起。在古里国见到番秤"秤名番剌失，秤之权钉定于衡末，称准则活动于衡中，提起平为定盘星，称物则移准向前，随物轻重而进退之，止可秤十斤"。还见到了很奇异的法律制度，"王法无鞭笞之刑，罪轻者截手断足，重则罚金诛戮，甚至抄没灭族"。如若事有冤枉不服罪者，令其人以右手二指入爆油锅内片刻，起后用布包裹封记，监留在官府。待二三日后，当众开封，若手指溃烂，则不枉，要服刑。反之则释放，并礼乐送此人返家。

　　从三书中还可以知道，当时地处印度半岛西南海岸的小葛兰国是"日中为市，西洋诸国之马头也"。而地处在东海岸的榜葛剌国也是重要的码头，从察地港（今孟加拉国吉大港）设立征收商税的"抽分之所"，又从"王以银铸钱名倘加……一应买卖皆用此钱"，可见其商业贸易的兴旺。其头目住板独哇（今印度西孟加拉邦的潘都业），内城廓、街道、店铺、聚货皆井然。举国回回人，民俗依回回礼数。国语名榜葛俚，自成一家语。国内医卜、阴阳、百工技艺，各业俱全。而地头是"田沃丰足，一岁二收，不用耕籽，随时自宜，男女勤于耕织"。上面的一些记述，呈现出了当时榜葛剌的社会生活充实、富足。

(三)18、19世纪印度沦为殖民地的缩影

西方资本主义原始积累打破了东方印度半岛上的宁静。自
1510年葡萄牙人占领果阿后,荷兰、英国、法国的殖民势力接踵而
至。经过三个世纪的角逐,最后英国独占鳌头,于1849年3月占
领了全印度。随外国商船周游列国的中国广东人谢清高,他在19
世纪下半叶到过印度半岛的许多地方,它们是:

彻第缸(今孟加拉国的吉大港)

明呀喇(今孟加拉国及印度西孟加拉邦)

曼达喇萨(今印度科罗曼德尔海岸的马德拉斯)

笨支里(今印度科罗曼德尔海岸的本地治里)

呢咕八当(今印度泰米尔纳德邦东岸的讷加帕塔姆)

打冷莽柯(今印度半岛南端科摩林角附近)

亚英咖(今印度南部西岸的阿廷加)

固贞(今印度客拉拉邦之科钦)

隔沥骨底(今印度喀拉拉邦之卡利卡特)

马英(今印度喀拉拉邦之马埃)

打拉者(今印度西岸特利切里)

吗喇他(今印度果阿以北一带)

小西洋(今印度果阿)

孟婆啰(今印度果阿北面的维贾尔拉)

麻伦呢(今印度果阿两北岸的马尔范)

盎叽哩(今印度孟买南面的任吉拉)

孟买

苏辣(今印度西岸塔普提河口的苏拉特)

淡项(今地不详。可能在苏拉特北,或坎贝湾内)

唧肚(今印度西北岸卡提阿瓦岛)

呢咕吧拉(今印度洋中尼科巴群岛)

谢清高除了讲述这些地方的风土人情外，最重要的是他看到印度的一些地方为外国人管辖，以及印度的鸦片种植情况。以下分别介绍：

如彻第缸、明呀喇、曼达喇萨、亚英伽、打拉者、孟买均为"英吉利所管辖地"。笨支里、马英为"佛郎机（法兰西）所管辖地"。固贞为"荷兰所辖地"。小西洋为"大西洋（葡萄牙）所辖地"。他还讲述了英国殖民者在明呀喇的统治情况。

"明呀喇……其港口名葛支里（今印度西孟加拉国邦胡支里河口）……外国船至此不能进，必先鸣炮，使土番闻之，请于英吉利，命熟水道者操小舟到船为之指示，然后可……港口有炮台。进入内港行二日许到交牙炮台，又三日到咕哩噶哒，英吉利官军镇明呀喇者治此。有小城，城内唯住官军，商民环处城外。英吉利官吏及富商家属俱住涨浪居。涨浪居者，城外地名也……英吉利居此者万余人。又有叙跛兵五、六万，即明呀哩土番也。"又如在曼达喇萨："别为一都会，有城廓，英吉利居此者亦有万人，叙跛兵二、三万。"从英国官军镇守各地来看，印度已沦为英国殖民地。

关于鸦片的种植情况，在明呀喇条目中写得很清楚："鸦片有两种，一为公班，皮色黑，最上，一名叭第咕喇，皮色赤，稍次之，皆中华人所谓乌土也。"这是出产在明呀喇的属地叭旦拏（今印度比哈尔邦的巴特那）的。出产在东海岸曼达喇萨者"亦有两种，一名金红花为上，一名油红次之。出吗喇他及益叽哩者名鸭屎红，皆中华人所谓红皮也。出孟买及唧肚者则为白皮，近时入中华最多"。由此可知，印度半岛当时种植鸦片之盛。而鸦片的贸易，鸦片的输入中国，都是由英国殖民者控制着。当时只有唧肚与中国有贸易往来，"俱附英吉利船"。印度"本土船无从至中国，中国船亦无至小西洋各国者"。不难看出，印度已沦为英国殖民者的原料产地和商品输出市场了。

　　无疑,谢清高是把印度沦为英国殖民地的信息传播到中国的最早人物之一。

三

　　上面所介绍和阐述的珍贵实录,在当时和现在都是无价之宝。它们在宣传印度古代文明,传播佛教思想和文化,认识和了解印度古代社会,缔造中、印两个国家,人民之间的传统友谊,发展中国和印度、印度洋地区的经济贸易关系,都起到了不可磨灭的作用。这些实录早就引起西方汉学家的注意,已翻译成不同的语言文字,在世界各地发行。其中要特别提出的是得到印度学者的青睐。如印度著名历史学家马宗达,在《印度人民的历史和文化》一书的卷1《吠陀时期》中提到法显、玄奘、义净,他们"把自己的经历写成了相当厚的书,这些书有幸都完整地保存下来了,并且译成了英文。三个人都在印度呆了许多年,学习了印度语言,法显和玄奘广泛游览,几乎游遍全印。在这些方面,他们比希腊旅行家有无可怀疑的有利之处"[1]。最后,将用印度著名历史学家阿里教授于1978年给季羡林教授的信中所言,作为本文的结束。

　　　　如果没有法显、玄奘和马欢的著作,重建印度史是完全不可能的。[2]

（原载张敏秋主编:《跨越喜马拉雅障碍——中国寻求
了解印度》,重庆出版社 2006 年版）

　　1　玄奘、辩机著,季羡林等校注:《大唐西域记校注·前言》,中华书局 1985 年版,第 137 页。

　　2　同上书,第 16 页。

古代中国人笔下的印度洋

　　浩瀚的印度洋是世界第三大洋，它位于亚洲、大洋洲、非洲和南极洲之间。其东南，以通过塔斯马尼亚岛的东南角至南极大陆的经线为界，与太平洋相连。其西南，以通过南非厄加勒斯角的经线，同大西洋分界。南缘向南极洲敞开。北部为陆地封闭。在它下面有一些属海和海湾：阿拉伯海和孟加拉湾是通往亚洲的大门；红海和波斯湾是插入中东的小道；阿曼湾把阿拉伯海和波斯湾锁住；亚丁湾是红河的咽喉；19世纪至20世纪人工开凿的苏伊士运河，把红海和地中海连接起来，开辟了印度洋和大西洋间的最短航线；而作为天然通道的马六甲海峡，又沟通了印度洋和太平洋，是中东和远东的海运捷径。从以上印度洋所展示的地理环境，使我们了解到，它是贯通亚洲、非洲、大洋洲的交通要道。从而，决定了印度洋成了世界大洋中最早的海运中心。

　　作为世界文明发源地之一的中国，自古以来对这个人类最早海运中心的印度洋并不陌生。世人皆知15世纪上半叶的"郑和下西洋"，是中国人在印度洋上留下的千古绝唱。殊不知自公元前2世纪以来，古代中国人就参与了印度洋的活动，对印度洋的认识与了解不断地加深与扩大。本文仅就15世纪以前的情况作一扼要追述，分以下三个问题，一是有关印度洋航线的记述，二是对印度洋的实地见闻,三是在印度洋的活动。

一、有关印度洋航线的记述

翻开历朝历代官修史书中的《地理志》和《外国传》,不乏有关印度洋通航的记载。其中当以 1 世纪中下叶完成的《汉书·地理志》,1060 年(北宋嘉祐五年)成书的《新唐书·地理志》,以及1345 年(元至正五年)成书的《宋史·外国传》中的注辇国(今印度科罗曼德尔海岸一带)使臣来华的水上行程,阐述详尽。这些是 15 世纪以前,汉文史书中保存较为完整的中国通印度洋航线的记述。

《汉书·地理志》有关记述:

> 自日南(今越南中部,其辖境约当平治天省及广南—岘港省的沿海一带)障塞、徐闻(今广东省徐闻县)、合浦(今广西壮族自治区合浦县)船行可五月,有都元国(今地一说为印尼苏门答腊,一说为马六甲东南附近新加坡地峡,一说为湄公河三角洲某城市);又船行可四月,有邑卢没国(今缅甸的勃生、勃固至萨尔温江下游一带);又船行可二十余日,有谌离国(今地有说在缅甸伊洛瓦底江的下游地区,也有说在泰国西岸);步行可十余日,有夫甘都卢国(今缅甸西南部一带,濒孟加拉湾)。自夫甘都卢国船行可二月余,有黄支国(今印度东海岸马德拉斯附近的康契普腊姆),民俗略与珠厓相类。其州广大,户口多,多异物,自武帝以来皆献见。……自黄支船行可八月,到皮宗(泛指今马来半岛西南岸的皮散岛);船行可二月,到日南、象林界云。黄支之南,有已程不国(今斯里兰卡),汉之译使自此还矣。

这条汉代的远洋航线展示出了从徐闻、合浦出发,抵达黄支国的全过程，而且还交代了从黄支国之南的已程不国返航的行程。然而，对这条航线所经过国的今地，虽有一百多年来中外学者的考证，有的还没有定于一。其主要分歧在都元国的定位上，故而使得这条航线的走向有几种说法，所绘出的"汉代远洋交通图"均不尽相同，有以章巽的"都元国苏门答腊说图"[1]，以孙光圻的"都元国新加坡地峡说图"[2]，以姚楠等的"湄公河三角洲某城市说图"[3]。凡此，有待进一步认证。学人们尽管在航线的走向上有不同见解，但有以下共识：一是这条航线是当时世界上最长的远洋航路之一。二是这是一条沿岸渐近的印度洋远洋航路。三是这条航线与西方的大秦航线在印度半岛接轨。所谓"大秦航线"，就是居住在埃及亚历山大的西方航海者、希腊船长希帕勒斯约在公元47年，从埃及红河沿岸起航，出曼德海峡，横越阿拉伯河，到达印度半岛西海岸。如此，汉代远洋航线与西方的远洋航线共同建立起一个以印度半岛为中心的海上大动脉。可知，中国人远在公元前2世纪开拓的印度洋远洋航线，在世界航海史上有不可磨灭的一页。

《新唐书·地理志》中所记述的"广州通海夷道"，即当时中国通向印度洋的航线。如下：

> 广州东南海行，二百里至屯门山（今广东深圳南至九龙西北部一带），乃帆风西行。二日至九州石（今海南岛东北之七州列岛。）又南二日至象石（今海南岛东南岩之独珠山）。又西南三日行，至占不劳山（今越南东岸的占婆岛），山在环王国（今越南中南部，或即占城）东二百里海中。又南二日行至陵山（今越南归仁以南的燕子岬）。又一日行，至门毒国（今越南归仁）。又一日行，至古笪国（今越南衢庄）。又半日

1　章巽：《秦、汉、三国时代的海上交通》，《地理知识》1955年第12号。
2　孙光圻：《中国古代航海史》，海洋出版社1989年版，第163页。
3　姚楠、陈佳荣、丘进：《七海扬帆》，中华书局香港有限公司1990年版，第31页。

行，至奔陀浪洲（即宾童龙，今越南潘朗）。又两日行，到军突弄山（今昆仑岛）。又五日行至海峡（今马六甲海峡），蕃人谓之"质"（马来语海峡之意），南北百里，北岸则罗越国（今马来半岛南端），南岸则佛逝国（今印度尼西亚苏门答腊东南部）。佛逝国东水行四五日，至诃陵国（今印度尼西亚爪哇岛），南中洲之最大者。又西出峡，三日至葛葛僧祇国（今马六甲海岸南部伯劳韦群岛），在佛逝西北隅之别岛，国人多钞暴，乘舶者畏惮之。其北岸则个罗国（今马来半岛西岸之吉打一带）。个罗西则哥谷罗国（今马来半岛克拉地峡附近）。又从葛葛僧祇四五日行，至胜邓洲（今苏门答腊岛东北海中）。又西五日行，至婆露国（今苏门答腊岛西北海中之岛）。又六日行，至婆国伽蓝洲（今斯里兰卡东南面，或指尼科巴群岛）。又北四日行，到师子国（今斯里兰卡），其北海岸距南天竺国（今南印度）大岸百里。又西四日行，经没来国（今印度西南马拉巴海岸之奎隆），南天竺之最南境。又西北经十余小国，至婆罗门（指印度）西境。又西北二日行，至拔颿国（今印度西北部之布罗奇）。又十日行，经天竺西境小国五，至提颿国（今印度河口以西，巴基斯坦卡拉奇以东），其国有弥兰太河（阿拉伯人对印度河的称呼），一曰新头河（指印度河），自北渤昆国（今克什米尔西北部）来，西流至提颿国北，入于海（指阿拉伯海）。又自提颿国西二十日行，经小国二十余，至提罗卢和国（今波斯湾头之阿把丹一带），一曰罗和异国，国人于海中立华表，夜则置炬其上，使舶人夜行不迷。又西一日行，至乌剌国（今伊拉克南部巴士拉），乃大食国（阿拉伯地区的泛称）之弗利剌河（今幼发拉底河），南入于海。小舟溯流，二日至末罗国（今伊拉克南部巴士拉的西南祖贝尔村），大食重镇也。又西北陆行千里，至茂门王（即哈里发，意为"首领"）所都缚达城（今巴格达）。

自婆罗门南境,从没来国至乌剌国,皆缘海东岸行;其西岸之西,皆大食国,其西最南谓之三兰国(约在今桑给巴尔海峡附近)。自三兰国正北二十日行,经小国十余,至设国(今南也门之席赫哈)。又十日行,经小国六七,至萨伊瞿和竭国(今阿曼哈德角),当海西岸。又西六七日行,经小国六七,至没巽国(今阿曼苏哈尔一带)。又西北十日行,经小国十余。至拔离诃磨难国(今波斯湾巴林岛麦纳麦)。又一日行,至乌剌国,与东岸路合。

从上面的记述中不难看出当时航线的具体行程。从中国广州出发,经南海、印度半岛西海岸、波斯湾、阿拉伯半岛南岸,到非洲东海岸。使我们了解到,唐代的航海者已大显身手在广大的北印度洋上。他们已经跨越暹罗湾和孟加拉湾口,不过仍然属于沿岸航行,但已经实现了洲际航行了。这条航线把亚洲的东亚、东南亚、南亚、西亚和非洲的东部贯穿在一起,其航线之长,航区之广和港口之多,在当时的世界上是显赫一时的。可以毫无愧色地说,中国与亚非各国的航海者已驾驭了印度洋。

有宋一代记述的印度洋航线,莫过于《宋史·外国传》上的"注辇国使臣娑里三文来华"的水上行程如下:

自昔未尝朝贡。大中祥符八年九月,其国主罗茶罗乍遣进奉使侍郎娑里三文、副使蒲恕、判官翁勿、防援官亚勒加等奉表来贡。……三文离本国,舟行七十七昼夜,历那勿丹山(今印度东南的纳加帕塔姆),娑里西兰山(在今印度科罗曼德尔沿岸。西兰山即今斯里兰卡。当时斯里兰卡屡被琐里人侵略,故合称之为娑里西兰山),至占宾国(今地在斯里兰卡至缅甸的航道间)。又行六十一昼夜,历伊麻罗里山(今地在缅甸的伊洛瓦底江口,或缅甸西南端的讷格雷斯角略北)

至古罗国(今地有两说,一说在缅甸的勃固至仰光一带,另一说为马来半岛北部克拉地峡一带)。国有古罗山,因名焉。又行七十一昼夜,历加八山(今马来半岛西岸外,马来西亚巴生港外的巴生岛,或凌加卫岛。还有认为指印度尼科巴群岛)、占不牢山(今地一说在马来半岛西岸一带,一说为马来西亚森美兰州沿岸)、舟宝龙山(今地为新加坡海峡沿岸,也有认为尼西亚苏门答腊岛巨港至占卑一带)至三佛齐国。又行十八昼夜,度蛮山水口(指马六甲海峡,或新加坡南面的林加群岛一带),历天竺山(指马来半岛东岸外的奥尔岛,也有指越南南面海山昆仑岛),至宾头狼山(一般认为指越南东南部,藩朗南面的巴达兰角,即卡纳角),望东西王母冢(指越南东南岸外的昆仑岛,传说西王母居昆仑山),距舟所将百里。又行二十昼夜,度羊山(今越南中部归仁港外东南面,一般认为指瓜岛)、九星山(海南岛东面的七洲列岛)至广州之琵琶洲。离本国凡千一百五十日至广州焉。

这是一条很有价值的交通史料,表明了 11 世纪印度洋通南海到达中国的具体航向。它由印度半岛取经斯里兰卡,横渡孟加拉湾的直截航线。有关这条航线,罗香林先生已作了详细的考证[1],这里不赘。在此,还应提到桂林通判周去非于淳熙五年(1178)成书的《岭外代答》和福建市舶提举赵汝适于宝庆元年(1225)成书的《诸蕃志》。这两书又提供出中国通印度洋大体有五条航线:一是从广州或泉州通三佛齐国的航线;二是从广州或泉州通阇婆(今印度尼西亚爪哇岛)的航线;三是从广州或泉州经蓝里(今印尼苏门答腊岛班达亚奇一带)通故临(今印度西岸奎

1　罗香林:《宋代注辇国使娑里三文入华行程考》,《宋史研究集》第 10 辑,第 371—385 页。

隆），还可延至大食（今阿拉伯国家之统称）；四是再从蓝里，经 60
天航线，到达麻拨国（今阿拉伯半岛南部的卡马尔湾头）的航线；
五是从蓝里向东非航线。《岭外代答》和《诸蕃志》两书均记叙在
西南河海上有昆仑层期国（今东非沿岸及马达加斯加岛一带），而
《诸蕃志》中又提到弼琶罗国（今索马里北岸的柏培拉）、中理国
（今索马里东北角沿岸一带）、层拔国（今桑给巴尔一带）。对这些
地区的描绘，不仅是自然风貌，还有社会情况，如昆仑层期海岛上
的"野人"被转卖为奴等。凡此，皆据宋代商船远航东非见闻所
录。当代学人孙光圻认为宋船驶向东非航路大体有三[1]：一是从
蓝里出发，先到麻离拔（今印度马拉巴尔海岸一带），再越过亚丁
湾。二是从蓝里先住冬，再抵故临，后再直航东非沿岸。三是从
蓝里经马尔代夫群岛，直驶东非海岸。综述以上，这是一条从广
州或泉州，经蓝里至东非沿岸的航线。

　　宋代的印度洋航线可以归纳为：一是三佛齐国、阇婆国是中
国通印度洋的交通枢纽。二是故临国是中国通西亚非洲的中转
站。三是从蓝里至麻离拔和车非的航线，说明 10 世纪的中国人
已从东南亚直航西亚和非洲了。这是一个重大的开拓，横渡印度
洋航线的开辟，不仅反映中国造船工艺的高超，也说明中国的航
海者掌握印度洋水文、气象的熟练程度。

二、对印度洋的实地见闻

　　上面介绍的印度洋航线，当是千百万航海者的实践结晶。古
代，又有哪些中国人亲历了"怒涛如山，危险至极"的印度洋呢？
并将他们的目睹耳闻用文字巩固下来。根据史料，他们不外是使
臣僧侣和民间航海家。这里，只能将那些青史留名者集中叙述，

---

[1]　孙光圻：《中国古代航海史》，第 412 页。

以下逐一交代。

公元 245—251 年(赤乌八年至太元二年),三国吴时,中郎将康泰和朱应受孙权派遣,对扶南(今柬埔寨,以及老挝南部、越南南部、泰国东南部一带)进行回访。他们经过了当时南海的百十个国家,大体包括今天的西太平洋和北印度洋的一些地区。归来将其见闻写成《扶南异物志》和《吴时外国传》两书。可惜原书已佚。今天只能从《水经注》和《北堂书钞》等类书中见其片断。这虽是断简残篇,但对研究 3 世纪时南海及印度洋的有关情况,其价值是无比的。请参看香港海外交通史学会编辑出版的《外国传》。[1]

公元 399 年(隆安三年),东晋僧人法显从长安出发,走西域道抵五天竺。他在巡礼了北、西、中、东天竺、师子国、随商舶东归,经耶婆提国(今印度尼西亚),于 412 年(义熙八年)在青州长广郡牢山(今山东崂山县东)登陆返国。后将其求法经历于 414 年(义熙十年)写成《佛国记》一书。该书对其陆地行程、天竺、师子等地的佛教盛况记叙详细,而特别是南海归航经过,描绘得栩栩如生。展现出了 5 世纪初印度洋上的自然景观和人文景观,如 13 个日夜的大风暴、海洋动物、商舶、海盗等。当时从师子国到耶婆提国有 90 天的航程。这是中国历史上第一部关于远洋航行的纪实性文献,对探讨 4 世纪与 5 世纪初的北印度洋航线有着不容忽视的重大价值。

公元 671 年(咸亨二年)11 月,唐代僧人义净从广州起程,搭波斯商舶,经过今天的苏门答腊岛、马来西亚、尼科巴群岛,于 673 年(咸亨四年)到达耽摩立底国(今印度西孟加拉邦南塔姆卢克一带),踏上了佛国圣地。在印度半岛,他瞻仰佛迹,留学那烂陀寺,又在当时佛法兴盛的室利佛逝国(今印尼苏门答腊岛东南)逗留了 10 年,并写出《大唐西域求法高僧传》《南海寄归内法传》两书。

---

1 《中国海外交通史籍系列之一·外国传》,香港新华彩印出版社 2006 年版。

再循海路东归,于 695 年(天圣元年)返国,抵洛阳。

　　义净写的《大唐西域求法高僧传》和《南海寄归内法传》,其后一部主要讲述当时印度、南海佛教流行的律仪。而前一部是记载从唐初到义净抵印度时的 60 余位僧人的事迹。书中详细地记叙了僧人们经南海、印度洋的航线,以及涉及的国家、地区的实况。特别要指出的是有关裸人国(今印度洋尼科巴群岛)的记述,是目前世界上现存有关该岛的最早文字记录。7 世纪的印度洋已成了佛教交往的桥梁,全书所记 61 位僧人之中的 52 位是从海路赴印度的。僧人搭商舶往返,与商人结伴同行,在征服印度洋的惊涛骇浪中留下了不怕牺牲,排除万难的民族精神,当是中国人驾驭印度洋的又一个侧面。

　　公元 674—675 年(上元一至二年),唐人达奚弘通曾横渡印度洋。他写下《海南诸蕃行记》一卷,原书早已失存。在《玉海》卷 16 引《中兴书目》中曾提到,自赤土(今马来半岛西吉打南部)到虔那(今阿拉伯半岛南部之 Bandar Hisn Ghorah),经 36 国。除了起、终这两个地方外,其他 34 个国家今天都不可考。另外。在《新唐书·艺文志》里也列出此书名,可知,确有其人。

　　公元 751 年(天宝十载),唐与东来的大食势力在怛罗斯(今哈萨克斯坦江布尔城)有过一次战斗。唐军败北,随高仙芝西征的杜环被俘,后跟着大食军西行,遍历阿拉伯各地,在那边留居了 8 年,还从西亚到过北非。762(宝应元年)年,他搭波斯人商舶,出红海由印度洋返回广州。归国后,他把遍历各地及归途的见闻写成《经行记》一书。原书已失传。今天,只能从《通典》中保存的 1511 个字中见其端倪。幸赖中华书局 1963 年出版了张一纯的《经行记笺注》一书。该书虽是残卷,仍不失为中国人参与印度洋活动的信史。

　　公元 1330—1334 年(至顺元年至元统二年),1337—1339 年(至元三至五年),在此期间,元朝人汪大渊两次浮海。航行所到,前一次,以印度洋区域为主,后一次只在南洋一带。他将出航的纪实,在第一次返航后写出"五年旧志",第二次归来,将其充实,于 1349 年(至正九年)成书《岛夷志略》。该书为研究 14 世纪的印度洋提供了第一手资料。全书不分卷,列出 100 条,其中 99 条是作者本人亲身访问过的地方。首先,这部书的实践性与科学性不容否认,晚一个世纪随"郑和下西洋"的马欢,从自身亲历在所著《瀛涯胜览》的"序言"中对该书作了肯定,"知《岛夷志》所著不诬"。其次,该书各条目所记山川形势,民情风俗,使 14 世纪南海、印度洋上的自然景观和人文景观展现在我们面前。再则,汪大渊笔下为我们展现出的印度洋上贸易的斑斓景观,堪称不可多得。容后详述。

三、在印度洋上的活动

15 世纪前,浩瀚的印度洋既是国家间建立友好关系的通道,也是僧人弘扬佛教思想的桥梁,更是日益繁荣的商业贸易场所。

自公元前 2 世纪以来奔波于印度洋上的中外使臣络绎不绝,在此,仅就汉朝、元朝作简略阐述。

位于印度半岛东部的黄支国"自武帝以来皆献见"。公元 2 年(元始二年),黄支国还赠送汉朝犀牛一头。[1] 犀牛是较大的动物实体,只有先海路运输而后转陆路,才能到达长安。这成了汉朝轰动一时的佳话,在班固的《两都赋》中就提到了犀牛饲养在皇帝的私人花园中。公元 159 年(延熹二年),161 年(延熹四年),天竺国经日南送方物到东汉朝[2]。这是非常明确的由海路,经印度洋而抵中国。古代中外使臣跨越印度洋是来日方长的。时至千

1　《汉书·地理志》《后汉书·南蛮西南夷列传》。
2　《后汉书·西域传》。

年以后的元朝,列于史册的有些著名的外交家,如畏吾儿人亦黑
迷失于 1272 年(至元九年)、1275 年(至元十二年)两次受世祖忽
必烈之命,出使八罗孛国(今印度西海岸马拉巴尔一带),后该国
国师与迷失同入元,并以"名药来献"。迷失于 1284 年(至元二十
一年)又出使僧伽剌(今斯里兰卡),1287 年(至元二十四年)再度
受命西航,出使马八儿国(今印度西南巴拉巴尔海岸一带)[1]。他
的这几次出访扩大了中国人在印度的影响。还要提到的是广东
招讨使杨廷璧,受元廷派遣先后于 1279 年(至元十六年),1280 年
(至元十七年)、1281 年(至元十八年)、1283 年(至元二十年)四次
出使俱兰(今印度西海岸的奎隆)[2]。由于元使多次出访俱兰,致
使元朝国威跨越了印度洋,故而在元朝建立的前 15 年中,印度半
岛的西北和西南的一些国家马八儿、须门那(今印度古吉拉特邦
的苏姆那)、僧急里(今印度西岸科钦北面的克朗加诺尔)、来来
(今印度古吉拉特邦马希河与基姆河之间一带地方)等不断遣使
泛舶印度洋送物来华,与元朝建立了友好关系。

　　印度洋上不仅漂流着使臣的足迹,还传颂着僧人的情操。佛教
自传入中国后,中国僧人把去西天求法作为最高理想,起先,他们涉
沙漠、翻雪山,不辞千辛万苦,走陆路西域道,抵佛国。而随着海上
交通的发展,又由于西域道上政治形势的变化,故而前赴后继的中
国僧人大多循海道,上面所介绍的义净著述已有交代。这种情况
一直到 10 世纪,因为佛教在本土的衰微而少见汉文史籍的载录。
这里,将要把在茫茫无边的大洋中,许多中国僧人谱写可歌可泣
的事件介绍。其中最有代表性的,当是义净笔下的常愍。

　　常愍实现了他的夙愿,踏上了去佛国的海路征程。他先到诃
陵国(一般认为在今印度尼西亚爪哇岛),尔后由此国附舶至末罗

1　《元史·亦黑迷失列传》。
2　《元史·外夷列传三》。

瑜国(今印尼苏门答腊岛占碑一带),再由末罗瑜到中天竺。不幸的是,起航不久,遇上风浪。因为商舶载物量过度,舶渐下沉。在这危急关头,人们争先恐后,逃生于小船。舶主可能是信佛者,对着常愍高喊"师来上舶"。常愍答:"可载余人,我不去也? 所以然者,若轻生为物,顺菩提心,忘己济人,斯大士行。"说毕,面向西方合掌,口念"阿弥陀佛",舶沉身没,言尽而终。时年 50 岁。他还有一个弟子,受其感动,号啕悲泣,也是在口念西方中,与舶俱没。

常愍的事迹,在当时的生还者中得到广泛的流传。这种忘己济人,把生的希望留给别人的高贵品格、德性,固然有普度众生的佛教信念,然仍不失为我们民族精神"舍己为人"的固有情操。他的事迹与印度洋水长流千古。

印度洋上活动的重要角色当是商人。商业贸易是人类生存不可缺少的依赖手段。使臣僧人虽是随商舶往返,商业贸易当是主要内容。印度洋既然是世界上最早的海运中心,中国人参与印度洋贸易,有明确记载的是公元前 2 世纪,"有译长,属黄门,与应募者俱入海市明珠、璧流璃、奇石异物,赍黄金杂缯而往"[1]。到了410 年(义熙六年),法显在师子国无畏山精舍佛殿拜谒时,见到一"晋地白绢扇"供奉在玉佛像前。这里,不管供奉者是谁,它都说明了中国的商品已跨越印度洋来到师子国,5 世纪时师子国已有直通中国的船舶,公元 429 年(元嘉六年),433 年(元嘉十年),西域舶主竺难提两次载师子国比丘到南朝宋的首都建康[2]。这说明了在当时的印度洋上,师子国舶已是一支较活跃的商队。到了 9世纪初,唐人对师子国舶具体描写如下"南海舶,外国船也。可岁至安南、广州。师子国舶最大,梯而上下数丈、皆积宝货。至则本道奏报,郡邑为之喧阗"[3]。而韩愈在公元 823 年(长庆三年)写的

1　《汉书·地理志》。

2　《高僧传·求那跋摩传》。《比丘尼传·僧果传》。

3　李肇:《国史补》。

"送郑尚书权赴南海"诗文"番禺军府威,欲说暂停杯,盖海旗幢出,连天观阁开。衙时龙户集,上日马人来。风静爰居去,官廉蚌蛤回。货通师子国,乐奏武王台。事事皆殊异,无嫌屈人才"。不仅描绘出广州作为唐朝国际贸易港口的兴旺发达景象。而"货通师子国"又明确指出了唐代商品已直达印度洋中的岛国。印度洋上日益频繁的商品贸易,到了 13 世纪,中国人还在今天印度泰米尔纳德邦东岸的坦焦尔东约 48 英里的讷加帕塔姆建造一座土塔,"木石围绕,有土砖甃塔,高数丈。汉字书云'咸淳三年八月毕工'。传闻中国之人其年旅彼,为书于石以刻之,至今不磨灭焉"[1]。咸淳三年即 1267 年。讷加帕塔姆是中世纪印度半岛上极其繁荣的国际贸易大港,在此处建立一个中国塔,说明到印度半岛的中国商人之多,在异国他乡书写汉文,既表达海外游子对祖国的怀念,也反映出印度洋贸易中,中国人参与的程度。

以下,将集中交代汪大渊描绘的 14 世纪印度洋上的贸易情况。从他的笔下,首先看到了印度洋上交易的商品琳琅满目:如印度洋半岛出产各式各样的布,有明加剌的苾布、高你布、八丹布、大八丹土塔的棉布、马八屿的细布、巴南巴西的细绵布、放拜的绝细布匹、大乌爹的布匹、须文那的丝布等。这些布匹都是参与印度洋贸易的输出品,当时东非沿岸的居民们"穿五色绢缎衫,以朋加剌布为独幅裙系之"[2]。除布匹外,出产在八都马(今缅甸莫塔马一带)、淡邈(今缅甸土瓦)、故临、下里、东淡邈、须文那、甘埋里等地的胡椒也是印度洋区域的大宗输出商品。还有,僧伽剌的猫儿睛、大乌爹的鸦鹘石,大食的乳香和没药、曼陀郎的犀角、层摇罗的象齿等。这些,都是带有地区特点的传统商品。至于中国人也是用传统商品以丝绸和瓷器为主参与印度洋的贸易:有五

1　《岛夷志略·土塔》,《纳格伯蒂纳姆和泉州已消失的寺庙》,《海交史研究》1995 第 2 期。

2　耿引曾:《中国人与印度洋》,大象出版社 1997 年版。

色缎、南北丝、白丝、五色绢缎、青缎、五色绸缎、苏杭色缎、锦缎、诸色缎、苏杭五色缎、土绢、五色绢、青白花瓷、青白花碗、青瓷器、青白花器、瓷瓶、青白瓷等。之外，还有金、银、铁等中国商品。从上面列出的丝绸和瓷器名称，不难看出其销售量大，受到印度洋地区人民的喜爱。

　　既然有兴旺的商品贸易，当会有货币流通和税收。从汪大渊的笔下了解到一些有关的情况，如朋加剌"国铸银钱，名唐加，每个二钱八分重，流通使用"。天竺"民间以金钱流通使用"。北溜（今马尔代夫）"以权钱用"。一个朋加剌的银钱可换 11520 余个子[1]。"将一舶子下乌爹（一说今印度奥里萨邦东北，一说缅甸教固一带）、朋加剌，必互易米一船有余"[2]。这里要特别提出，元代中统钞在印度洋地区可以流通，其兑换率是"每个银钱重二钱八分，准中统钞一十两，易子计一万一千五百二十有余，折钱使用"[3]。至于税收，朋加剌"官税以十分取其二焉"[4]，乌爹"税收十分之一也"[5]。而产蚌珠最富的第三港（今印度南部马纳尔湾沿岸），将珠人所得"于十分中，官抽一半，以五分与舟人均分"。中国商人在沙里八丹用高价购买第三港所产珍珠，"珍珠由第三港来，皆物之所自产也。其地彩珠，官抽毕，皆以小舟渡此国互易，富者以金银用低价塌之。舶至，求售于唐人，其利岂浅鲜哉？"[6]从元钞的兑换通行和购买昂贵的珍珠，显示出远在 14 世纪上半叶，中国人在南海、印度洋的贸易中有丰富的商品和充足的资金。

　　最后，还要介绍汪大渊笔下的两个负面，一是海盗的猖獗，一是非洲的幼童被贩卖。在龙门牙（今新加坡）条记述到，从印度洋

1　《岛夷志略·朋加剌》。
2　《岛夷志略·北溜》。
3　《岛夷志略·乌爹》。
4　《岛夷志略·朋加剌》。
5　《岛夷志略·乌爹》。
6　《岛夷志略·沙里丹·第三港》。

返回的船舶往往在这儿因丰富的商品和充足的资金,遭海盗窃掠,其"贼舟二三百只",说明海盗已成团伙。这反面衬托出南海、印度洋贸易的发达。在加里门将(今非洲东海岸)条中,有"当地丛杂回人,其土商海兴贩黑囡住朋加剌。互用银钱之多寡,随其大小高下而议价"。这非常清楚地说明了东非的黑人幼童被卖到印度半岛东岸。这与 13 世纪的《马可·波罗游记》所载相一致,其中称朋加剌是当时阉人与奴隶的市场。这当然是印度洋贸易中不文明的丑恶现象。

综上所述,自公元 2 世纪以来中国人就参与了开辟印度洋航线,并为这条航线的确立和拓展作出了应有的贡献。在人类征服印度洋的千百年中,中国人有所作为。在印度洋文明的形成中,中华文明有不可缺少的一部分。如此来看,15 世纪的"郑和下西洋"在印度洋上展示的威武雄壮一页,绝非无源之水、无本之木。

(原载中国中外关系史学会、浙江大学日本文化研究所、暨南大学华人华侨研究院主编:《新视野下的中外关系史》,甘肃人民出版社 2010 年版)

西方殖民主义东来后中国和南亚关系的新特点

　　本文的目的,是通过勾稽 17 世纪下半叶至 20 世纪初中国与南亚关系的材料,在肯定当时存在有政治、经济、文化联系的基础上,指出由于时代不同,这种关系所具有的一些新特点。

一、政治方面

　　历史进入 16 世纪以后,世界面临着大变化。17 世纪 40 年代爆发在欧洲的英国革命,标志着资产阶级登上了历史舞台,确立了资本主义的制度。欧洲资本主义原始积累的重要来源之一是侵略掠夺亚洲的财富。当时,西方列强来势凶猛,殖民主义的浪潮席卷了东方古老的文明。中国、东南亚都是殖民列强的觊觎之地,印度洋和南亚次大陆处于欧亚交通的枢纽,更首当其冲地成了殖民主义者的劫夺对象。但殖民主义侵略的后果,却因时间、地点等不同而不尽相同。
　　当时,文明古国的印度(包括了今天的印度、巴基斯坦和孟加拉),自 16 世纪起由莫卧儿帝国统治。莫卧儿帝国于 18 世纪开始逐步解体,各地方王公割据独立,成为实际上的君主。从 15 世纪末开始,葡萄牙、荷兰、英国、法国的殖民主义者先后到达印度。

1600年英国东印度公司成立,从英王处获得垄断东方贸易的特权,成为英国侵略印度的主要机构。英国先后驱逐了葡萄牙、法国在印度的势力,经过多次战争,打败印度各地的封建王公,于19世纪中叶变印度为殖民地。

位于亚洲腹部喜马拉雅山脚下的尼泊尔也是英国殖民者的侵吞对象。从18世纪末开始,英国不断从印度进犯尼泊尔。后来英国又挑起尼泊尔统治者内讧,通过1846年的政变,扶植亲英势力上台,控制了尼泊尔的对外关系权,并不断招募尼泊尔人当兵(即所谓廓尔喀士兵),使尼泊尔成为它的兵源补给地。

印度洋上的宝岛锡兰(1972年改称斯里兰卡)是东西航运的必经之地,欧洲殖民主义者很早就光顾这里。1505年葡萄牙人航行到岛上后,建立了侨居地,占领了沿海地区,直到1658年荷兰人把他们赶出为止。荷兰人控制锡兰沿海各省长达138年之久。之后,英国人进入,于1796年仅在亭可马里发生小战斗,锡兰沿海便成了英国东印度公司管辖下的荷兰领地。1802年英国归并锡兰诸领地为一,使之成为英王的直辖殖民地。1815年英殖民者又征服了宝岛中部的康提王国,通过签订康提协定,实现了英国对锡兰的全部统治。印度洋中的花环之国马尔代夫同样遭到西方殖民者的入侵。马尔代夫沦为英国的保护国。

当印度洋和南亚次大陆风云变幻的时候,西方殖民主义者也不断冲击古老的封建中国。但中国是一个统一强大的国家,直到18世纪末,仍有力量遏止殖民主义的进攻,保卫自己的独立。不过,落后的封建中国,终究敌不过西方殖民主义者的坚船利炮,进入19世纪后,英国殖民主义者终于发动了鸦片战争,打开了中国的大门,接着法、德、意、美、俄、日诸国蜂拥而入,中国遂一步步沦为半殖民地。由于中国人民的英勇抵抗,列强瓜分灭亡中国的企图未能得逞,中国始终是一个独立国家。

由于各国政治情况发生变化,中国和南亚各国的政治关系也发生变化。一些南亚国家丧失独立,不能和中国进行使节往来,历史上记载不绝的双方使臣互访自 16 世纪起几乎绝迹。但也有的南亚国家(例如尼泊尔)仍保持独立,和中国仍有外交关系,使节往来。但这种关系,在殖民主义侵略的时代,打上了受帝国主义干涉的印记,很值得我们思考、总结。

中国从唐代起历代王朝就和尼泊尔保持政治往来。清代,尼泊尔和我国西藏地区关系密切,贸易兴盛。西藏居民以其盛产的羊毛、食盐输往尼泊尔,换回尼泊尔出产的粮食和布匹。18 世纪时,尼泊尔廓尔喀王朝崛起,统一全境,国力强盛,不久和西藏发生纠纷。原来西藏流通的银币,一直由尼泊尔铸造,西藏供给白银,由尼泊尔扣除一部分作为铸造报酬。后来尼方为了获利,在银币中大量掺铜,引起西藏不满,双方为此多次谈判,未达成协议。尼泊尔方面则抱怨西藏运去的食盐质量不好,内中掺土,对前去西藏贸易的尼商人征税又过重。这时,西藏班禅六世的兄弟舍玛尔巴因未分到乾隆皇帝赏赐班禅的财物而不满,逃入尼泊尔,遂唆使廓尔喀王朝出兵入侵。

历史上中国和南亚各国封建王朝之间发生战争,并非绝无仅有。但这时英国侵略者已从印度积极北进,觊觎尼泊尔、西藏等地,在这样的条件下,亚洲国家间矛盾加剧,势必给英以可乘之机。1788 年(乾隆五十三年),廓尔喀军队侵入西藏,占领聂拾木、宗噶、吉隆等地。清政府派侍卫巴忠等带兵入藏救援。巴忠不敢与廓尔喀人作战,一方面迫令西藏地方以答应尼泊尔不合理的兑换贬值货币、岁纳银万余两为条件,换取尼泊尔退兵;一方面,却向朝廷谎报取得胜利。西藏地方政府不愿履行上述屈辱条件。尼泊尔以此为借口,1791 年再度发兵,侵入西藏,占领日喀则,劫掠扎什伦布寺,全藏震动,乾隆皇帝得悉真情后,派大将军福康安等统兵入藏,打败尼泊尔军,收复了西藏各地,乘胜追击尼军,直达加德满都附近,廓尔喀王朝被击败。

　　尼泊尔统治者在被清朝军队打败时，采取了一个不明智的行动，向印度的英国东印度公司求援。东印度公司当即欣然同意，派人前去谈判，以和尼泊尔签订商约为条件，答应给予军援。但英国殖民主义者这时正忙于在印度进行迈索尔战争，既无力供给尼方军火，也派不出兵士。他们想派人到西藏和尼泊尔两方，充当调解人，借机插手干涉。向西藏派人的要求理所当然地被福康安拒绝了，但他们仍派了一个陆军少校柯帕特克到尼泊尔活动。这时尼泊尔政府已向清廷投降，对柯帕特克不十分欢迎，但他还是乘机了解到尼泊尔的许多情况，回去向英方提出进一步行动的意见。

　　战胜了的清朝政府和尼泊尔议和，把军队撤回。尼泊尔政府归还掠去的西藏财物，并答应每五年遣使到北京朝贡一次。这种朝贡当然是当时条件下尼泊尔政府对清廷的屈从，但清廷仍尊重尼泊尔作为独立国家，没有要求他割地赔款，对他和当时附近的一些小国的边界争端，也不加干涉，应该说是保持了克制态度的。尼泊尔政府每五年一次朝贡北京的制度，从1792年开始实行，继续了一百多年。这种使臣的来访，可以看作是一种友好往来。政治上清朝封建政府得到一种满足，经济上则对尼泊尔有利，他进贡一些价值不高的方物，清廷则每次总是厚加赏赐，使其满载而归。但中尼之间的这种友好往来使英国大为疑惧，他们深恐中尼这一密切关系不利于他们的侵略活动，曾积极派人调查，但调查后英国人也不能不承认此举对他们并无敌意，而且有利于尼泊尔。[1]

　　但英国殖民主义者决不会放弃侵略活动，仍然利用一切机会，步步进逼。1810年，他乘尼泊尔统治者内部矛盾，与之订立同盟条约，扶植亲信，而腐朽的清王朝，对在内部斗争中逃出来求援的尼泊尔贵族，则将其驱逐出境，表示不干预其内部事务。1814

1　Triratna Manandhar，Tirtha Prasad Mishra：《尼泊尔的每五年一次遣使到中国》(英文版)，加德满都1986年版，第51页。

年,东印度公司因尼印边界争端,对尼泊尔宣战。尼泊尔派人向清廷求援,清廷昏聩糊涂日甚,仍然拒不援助,结果尼泊尔于 1816 年被英军击败,被迫和英人订立《塞哥里条约》。该约割去尼泊尔大片土地,使英国人进一步控制尼泊尔,并规定尼泊尔锡金之间的纠纷要由英国人仲裁,即在锡金并不知情更未参加的情况下,决定有关它的事务,充分说明了西方殖民主义的强盗逻辑。

尼泊尔不甘心为英国控制,积极开展反抗斗争,曾掀起大规模的群众运动,并于 1837 年和 1842 年这两次派朝见使节向北京求援。其 1842 年致清朝政府的函件中,要求清廷派军队前去赶走英人,如果不能派军队前往,则请求给予尼泊尔政府 7000—8000 万卢比的财政援助,尼泊尔可自己赶英国人。[1] 但清朝政府这时已遭到英国强盗的进攻,自顾不暇,当然既无力也不能去救助尼泊尔。尼泊尔一个小国,孤立无援,遂一天天被英国所控制。1846 年,受英人支持的拉纳·蒋·巴哈都尔当了尼泊尔首相,对英妥协投降。他当首相 30 余年,使英国侵略势力在尼泊尔大为扩展。尼泊尔在英国控制下实行了一些对邻邦不友好的政策,1856 年派兵侵略西藏,1857 年积极派兵镇压印度人民大起义,给亚洲国家的历史投下了阴影。

从以上的史实我们可以看出,在殖民主义来到后,中国与南亚国家的政治交往,往往就不单纯是两国之间的关系,而要受殖民主义帝国主义的影响、干涉和利用了。如果双方能认识到面临的共同命运,采取互谅互让的办法解决彼此纠纷,团结一致对付西方侵略者,则虽然不足以完全挫败侵略者的阴谋,但有可能减轻一些损失,可是当时的封建统治阶级,一般说来都没有这么远大的目光。中国的清朝统治者日渐腐朽,不知外部事务,而又以

---

1   Triratna Manandhar, Tirtha Mishra:《尼泊尔的每五年一次遣使到中国》(英文版),第 52 页。

天朝自诩,盲目自大,在对英交涉中干了许多蠢事,给它以可乘之机。尼泊尔的一些统治者则不能区分中国、英国之不同性质,在二者间依违折中,有时反向英人求援,引狼入室,终究造成自己受损失。这些教训,是很值得吸取的。

二、经济方面

中国与南亚的经济联系从公元前 2 世纪到公元 15 世纪连续不断。这十多个世纪的交往不论是民间的,还是官方的,双方都是在封建统治秩序下,作为独立主权国家进行的正常的商业贸易活动。西方殖民主义东来后,中国与南亚各国的商业贸易仍在继续。除上述尼藏贸易外,中国在南亚各地行商者不乏其人。加尔各答就有粤人千余家,还有闽人五家开设的洋行。[1] 科伦坡有华人店号"广安南",还有广东香山人郑姓开设的皮鞋店。[2] 印度人在华贸易者也大有人在,"来粤贸易的白头夷"即南印度人。[3] 其时,两广福建的货物海运出口,往往经温都斯坦,再贩卖至叶尔羌,又转入中国。因为新疆的叶尔羌有克什米尔、温都斯坦两处的人往来贸易。[4] 而最主要的还是印度和中国的贸易。不过这种贸易的性质与规模,与以前的中印贸易有着本质的区别。

我们知道,西方殖民主义东来后,一直试图打开中国的市场,许多西方国家都积极开展对中国的贸易,其中尤以英国为甚。中国的传统产品丝、茶成为东印度公司贩运到英国的主要货物。他们在中国购买茶叶的款项,从 1771 年至 1780 年这十年的每年平均 600 万镑激增到 1831 年至 1837 年期间的每年平均 3,500 万镑。[5] 因为贩

1　黄楙材:《印度札记》卷上。
2　王之春:《使俄草》卷 8。
3　魏源:《海国图志》卷 19。
4　魏源:《海国图志》卷 29。
5　谭中:《英国—中国—印度三角贸易(1771—1840 年)》,《中外关系史译丛》第 2 辑,上海译文出版社 1985 年版,第 188 页。

运茶叶到英国的东印度公司可获大利,毛利都高于100%,而英国政府又可以从进口茶叶中收一笔很大的关税,因此茶叶贸易一直盛行。

可是在和中国进行的贸易中,英国一直没有什么东西卖给中国,使英国资本主义发家的毛纺织品以及棉纺织品始终打不开中国自给自足经济的门户。毛纺织品价格高昂,又不合中国人的穿着习惯,销路很差。整个18世纪都在亏本出售。棉纺织品也是如此。中国自造土布,经久耐用,虽不比英布漂亮,但便宜得多。所以曼彻斯特的棉布运来后无人购买,甚至只好作为中国丝的运装布又运回英国去,直到19世纪20年代,英国的印花布往往要亏本60%才能在中国脱手。[1] 所以,英国只能以大量白银支付给中国,以购买丝茶。白银外流成为英国的严重问题,他们不得不设法改变这种状况,这就是罪恶的鸦片贸易的由来。

鸦片最早是由葡萄牙商人从土耳其输入中国的,中国允许进口仅为供医疗使用。后来英国积极参与此项活动,诱使印度孟加拉等地农民种植鸦片,加工后卖往中国,牟取暴利。1773年英政府授予东印度公司同中国进行鸦片贸易的专卖权。专卖首先在印度东部的孟加拉、贝拿勒斯等鸦片产区实行,并用包收制和直接征收制[2],对这些地区的鸦片生产进行管理。1816年英印政府又允许鸦片自由贸易,进一步推动了鸦片的走私活动。1831年英印政府对印度中、西部土邦地区所产鸦片实行通行税制。[3] 通过这些政策和措施,英国垄断了印度的鸦片生产和贸易,扩大了对华的输出,增加了财政收入。从以下数字便可说明。在实行专卖的第一个年头即1773至1774年,鸦片收入为270,465卢比,到鸦片战争的前四年即1835至1839年为18,044,062卢比。[4] 英国

1　汪敬虞:《十九世纪西方对中国的经济侵略》,人民出版社1983年版,第17页。

2　张力:《英国殖民主义时期印度的鸦片生产与对华贸易》,《四川大学学报》1985年第4期。

3　同上。

4　姚贤镐:《中国近代对外贸易史资料》第1册,中华书局1962年版,第321页。

政府大量获利,用来弥补贸易差额,支付英印政府开支;更主要的是中国人的白银、印度人的血汗加速了它的资本积累。这里,需要指出的是,印度的一些民族资本家起家,与鸦片贸易有着直接联系,如塔塔财团的先辈在 19 世纪 50 年代以后,在香港、上海等地开设商行,经营鸦片、棉花等贸易。[1]

除了鸦片贸易,印度出产的原棉和棉纱也在中国市场上行销。18 世纪时印度棉花已大量销往中国,1802—1809 年间,印度棉花通过加尔各答和孟买输往中国的每年值 700 多万卢比。魏源曾指出"网买部""惟产棉花,每年四分之一运进中国"[2]。特别是棉纱,韧性强,价格便宜,受到中国织布行业的欢迎。到 19 世纪后期,印度棉纱大量输入中国,在 1894/1895 到 1898/1899 五个年度中,印度输华棉纱总量占整个输出总量的 94.3％。[3] 如此大宗的棉纱交易,推动了印度棉纺织业的发展,促进了印度民族工业的资本积累。但不能忽略的是,印度对华棉纱贸易深深地打上了英属殖民地的烙印,因为印度输华商品和英国商品一样,按 1858 年中英《天津条约》规定,只纳上岸子口税,免除一切内地关税。[4]

继鸦片、棉纱输入中国后,印度茶叶一度曾倾销西藏,造成排挤中国边茶的形势,发生过一场斗争。中国本是产、销茶叶的古国,四川等地生产的茶叶一直供应西藏、蒙古人民所需,称为边茶。边茶是当地人民生活必需品,至关重要。英国殖民主义者发现这一情况后,遂想在印度发展茶叶生产,以印茶取代边茶供应西藏,作为侵略西藏的一种手段,于是积极在印度引进、种植茶叶。19 世纪 30 年代英国人在印度的阿萨姆试种茶叶成功。1840年成立了阿萨姆茶叶公司。跟着,在大吉岭、南印度等地推广种

1　孙培钧:《印度垄断财团》,时事出版社 1984 年版,第 57—85 页。
2　魏源:《海国图志》卷 2。
3　姚贤镐:《中国近代对外贸易史资料》第 1 册,第 1159 页。
4　《通商各关华洋贸易总册》。

茶,并不断改进种植技术,用资本主义生产方式经营管理,使得印茶产量猛增,到 1896 年达 2,7000,000 磅。[1] 除了满足本国市场外,还可外销他国。19 世纪末,控制印茶生产的英国资产阶级把印茶入藏作为英国侵略西藏的手段之一,并想通过《印藏续约》使入藏印茶合法化。于是,印茶从大吉岭不断输入西藏。1897 年运至西藏的茶叶值 32 万卢比。[2] 边茶受到排挤。

面对这一严峻形势,清朝政府不得不采取对策,以保卫我国权利,保卫西藏。如在和英人谈判中,坚持印茶入藏税额应按华茶入印税额征收,既防止印茶倾销,又保护了我国权益。并减免边茶课税以降低成本,修通道路以省其运费,提高边茶质量,防止伪劣假冒,分设购销网点,以利统筹经营。特别是在藏区培植茶树,发展茶叶生产,以就近供应。[3] 这些措施起了一定作用。经清之世,英国倾销印茶到西藏的阴谋未能得逞。[4]

从以上叙述可以看出,英国控制印度后,中印之间的贸易联系,已被纳入英国殖民侵略的体系之中,而不是以前两国间的平等交易了。中英印之间形成一种三角关系;印度输出大量鸦片、棉花及棉纱等,换回中国大量白银,以弥补收购华茶时英国人失去的白银。印茶的试图销入西藏,更是英国进行经济侵略的一种手段。这一关系带有时代特点,即这时英国侵略势力已深入印度。19 世纪初已从经济上的商业资本侵略转向工业资本侵略,19 世纪中,则向印度输出资本,在这样的刺激下,印度的资本主义发展起来。而对中国则长期尚未能打破自给自足经济体系对外国资本的反抗。所以英国资本主义经济势力在侵入中国过程中,利用了印度的地位和力量,这不是十分明显的吗?

1　姚贤镐:《中国近代对外贸易史资料》第 1 册,第 1187 页。
2　〔英〕荣赫鹏:《英国侵略西藏史》,孙煦初译,商务印书馆 1934 年版,第 19 页。
3　陈一石:《印茶倾销西藏与清王朝的对策》,《民族研究》1983 年第 6 期。
4　陈一石:《清末印茶与边茶在西藏市场上的竞争》,《思想战线》1985 年第 10 期。

三、文化方面

在中国与南亚各国共同遭受资本主义、帝国主义侵略的形势下，我们之间的文化交流，也带有与从前大为不同的特点。共同的遭遇，共同的历史命运，促使双方的一些有识之士，认识到这一严峻形势，相互间的了解比过去大为加深了，懂得要从对方遭遇中吸取教训，特别是在反对侵略势力的斗争中，提出要相互支持，相互学习的主张。这是我国与南亚文化交流中极为宝贵的一些记录。

鸦片战争爆发后，林则徐虎门销烟的壮举震撼了中外。鸦片贸易既毒害了中国人民，也毒害了印度人民。年仅 20 岁的泰戈尔于 1881 年写下《死亡贸易》一文，一针见血地指出："这种贸易和积累财富的方法，只有用客气的口气才能叫做贸易。它简直就是强盗行为。"1852 年中国爆发了太平天国运动，在中外反动派联合镇压太平军的过程中，印度士兵掉转枪口参加太平军起义。1900 年发生在中国大地上的义和团起义，遭到八国联军的血腥镇压，激起印度士兵对中国的同情和对联军的憎恨。联军的英国军队绝大部分是印度人，作战费用全部由印度负担，遭到印度各阶层的反对。当时一个印度知识分子，加尔各答《苏非娅》周刊编辑乌帕底西亚撰文支持中国人民，反对列强镇压义和团的暴行。[1]后来泰戈尔又在他的诗歌中无情地抨击了镇压义和团的刽子手。[2] 这些就是南亚人民对中国人民斗争的支持。

殖民主义侵略中国较南亚稍迟，中国对南亚认识的加深，许

1　林承节：《印度民族独立运动的兴起》，北京大学出版社 1984 年版，第 514—533 页。

2　R.包默尔：《孟加拉历史和社会的某些侧面》（英文版），夏威夷 1975 年版，第 10 页。

多已在英国控制南亚之后,因之在了解、支持的基础上还能够从中吸取一些教训,大体可以归纳如下几点:

1. 此时,中国人在近代科学知识的基础上,通过亲身见闻,结合调查研究,对南亚各国得到较全面切确的认识。魏源《海国图志》是奠基在地圆说和计量概念之上的,从而,使人们由经纬度上知道南亚各国的方位,由具体数目字中了解其幅员和人口,如书中收辑《万国地理全图集》的五印度方位"北极地自 6°30′至 35′,偏东自 65°至 95°","广袤方圆 384 万方里,居民 13,400 万丁";《地理备考》中锡兰海岛的方位,"纬度自北 5°50′至 9°52′,经度自东 77°30′起至 79°,长约 1 千里,宽约 4 百里,烟户 1 兆 5 亿口"。论方位的准确程度当然不能和今天相比,但在当时实属难能可贵。《瀛环志略》对五印度的风土人情、史地沿革、社会变迁均有论述;特别是分列叙及英属殖民据点和向英纳款称藩的各部,有助于当时中国认识殖民地附属国的具体实情。另外,邹代钧随刘瑞芬出使英、法途中,仔细阅读了英人康宁翰姆的《印度古代地理》,并将附图上的玄奘路线与《大唐西域记》进行校核,得出结果基本吻合;他还用当时地图与其附图比较,"能得今地者凡九十二"[1]。无疑,近代中国人关于南亚的地理知识,比之古代更符合客观实际了。

2. 近代中国人不只在自然属性上来认识南亚,更重要的是从社会属性上来了解南亚。他们耳闻目睹,由表及里,透过英属南亚各国的社会现象,看清了殖民政策的本质,从而提出利用印度这个殖民据点来"以夷制夷"。

西方殖民主义者先以通商贸易来"敲门",继以刀剑枪炮来征服,在变南亚各国为殖民地的过程中及其后,他们对殖民地附属国人民的摧残与掠夺是十分惊人的。通过南亚的经验,使中国人认识到"英吉利所在皆号通商","其意亦不在通商","遂以兵以利

1　邹代钧:《西征纪程》卷 2。

诓胁该地之主而据之,印度、麻剌甲诸国与缅甸先后受气愚"[1]。王韬认为"印度人民供英人驱使","今之印度已尽为英所有,奄有专籍鸦片以致富强"。[2] 张德彝出访英国时得知,英国入侵印度二百年来,已得印度的四分之三。英兵驻印度,官有 3,011 员,兵有 66,578 名,土勇 122,346 名。每年从英属印地孟买等八府收进出口税,田地、房屋、树木、人丁、信票、电信、轮车、铁道各税与盐课19,250 万两;另外又从遵英律、纳赋的九地收 1,363,484.5 万两,合银为 193,863,484.5 万两。同时,英国还从锡兰勒索大量银财,每年收锡兰的地、丁、土产租税约 170 万余磅,合银 595 万两。[3] 这些都是英国侵略者利用南亚富饶的资源和廉价劳力,依靠垄断贸易和强征贡赋,搜刮去的社会财富。伴随经济榨取,殖民者的文化侵略也是骇人听闻的。当葡萄牙人占领果阿后,迫使当地居民改信天主教,不从者则鞭策甚至火焚。[4] 殖民者在南亚的所作所为,促使中国人更加认识到"制夷"的迫切与必要。胜人一筹的是魏源,他在观察世界各国,特别是西洋各国的情况后,分析了当时西南洋(印度海)所处的形势,说明了五印度与中国反抗帝国主义侵略的关系。他指出"唯西、北二印度尚各自为国,其中、南、东三印度并据于西洋"。他认为东印度孟加拉是英国的驻防重镇,与缅甸、廓尔喀邻近,又是世仇。所以英国防备中国,及中国筹制英国,其枢纽在东印度。他又认为南印度虽有法、美、葡、荷等国的据点环列,但英在孟买、马德拉斯有鸦片之惠,各国不得分其利,实为外睦内猜,彼此矛盾很大。所以中国联络法、美及购买船炮,其枢纽在南印度。他还认为中印度是英、俄相拒之所,英设重兵扼守,害怕俄人逾兴都库什山南下。所以中国联络

1　王芝:《渔瀛庐志》卷 2。
2　王韬:《韬园文录外编》卷 4。
3　张德彝:《四述奇》卷 6。
4　魏源:《海国图志》卷 23。

俄罗斯,其枢纽在中印度。简言之,英国据印度后,东有缅甸、廓
尔喀的世仇,南有法、美、荷等国的猜忌,中有俄国的窥探。对此,
魏源提出"不悉东印度之形势则不知用廓夷。虽有特角掎批之策
而不敢信也。不知南印度形势,则不知用佛兰西、弥利坚,欲行购
造兵船之策而未由决也。不知中印度、北印度之情形,则不知联
俄罗斯,方询俄罗斯国都与英夷国都远近,不知其相近者在印度
边境而不在国都也"[1]。很明显,魏源的着眼点是利用各殖民者在
印度的矛盾,达到"志西南洋实所以制西洋也"的目的。

　　3.既然中国"制夷"与印度关系密切,印度亡国,中国当有切
肤之痛。这时,中国人不仅同情南亚各国的疾痛,支持南亚人民
的斗争,而且关心南亚动向,探讨它的沦亡原因,以及指出它的社
会弊病。

　　印度等国的沦亡使中国的朝野震动,统治者中很多人留心印
度,希借鉴以振奋民心。如张之洞的军歌"方今五洲万国如虎豹,
倚犄强兵利械将人骄,我国文弱外人多耻笑,若不自强瓜分岂能
逃,请看印度国土并非小,为奴为马不能脱笼牢"[2]。再从道光二
十二年(1842)奕山的《复奏印度夷情疏》[3]中了解到当时广东一带
传闻着"英夷为孟阿喇攻破,逆夷兵船纷纷遁回"。清廷命奕山在
广东夷人中查询情况是否属实。同时,还指使广东加强对英夷的
防范,可见,当时中国对英属印度情态的重视。南亚各国的沦亡,
还引起中国有识之士的许多思考。郑观应认为每个国家都应"士
得教而民有养"。正是因为印度等国"上失教养之方",所以"教养
失道,国势陵替而先后沦亡"。[4]同治十一年(1872)二月十七日,
王芝夜泊锡兰,登岸观赏,在亭可马里见到英人"镇以大酋,卫以

　　1　魏源:《海国图志》卷 19。
　　2　《清朝续文献通考》卷 199。
　　3　魏源:《海国图志》卷 79。
　　4　郑观应:《盛世危言》卷 12。

劲卒炮台战舰环列"，使他中怀生悲。世所周知，锡兰是一个佛教古国，千百年来人民对释迦牟尼有虔诚的信仰。因此，他感叹"神果有灵，会佐一臂之力，荡此善争人国者，以反狮子国庚题之故"[1]。光绪二十一年（1895）王之春使俄归途中游览了科伦坡的同泰寺，同样慨叹"今日锡兰且不自保，同泰寺之鸣钟课诵，亦何益耶？"[2]中国人在寻找拯救南亚的良方，故而毫不隐讳地指出它存在的弊端。如对印度的溺女、妇殉夫火葬[3]，以全家3至50岁女性18人嫁给一个3岁幼童[4]等陋俗加以抨击，认为是愚昧、落后的表现。不只如此，更主要的揭露了它的社会弊病，光绪二十八年（1902）载振使英途中，同舟有一个赴英庆贺女王加冕的印度信地部酋，随身带员仆20余人，仍侈然自大；又听说，另有二酋为显耀财富，各租借英轮一艘，赴英贺女王加冕。他从这些土酋的昏聩虚骄中得出"其穷大失居，夸多斗靡，尚虚文，忘实祸。如此，此印度之所以为印度也。吁可叹哉！"[5]从上所述，反映出近代中国人对英属南亚认识的深入与总结出的教训。

4. 近代中国人在看到印度社会弊端的同时，也看到南亚各国的希望，特别是印度的新生力量。这以章太炎和《民报》的思想观点为代表。章太炎在日本，与印度的革命者钵逻罕、保什等人建立了联系，互通了情况以后，他在亚洲团结的思想认识基础上，提出"支那印度联合"[6]、"支那印度互相扶持"[7]；同时，对印度的独立持有信心，对亚洲的民族独立运动寄予很大希望。首先，他批驳"印度不再兴"的论调，指出"梵教有塞音氏，始建印度改革协

1　王芝：《渔瀛胪志》卷5。
2　王之春：《使俄草》卷8。
3　魏源：《海国图志》卷19。
4　张煜南：《海国公余辑录》卷5。
5　载振、唐文治：《英轺日记》卷3。
6　《章太炎全集》卷4，第367页。
7　《章太炎文钞》卷5，《答祐民》。

会,穆卒昙娄继之,至于今未艾"。又指出"锡兰有须曼迦罗之徒,昭宣大乘,以统一佛教国民为臬,国之兴,当题芽于是"[1]。并认为廓尔喀人受教育后可成"刚毅有为之器已"[2]。进而,他看到印度"人人相约,不为英吉利用","人人自奋,愿与英政府抗","其国民协会、有急进、平和二党。要之,皆以独立为主"。[3] 再则,《民报》大力宣传的"亚洲团结"和"中印联合"的主张是很有见地的。《民报》六条主义之一的"维护世界真正之平和",其具体内容包含有"使欧美人不得占领亚洲,使亚洲诸民族各复其故国而已"。[4] 这里明确地指出了亚洲各国的民族独立是世界真和平的标志之一。亚洲的独立又与中印联合的关系密切,认为"言其亲则如肺腑,察其势也则若辅车,不相抱持而起,终无以屏蔽亚洲"。[5] 还认识到中印的相互扶持非独人道宜然,从保卫中华国土来说,"亦不得不借印度为西方屏蔽,以遏西人南下之道"。由此,又提出支那、印度结成同盟"而后亚洲殆少事矣"。[6] 显然,这些意见和主张即使今天看来也是有远见卓识的。这是自西方殖民主义东来后,中国人经过几个世纪的实践和思考,在对南亚的认识与了解上得出的精辟论断。这是 20 世纪初期中国先进思想的代表观点。

（原载北京大学南亚东南亚研究所编:《南亚东南亚评论》
［第 1 辑］,北京大学出版社 1988 年版）

1　《章太炎全集》卷 4,第 360 页。

2　同上书,第 361 页。

3　同上书,第 363—364 页。

4　《章太炎全集》卷 5,《答祐民》。

5　《章太炎全集》卷 4,第 362 页。

6　同上书,第 368 页。

汉文外国史料编纂情况简述

在中国浩如烟海的汉文载籍中，蕴藏着一股涓涓细流，千百年来流淌不断。这股细流就是历朝历代的中国人，对他们所处时代的境外和涉外情况的记载和论述。这些记述有的单独成册，而大量的是保存在历代官修史书、类书，以及散见于各种杂史、笔记小说、地志中。这是老祖宗为我们留下的宝贵资料和文献，我们可以统称为汉文外国史料。挖掘、搜集、整理、研究这些弥足珍贵的史料，当代中国学者有不可推卸的责任，值得庆贺的是，这方面的工作已经取得一系列成果，可谓成绩卓著。在此，先将这些成果按其出版年代排列如下，然后介绍这些史料的特色和价值，供大家进一步研究参考。

一

已经出版的史料汇辑著作主要有：

向达：《自明初至解放前（Cir，1405—1948）中国与非洲交通史料选辑说明》（向达遗稿），1966 年。[1]

1　阎文儒、陈玉龙编：《向达先生纪念论文集》，新疆人民出版社 1986 年版，第 20—22 页。

赵令扬、陈学霖、陈璋、罗文编:《〈明实录〉中之东南亚史料》,香港:学津出版社,1968年。

中国科学院地理研究所地理组编:《〈清实录〉中中俄关系资料汇编》(上、下),内部油印本,1974年。

中山大学东南亚研究所编:《中国古籍中有关菲律宾史料汇编》,北京:中华书局,1980年。

中国社会科学院历史研究所编:《古代中越关系史资料汇编》,北京:中国社会科学出版社,1982年。

张维华:《〈明史〉欧洲四国传注释》,上海:上海古籍出版社,1982年。

郭振峰等:《中国古籍中的柬埔寨资料汇编》,北京:中国人民大学出版社,1983年。

汪向荣、夏应元:《中日关系史资料汇编》,北京:中华书局,1984年。

景振国主编:《中国古籍中有关老挝资料汇编》,郑州:中州古籍出版社,1985年。

陈显泗、赵和曼等编:《中国古籍中的柬埔寨史料》,郑州:河南人民出版社,1985年。

陆峻岭、周绍泉编注:《中国古籍中有关柬埔寨资料汇编》,北京:中华书局,1986年。

云南历史研究所编:《〈清实录〉越南缅甸泰国老挝史料摘抄》,昆明:云南人民出版社,1986年。

王其榘编:《〈明实录〉邻国朝鲜篇资料》,北京:中国社会科学院边疆史地研究中心,1988年。

艾周昌编注:《中非关系文选(1500—1918)》,上海:华东师范大学出版社,1989年。

韩振华主编:《我国南海诸岛史料汇编》,北京:东方出版社,1988年。

耿引曾:《汉文南亚史料学》,北京:北京大学出版社,1991年。

王玉德等编:《〈明实录〉类纂·涉外史料卷》,武汉:武汉出版社,1991年。

李澍田等编:《〈清实录〉朝鲜史料摘编》,长春:吉林文史出版社,1991年。

肖德浩、黄铮主编:《中越边界历史资料选编》(上、下),北京:社会科学文献出版社,1993年。

北京大学南亚研究所编:《中国载籍中南亚史料汇编》(上、下),上海:上海古籍出版社,1994年。

黄润华、薛英编:《国家图书馆藏琉球资料汇编》(全三册),北京:北京图书馆出版社,2000年。

殷梦霞等编:《国家图书馆藏琉球资料续编》(全二册),北京:北京图书馆出版社,2002年。

王菡编:《国家图书馆藏琉球资料三编》(全二册),北京:北京图书馆出版社,2006年。

余定邦、黄重言编:《中国古籍中有关缅甸资料汇编》(上、中、下),北京:中华书局,2002年。

余定邦、黄重言编:《中国古籍中有关新加坡马来西亚资料汇编》,北京:中华书局,2002年。

陈佳荣、钱江、张广达合编:《历代中外行纪》,上海:上海辞书出版社,2008年。

从上面的书目中,可以了解到中国学者在这方面的创新。他们在继承前辈学者如冯承钧《西域南海史地考证论著汇辑》[1]、张星烺《中西交通史料汇编》[2]的基础上,从专题收录扩大到涵盖一个国家或地区,对史料的收集更加全面和专门,对于相关区域的研究更加方便。

1　冯承钧:《西域南海史地考证论著汇辑》,中华书局1957年版。

2　张星烺:《中西交通史料汇编》,商务印书馆1930年版;中华书局1977—1979年版、2003年版。

二

下面将谈谈汉文外国史料的特色。通览两千多年来的汉文外国史料，其纪实性强，内容丰富这两大特点，可谓举世无双。

纪实性强的原因，是因为著述者所记都是自己的亲身经历和耳闻目睹。因此具备可靠性，史料价值高。这些记述者大都为使臣、僧侣、道人、航海家和个人游历者，按照其不同身份，依朝代顺序略作介绍。

（一）使臣

现在最早的使臣著述当为三国东吴时孙权派康泰和朱应出使扶南归来后将其见闻写成的《外国传》（或《扶南传》）。此书内容如今只能在《梁书·海南诸国传》和《水经注》中看到一些片断。[1] 唐使臣王玄策三访印度，归来著有《中天竺国行记》，也只在《法苑珠林》中散见其片断。[2] 唐高宗时，还有奉使海西，自赤土至虔那，凡经三十六国的达奚弘通，著有《诸番行记》一卷，可惜今已不存，幸赖《玉海》中存有此书的片言只语，能证实此书的存在。宋使臣徐竞出使高丽，归来著《宣和奉使高丽图经》[3]，图失文存，该书是最早记载中国海船使用罗盘导航的。元使臣随从周达观的《真腊风土记》，记录了吴哥文明的情况。[4] 明清时期这方面的记载更多，如郑和下西洋时的《星槎胜览》《瀛涯胜览》《西洋番国志》等，特别是保存至今的《郑和航海图》，收有中外地名 500 多个。[5] 此外还

1　吴康泰、朱应：《外国传》，新华彩印出版社（香港）2006 年版。

2　孙修身：《王玄策事迹钩沉》，新疆人民出版社 1998 年版；陈佳荣、钱江、张广达合编：《历代中外行纪》，上海辞书出版社 2008 年版，第 193 页。

3　姚楠、陈佳荣、丘进：《七海扬帆》，中华书局（香港）有限公司 1990 年版，第 128—132 页。

4　周达观著，夏鼐校注：《真腊风土记校注》，中华书局 1981 年版。

5　巩珍著，向达校注：《西洋番国志》，中华书局 1961 年版；费信著，冯承钧校注：《星槎胜览》，中华书局 1954 年版；马欢著，万明校注：《瀛涯胜览》，海洋出版社 2005 年版；向达注释：《郑和航海图》，中华书局，1961 年版。

有明人黄福的《奉使安南水程日记》，钱古训、李思聪的《百夷
传》[1]，张洪的《使缅录》[2]，陈诚、李暹出使西域归来写就的《西域
行程记》《西域番国志》[3]，陈侃的《使琉球录》，以及郭汝霖、李际春
等使人的《使琉球录》。清人图理琛的《异域录》，是记述清初中俄
关系的实录。

(二)僧侣

在东晋，有僧人法显的《法显传》(《佛国记》)[4]。在唐代，有玄
奘的《大唐西域记》[5]，义净的《大唐西域求法高僧传》《南海寄归内
法传》[6]等，还有新罗僧人慧超的《往五天竺国传》[7]，以及由圆照
整理、保存在《十力经》序言中的《悟空入竺记》[8]。在宋代，有继业
三藏赴天竺的《西天路竟》，保存在宋人范成大的《吴船录》中。敦
煌卷中的《西天路竟》残卷，经考证与这一《西天路竟》相同。[9] 在
清代，广州长寿寺住持大汕应越南顺化政权之邀，渡海赴越，归来
著有《海外纪事》[10]一书。

(三)道人

收藏于道藏经中的，由李志常撰写的《长春真人西游记》[11]，是
记录他随其师邱处机(长春真人)赴西域谒见成吉思汗沿途见闻

1　钱古训著，江应梁校注：《百夷传校注》，云南人民出版社1980年版。
2　陈佳荣、钱江、张广达合编：《历代中外行纪》，第759—761页。
3　陈诚、李暹著，周连宽校注：《西域行程记·西域番国志校注》，中华书局，1991年版。
4　法显著，章巽校注：《法显传校注》，上海古籍出版社1985年版。
5　玄奘、辩机著，季羡林等校注：《大唐西域记校注》，中华书局1985年版。
6　义净著，王邦维校注：《大唐西域求法高僧传校注》，中华书局1988年版；义净著，王邦维校注：《南海寄归内法传校注》，中华书局1995年版。
7　慧超著，张毅笺释：《往五天竺国传笺释》，中华书局1994年版。
8　陈佳荣、钱江、张广达合编：《历代中外行纪》，第255—259页。
9　陈佳荣、钱江、张广达合编：《历代中外行纪》，第403—407页；黄盛璋：《西天路竟笺注》，《敦煌学辑刊》1984年第2期。
10　释大汕著，余思黎点校：《海外纪事》，中华书局1986年版。
11　陈佳荣、钱江、张广达合编：《历代中外行纪》，第527—536页。

之书,是记录当时中国西域地方情况的第一手资料。

(四)航海家和个人游历者

航海家作品中首屈一指的是元代汪大渊所著《岛夷志略》。[1]他一生两度到过东西洋,归来将亲身见闻写成此书,涉及的国家和地区有 220 多个,对其山川、道里、物产、风俗一一记述。特别是从他所记各地的"贸易之货"中,我们可以知道当时印度洋上的贸易情况,以及中国人参与其中的情况。清代晚期,由谢清高口述、杨炳南笔录的《海录》[2],记录了鸦片战争前中国人对域外情况的实地见闻。所述除我国南海诸岛外,还包括自今越南至印度西北沿海,自今柔佛至毛里求斯,以及欧、美、非洲三个区域。正是通过这本书,中国人了解到荷兰、英国、葡萄牙、法国等殖民主义者在东方的活动。如在明呀喇(今孟加拉国和印度西孟加拉等地)的记述中,就提到英国殖民者在当地的驻军情况。

个人游历者有 18 世纪初受清廷之命随欧洲修道士赴大西洋的樊守义。他先后在意大利的都灵、罗马学习了 12 年,归来于 1712 年写成《身见录》,[3]是中国人撰写最早的大西洋游记。

三

下面谈谈我国汉文外国史料的第二个特点,即内容丰富详尽。从政治、经济、文化三方面来叙述。

政治方面,主要涉及中国与境外国家的关系、中国对境外国家和地区的认识与了解。这些比较集中地记录在历朝历代的官修史书中。以"二十四史"为例,每部史书的帝王本纪中都记录了中国与境外各国的使臣交往情况,各史书的西域列传、四夷列传、

---

1 汪大渊著,苏继庼校释:《岛夷志略校释》,中华书局 1981 年版。
2 谢清高口述,杨炳南笔录,安京校释:《海录校释》,商务印书馆 2002 年版。
3 陈佳荣、钱江、张广达合编:《历代中外行纪》,第 949—958 页。

外国列传等,虽名称不同,其实都是描写境外各国概况的篇章,而这些描写随着时代的进程不断有所深入。如《史记·大宛列传》对大月氏、安息、大夏、条支等国家只有简单描述,而《明史·外国传》中则有佛郎机、和兰、意大里亚等专条,记下了这些殖民国家对东方的殖民活动。如"吕宋"条下记云:"时佛郎机强,与吕宋互市,久之见其国弱可取,乃奉厚贿遗王,乞地……其人既得地,即营室筑城,列火器,设守御具,为窥伺计。已,竟乘其无备,袭杀其王,逐其人民,而据其国,名仍吕宋,实佛郎机也。"这段话明白地记录了西班牙变菲律宾为其殖民地的过程。

经济方面则记下了中国古代与境外的水陆交通和贸易往来。最早的是《史记·大宛列传》所记张骞通西域时在大夏看见"蜀布、邛竹杖"。《汉书·地理志》记载了自日南障塞徐闻合浦至黄支、已程不国的海上交通线,说明中国人当时已经开辟了从太平洋进入印度洋的通道。并记"有译长,属黄门,与应募者具入海市明珠、璧流离、奇石异物,赍黄金杂缯而往",可见伴随着海陆路交通开辟的,是商业贸易交往。唐代海上贸易十分发达,设立了市舶司制度。广州是世界贸易大港,当鉴真和尚于752年到达时,看见珠江上有不计其数的婆罗门、波斯、昆仑等商舶。《唐国史补》中记有"狮子国舶最大,梯而上下数丈,皆积宝货。至则本道奏报,郡邑为之喧阗。有番长为主领,京舶使籍其名物,纳舶脚,禁珍异,番商有以欺诈入牢狱者。舶发之后,海路必养白鸽为信。舶没,则鸽虽数千里亦能归也"。这段记述让我们了解到狮子国船舶的具体情况、外国商船到达广州后办理通商贸易的具体手续,以及中国对海外贸易的管理办法等。宋元海外贸易愈加发达,《岛夷志略》"乌爹"条记有元代中统钞的兑换率,"每个银钱重二钱八分,准中统钞一十两,易趴子一万一千五百二十有余,折钱使用"。明代郑和下西洋,从上面介绍的其随从写的三本书中,可见船队在各地的交易实况。

　　有关经济方面的,还有境外作物输入中土的情况,9 世纪唐人的笔记小说中多有记载。如《酉阳杂俎》中记录了很多来自波斯的作物,以及龙脑香树、安息香树、天石子、紫排树、阿魏、婆那沙树、波斯枣、偏桃、波斯皂荚、野悉蜜等。书中对这些作物做了详细描写,可见它们输入已非一朝一夕。

　　文化方面的记载更是琳琅满目,举不胜举。

　　思想上,如曹魏时期鱼豢所著《魏略·西戎传》记有:"汉哀帝元寿元年,博士弟子景卢受大月氏王使伊存口授浮屠经。"这是中国人接受佛教思想的最早记载。伊斯兰教于唐时传入中国。关于伊斯兰教教义的记载,最早见于保存在《通典》中的杜环《经行记》。

　　艺术上,如东晋干宝《搜神记》记有天竺杂技"吞刀吐火"事。隋、唐时,大量西域、外国舞乐传入中国,白居易对骠国(缅甸)乐在长安的演出留下了惟妙惟肖的描写:"骠国乐,骠国乐,出自大海西南角……玉螺一吹椎髻耸,铜鼓一击文身踊,珠缨炫转星宿摇,花鬘斗薮龙蛇动。"在《新唐书·骠国传》里,关于骠国乐的乐器和乐曲都有很详细的记载。

　　科技上,可以天文、医学为例。元代时阿拉伯天文学进入我国,穆斯林天文学家扎马鲁丁等负责设立回回司天台,后来和汉儿司天台合一。扎马鲁丁制"万年历",元世祖颁行之。后来他又造西域天文仪器若干,《元史·天文志》中记有各种天文仪器的阿拉伯名称和汉文名称,如咱秃哈剌吉,汉言混天仪;咱秃朔八台,汉言测验周天星曜之器;鲁哈麻亦渺凹只,汉言春秋分晷影堂等。在医学方面,丰富的中国医学也吸收了外国的医学成果,如印度的医学理论,也被吸收到中国医学中来。《五王经》中提到,"人由四大和合而成,一大不调,百一病生,四大不调,四百四病同时俱作"。《佛开梵志阿飏经》又提到,"天、地、人物,一仰四气,一地、二水、三风、四火"。陶弘景在《华阳隐居补阙肘后百一方》的序言中提到印度的医学理论"人用四大成身,一大辄有一大病"。孙思邈的医学理论也受到四大不调理论的影响。古印度的眼科医疗技术和药方在唐代很流行,如保存在《外台秘要》中的"延年令目明方"和"崔氏疗三五十年眼赤并胎赤方"。在唐诗中,杜甫、白居易等诗人记述了治眼病施行金蓖刮眼的情况。

四

最后谈谈汉文外国史料的价值。

首先,这些资料当时为统治者制定国策提供了依据。张骞通西域,为的是相约大月氏夹击匈奴,归来把大宛、大月氏、大夏、康居以及传闻在其旁的五六国情况,"具为天子言之"。唐玄奘赴印度求法,学有所成归来,唐太宗在洛阳,迫不及待地召见了他,并嘱他把途中所见所闻写出。玄奘次年就写成《大唐西域记》,太宗"亲自披览",这有助于太宗了解动荡不安的西域情况。该书记载了130多个城市、地区、国家的山川、地形、物产、气候、风土、人情、商业贸易、文化宗教、语言文字以及政治情况,成为研究7世纪时中亚、南亚历史地理的重要文献。

其次,以上所述使臣、僧侣、旅行家、商人等的记录,都是当时重要的历史文献,是编写外国历史的宝贵史料,也是研究中外关系史、人类文明交流史的第一手素材和主要依据。事实上近现代中国学者在这方面的研究中已经做出一些贡献。

再次,这些史料受到外国历史学者的青睐。外国学者不仅翻译了许多有关专著,并对其进行了深入研究和探讨。如意大利汉学家佩特克曾经撰写《水经注里的北印度》一书。[1] 印度史学家阿里认为:"如果没有法显、玄奘、马欢的著作,重建印度历史是完全

---

[1]　L. Petech, *Northern India According to the Shui-ching-chu*, Rome, 1950.

不可能的。"[1] 国际东南亚史研究权威,英国学者霍尔说过:"要获得东南亚原始历史的任何知识,中国史料都是不可或缺的。"[2] 小川博写有《东南亚的汉籍史料》一文,指出"中国文化自古以来就非常重视历史记载,并把有关亚洲各民族国家的历史记载流传后世"。[3] 正是玄奘和周达观的记录,帮助发现了印度阿旃陀的壁画和吴哥石窟。

最后,汉文外国史料还有着重大的现实意义。如韩振华先生主编的《我国南海诸岛史料汇编》、中国科学院地理研究所编的《〈清实录〉中中俄关系资料汇编》等,为当今国家间的边界谈判,领土、海疆归属等,提供了基本材料和依据,为捍卫国家主权起到巨大作用。

正文就此结束,最后还有两个期盼,一是希望早日见到中国载籍中的中亚史料、伊朗史料、阿拉伯史料汇编问世;二是希望将这些史料按不同国别编译为该国语言和通用外语如英语,以便更多的学人使用。

（原载北京大学历史学系编:《北大史学》[20],
北京大学出版社 2017 年版）

1　玄奘、辩机著,季羡林等校注:《大唐西域记校注·前言》,第 137 页。
2　史耀南:《中国对东南亚史的研究》,《世界历史》1983 年第 2 期。
3　小川博著,曲翰章译:《有关东南亚的汉籍史料》,《国外社会科学》1988 年第 1 期。

附篇: 译文

印度考古学问题

〔印度〕B. P. 辛哈　著

耿引曾　节译　杨瑞琳　校

　　印度自从独立以来考古学取得了巨大进步,质量有很大提高,活动范围也扩大了许多,因而在世界考古学中享有光荣地位。印度历史从佛陀时期起,特别是从阿育王时期起,就给我们留下了丰富的文字材料和考古材料。但史前史则有许多空白。哈拉帕和摩亨佐达罗划归巴基斯坦后,发现可与之媲美的遗址就成为印度学者的急迫任务。在印度,新石器时代的遗物除一些零星石器以及在南印度特别是在布拉马吉里(Brahmagiri)的发掘外,几乎就没有什么别的东西了。铜石并用文化也几乎没有发现。印度有古老而多样的文献,这些文献包含远古的传说,但仍然完全没有和考古学联系起来。然而,自从独立以来,尽管经费受到很大限制,受过训练的人员也不足,考古学家们仍因国家获得自由而得到鼓舞。由于考古学家的工作负担过重,各个大学被要求分担了这个巨大的国家任务。所取得的丰硕成果是人所共见的,在洛塔尔(Lothal)和卡利班甘(Kalibangan),我们不仅发现了成熟的哈拉帕文化,而且还发现了一些在摩亨佐达罗和哈拉帕不曾有过的特点。现在不仅在德干(Deccan)和南方,不仅在旁遮普

(Punjab)，而且在克什米尔(Kashmir)、古吉拉特(Gujarat)、马哈拉施特拉(Maharashtra)，在比哈尔(Bihar)平原和孟加拉(Bengal)，以及在中央邦(Madhya Pradesh)都发现了早期、中期和晚期的石器时代遗址。拉尔(B. B. Lal)教授在格瓦利奥尔(Gwalior)发现了一个新的遗址，它有明显的石器时代早期、中期、晚期工具层。在印度考古学前辈、热情而又有能力的桑卡利亚(H. D. Sankalia)博士领导下，德干学院研究所的贡献是绝不会被人忘记的。拉尔和塔帕尔(Tapar)以及拉奥(S. R. Rao)在卡利班甘和洛塔尔的工作确实是划时代的。自从已故的克里什纳斯瓦米(V. D. Krishnaswami)宣读了《印度新石器时代文化类型》的论文以来，在探索和理解印度新石器时代文化类型方面已取得了巨大进步。特别是皮克利哈尔(Piklihal)、乌特努尔(Utnoor)、桑加纳库卢(Sanganakulu)和特卡拉卡塔(Tekkalakotta)等地的发掘丰富了我们对印度新石器时代的了解。完全的新石器时代遗址布尔扎霍姆(Burzahom)的发现给我们提供了施利那加(Srinagar)河谷新石器时代文化地层的情况，这里可能曾受到中国穴居文化的影响。在比哈尔邦北部奇兰德(Chirand)的发现引起了轰动，这是个十分发达的新石器时代遗址，它以大的骨器箱和烧后绘彩的陶器为特征。在奥里萨(Orissa)和阿萨姆(Assam)也已发现考古学上的新石器时代文化。在奇兰德，具有黑红二色陶器的铜石并用文化接替了新石器时代文化。现已探明，铜石并用文化分布于恒河河谷、拉贾斯坦(Rajasthan)、古吉拉特、中央邦和马哈拉施特拉等地。赭色陶器较之铜石并用时代的黑红二色陶器更为古老，已被红堡(Lal Qila)和阿特兰基克拉(Atranjikhera)的发掘所证实。灰色彩纹陶在阿拉哈巴德(Allahabad)以东发现得很少。而在阿拉赫普尔(Allahpur)的发掘则使人对于认为灰色彩纹陶年代较早的看法产生了疑问。在北印度，继黑红二色陶器和灰色彩纹陶之后的是北方黑色磨研陶，这是历史时期开始时的遗物。

　　最近在古吉拉特查明了三个晚期石器时代遗址和四个史前遗址。在斋普尔(Jaipur)和阿杰米尔(Ajmer)附近发现了含有细石器和陶器的沙丘遗址,这表明它和巴戈尔(Bagor)文化有关系。在灰色彩纹陶之前和赭色陶器之后以及在黑红二色陶器层中发现了铁,这揭示了拉贾斯坦用铁的最早日期。还可以指出,在比哈尔的奇兰德,铁也是在北方黑色磨研陶器层之下和黑红二色陶器一起发现的。现在可以承认,至少在比哈尔和拉贾斯坦铁的使用肯定是在北方黑色磨研陶器之前,而且也可能是在灰色彩纹陶时期之前。在印度的技术史上,这个问题还需要进一步的钻研和分析。红堡的发掘证明赭色陶器的日期早于公元前 1800 年,因此它和哈拉帕文化属同一时期。一个比卡利班甘丰富和更广泛的遗址已经在拉基加尔希(Rakhigarhi)发现,在哈里亚纳(Haryana)的另一些遗址已被确定为前哈拉帕的锡瓦尔Ⅰ型(Siswal-I)文化。各种各样的前哈拉帕文化加深了我们对史前史的知识。在奇兰德的连续不断的工作证实了以前的研究成果,即在充分发展的新石器时代之后,紧接着就是铜石并用时代黑红二色陶器阶段。现在在安德拉邦(Andhra)维萨卡帕特南(Visakhapatnam)市的贾米(Jami)发现了一种非巨石时代的黑红二色陶器,它与铁不在一起。在这一阶段仅发现了一小块铜片,即戒指的一部分。但据报道,在同一阶段还有两把磨光石斧。发掘者称这种文化为新石器时代—铜石并用时代文化,时间列在公元前 700 年之前。一段时间以来,探索印度史前史是印度考古学家们的首要任务,而事实上所得材料甚少。虽然在这方面已经做了许多工作,但需要做的工作更多。早、中、晚石器时代的遗迹现在正在恒河河谷发现,但还需要在恒河、甘达克(Gandak)、巴格马蒂(Bagmati)、萨拉亚(Sarayu)、达莫达尔(Damodar)和桑河(Son)等河谷进行更彻底的探索。河道变迁是很惊人的。在《罗摩衍那》里,桑河是流经王舍城(Rajgir)的,而根据帕丹加利(Patanjali)的说法,华氏城

(Pataliputra)是更靠近桑河河岸而不是恒河河岸。这只是一个例子而已。勘察马格马蒂河、甘达克河以及不断改道的科西(Kosi)河是个艰巨的任务,在可预见的将来,不是任何一个机构可以胜任的,但这个任务却十分紧迫。大规模的灌溉工程可以损害或甚至消灭正是我们所要寻找的证据。印度各种新石器时代遗物现已逐渐发掘出来,但还需要做更耐心和更持久的工作。奇兰德和布尔扎霍姆之间的地理距离很大,而奇兰德与德干和南印度新石器时代遗址之间的距离则更大。在布尔扎霍姆和奇兰德或库恰伊(Kuchai)有孤立的新石器时代的人类社会,似乎并不是由于生态或地理方面的原因。奇兰德的精美的新石器时代串珠和骨器所显示的技术说明它一定吸取了其他方面的经验。从布德万(Burdwan)县达莫尔河左岸巴拉特普尔(Bharatpur)土丘中发掘出一个新石器时代——铜石并用时代的住宅区,这是在奇兰德和库恰伊联系起来而向前迈出的令人鼓舞的一步。

下面谈谈从佛陀时代开始的历史时期。对这一时期已经做了许多考古工作。呾叉始罗(Taxila)、吠舍离(Vaisali)库姆拉哈尔(Kumrahrar,古代的华氏城)、乌贾因(Ujjain)、考桑比(Kausambi)、舍卫城(Sravasti)都已经进行了发掘,增加了从文学、外国记载、碑铭和钱币上得来的有关政治文化史的知识。最近在皮普拉哈瓦(Piprahawa)的发掘,解决了一个关于确定迦毗罗卫(Kapliavastu)遗址的疑难问题。尽管在我们中间有许多怀疑论者,但刻有铭文的印章(当然是很晚的)和遗址文化层以及其中的遗物箱,都肯定地证明释迦族的首都在皮普拉哈瓦。另外,在西孟加拉也确定了一个古代遗址。在穆尔希达巴德(Murshidabad)县的拉杰巴迪丹加(Rajbadidanga)出土了带有"吉祥赤土大寺"字样的印章。这就解决了长期以来关于萨桑卡(Sasanka)首都地点问题的争论。卡尔那苏瓦那(Karnasuvana)就在这里。更进一步的发掘肯定会找到遗址的居住建筑物。在奥里萨邦卡尔汉迪(Kalhandi)县阿贾伊加尔(Ajaygarh)地方发掘出了从公元前500年至公元5世纪的文化。一个有趣的发现是一块米纳尔(Chunar)沙岩,这块沙岩只有一面是按孔雀王朝时期的式样经过磨光的。在博卡尔舟(Bhokhardan,即桑奇[Sanchi]和巴尔胡特[Bharhut]铭刻上的博瓦尔达那[Bhoavardhana])发现了罗马陶器和早期萨特瓦哈纳(Satavahana)王朝的钱币。这个城市处在普拉蒂斯塔纳(Pratisthana)到乌贾因的路上,是一个贸易中心,特别经营罗马陶器——油罐、罗马印章和钱范等。一个公元1世纪的一面镜子的象牙雕刻柄使我们想起了庞培的风格。在比哈尔的巴利拉杰加尔(Balirajgarh,马杜巴尼[Madhubani]县)再一次进行了发掘。这个遗址先是由印度考古局后由比哈尔考古局发掘的。这里发掘出了巽加王朝时期的巨大砖筑城堡,在城堡的沟渠中出土的许多鸟类、动物和人物形象的陶器造型优美。当少数北方黑色磨研陶器碎片出土时,底层却出现了水。这是一个可能引起争论的严重问题。

上述问题在昌帕(Champa)更为尖锐。昌帕是史诗、佛教和耆那教文献中提到的早期城市之一。在这里曾发掘出一个广大的壁垒遗迹和从北方黑色磨研陶到笈多王朝层的连续居民点。中世纪穆斯林居住地也发掘出来了。这些古物以及早期佛教和孔雀王朝时期宝石匠的大批模型揭示并证实了这个城市的工业生产情况。北方黑色磨研陶的文化层是很厚的,而更重要的是最好的北方黑色磨研陶器和古物是从最底层得到的。从数量上说,也是最底层的北方黑色磨研陶较丰富。因此,昌帕似乎很早(也许早于公元前600年)就已使用了北方黑色磨研陶器。长久以来大家都相信北方黑色磨研陶的故乡是东印度,中心在摩揭陀(Ma-gadha)。现在应该指出的是,从质量和数量两方面说,最好的北方黑色磨研陶器是从昌帕和桑普尔(Sonpur)获得的,两地都在比哈尔。然而在昌帕要解决的主要问题是壁垒和它外面的居住遗址的关系问题。昌帕遗址很大,而壁垒遗址和居住遗址两地地下水都在上涨的问题却解决得十分缓慢。

昌帕的发掘是全国性的大事。在古代城市中,昌帕是一个有高大土岗的巨大城堡遗迹,它可以回答古代印度城市年代古老问题。舍卫城的发掘未能解决佛陀时期传统的佛教城市的起源问题。考桑比的年代已有人提出疑问。华氏城不应早于公元前4世纪末期。乌贾因是个有希望证明为古老城市的地点,大家热烈地等待着关于它的报告,但作为佛陀时期的一个大城市,它的规模从考古学上看是值得怀疑的。昌帕则有证明为古老城市的希望。对北方黑色磨研陶器以及更早阶段埋藏情况的发掘可以给我们提供线索,而对早期城堡基础的发掘以及因此而发现的东西,可以帮助我们得出关于城市年代的肯定结论。高什(Sri-A. Ghosh)论印度早期历史城市的近著将鼓舞考古学家们去研究是否确有考古学上的证据可以证明印度最早期城市化情况,特别是佛陀时期或更早时期的恒河流域城市化的情况。到公元前6世纪,冶铁技术必已占据主要地位。佛教文献在许多地方都提到导致城市发展的兴旺贸易和工业化。但是各种佛教文献的年代是有争论的,许多提到城市和描述城市情况的作品据信不是在孔雀王朝之前写的。还应该指出的是,到目前为止还没有发现确属孔雀时期以前的真正的砖石结构。事实上,除库姆拉哈尔的八十柱大厅外,在比哈尔的库姆拉哈尔、奇兰德、吠舍离和华氏城等地的贵霜时期建筑物实际上是我们发现的最早的大型建筑物。在吠舍离、乌贾因、阿希恰特拉(Ahichchatra)和昌帕等每个遗址上,考古学家的发掘都没有发现与佛陀同期或更早的、孔雀时期以前的广大城市遗址,这也许是偶然的巧合。这个严重的问题——印度的都市史——是今天印度考古学上最重要的问题,应该把所有人力物力都动员起来,在全印度范围内规划和进行这项工作。

这里还应谈一下印度考古学方面的一些最新出版物。巴特那大学出版的《古代印度陶器》是一个论文集，包括在巴特那召开的古代印度陶器讨论会上提出的论文。直到今天为止，它大概仍然是全面讨论古代印度陶器的唯一的一本书。塔帕利阿尔（Tha-palial）的《古代印度印章研究》是一本论述历史时期早期印度印章的十分全面的著作。阿格拉瓦尔（D. P. Agrawal）的《论印度红铜和青铜时代》对研究古代印度技术非常有用。曼昌达（Manchan-da）的《哈拉帕陶器研究》附有大量插图，对哈拉帕陶器作了很好的描述。古普塔（S. P. Gupta）对死者和体形的排列是在这一十分困难的研究领域中所作的开拓性努力。拉奥的《洛塔尔和印度河文明》一书满足了我们许多人长期以来梦寐以求的东西，而阿格拉瓦尔和高什的《论放射性碳与印度考古学》提供了用碳－14 测定印度古代文化年代的最新资料。继这一佳作之后，又发表了阿格拉瓦尔和库苏马加尔（Kusumagar）所写的题为《印度史前年表和放射性碳年代测定》的精彩专著，它提供了关于用放射性碳测定印度史前文化年代的最新资料。这些史料和参考书将长期为考古学家所利用。但是我们迫切要求有更多的同样有用的出版物。我们应该有计划地出一本既按地区分类也按类型分类的陶器类型图册，应当规划出版专门论述陶器文化的详细专著，应该出一本附有出土地点和地层情况的赤陶分期画册。这种研究可以按地区分类，着重说明在技术和装饰上各地区的差别。出版一部最新的印度考古和历史地图是人们长期以来的一个梦想，应在不久的将来予以实现。[1]

　　我们深深感谢阿格拉瓦尔博士和他的有能力的同事们，他们为我们（当然是在一定限度之内）提供了一系列用碳－14 测定的年代，以便我们能重新确定我国古代文化的年代，这些年代和我们用传统方法确定的年代不相吻合。以哈拉帕文化为例，阿格拉

---

[1]　值得高兴的是，在印度历史研究理事会领导下正由高什编辑一部考古学字典。

瓦尔用碳－14 测年法把哈拉帕城市中心的年代定为公元前2300—前 2000 年之间，把哈拉帕周围地带的年代定为公元前2200—前 1700 年。这比惠勒（Wheeler）所定的公元前 2500—前1500 年年限缩短了许多。拉奥坚决认为洛塔尔文化是从较早的年代开始的，同时，他接受上述第一种年限，而否定很不方便的第二种年限。摩亨佐达罗的上层定为公元前 2000 年。然而，在低于现在冲积平原 60 英尺地方的古物表明，摩亨佐达罗有人居住当早于公元前 2300 年（公元前 2300 年时，与萨尔恭德［Sargonied］时期相联系的材料以及类似的材料仅发现于摩亨佐达罗的上层）。但究竟早多少年则无法确定。此外还要指出，新石器层之上的十六层中属于哈拉帕时期以前的科特·迪吉（Kot Diji）文化材料已在巴基斯坦的萨赖、科拉（Sarai-khola）发现了。巴基斯坦的科特·迪吉文化已被确定为公元前 2600—前 2100 年之间的文化，即取其最早和最晚的两个年代。萨赖·科拉最低层的科特·迪吉文化遗物的年代就是在这一背景下确定的。哈拉帕文化以前的卡利班甘 I 型文化的最早年代是公元前 2370＋120 年，因而把早期的或印度河文化以前的卡利班甘文化的开端定为公元前2600—前 2500 年，大概不是不合理的，除非卡利班甘 I 型文化的最低层属于更晚的年代。若干年前我曾依据哈拉帕陶器上绘画主题指出其中有些与早于公元前 2500 多年的西亚彩陶有密切关系。萨尔恭德文化以前的联系为什么没有在哈拉帕或摩亨佐达罗明确地表现出来，这个问题我们当然无法解答。可是在摩亨佐达罗冲积平原之下的底层可能隐藏着重要的线索。无论如何，我认为我们必须等待一些时候才能对哈拉帕文化开始于什么时候的问题得出明确的结论，虽然对这一文化结束的时间是没有什么怀疑的。谈到印度的新石器时代，使我们感到惊奇的是布尔佐姆、奇兰德和南印度的遗址比西亚和东南亚的要晚得多。在邻邦缅甸，新石器时代的年代是公元前 7000 年，泰国是公元前 6500

年。在阿富汗的库普鲁克（Kupruk），陶器新石器时代是公元前
7200＋120 年，而在印度最早的年代是布尔佐姆的公元前 2375＋
120 年。没有任何理由能说明印度的新石器时代为什么这么晚。
在奇兰德和阿萨姆的一些遗址进行的大规模地面发掘大概会取
得非常多的成果。而且奇兰德的整个新石器时代堆积层超过 4
米厚，而它用碳-14 测定的年代并不是最低层测算的年代。要记
住的重要一点是，在奇兰德，铜石并用文化是紧接着新石器文化
的，两者之间并无间隔。但是我们仍然需要从各层找到证据来说
明晚期石器时代或中石器时代向新石器时代发展的过程。在国
内的铜石并用文化方面，我们的资料是相当的丰富。要做的工作
是加强研究按遗址分类的材料，然后准备一个论述各个文化之间
异同的详尽材料，这将指明各种类型的文化的统一及其地区差
别，因而也将帮助我们了解是哪些民族输入这种文化的以及这些
民族的移动方向。目前根据碳-14 测定法，巴纳斯（Banas）文化
似乎是核心。奇兰德铜石并用时代的陶器有许多是阿哈尔
（Ahar）式样的，仅有一个独特的涂上白色的黑红二色陶器（一个
盘子），而这时阿哈尔已有许多这样的盘子。因此，认为奇兰德铜
石并用时代文化属于较晚的年代，看来是对的。它一定属于涂上
白色的黑红二色陶器从阿哈尔消失以前的时期。依据地热学测
定的赭色陶器的年代是公元前 2650—前 1170 年间。但是可疑的
是这些东西不同于人们所熟知的赭色陶器以及拉尔讨论过的同
时代的其他遗物，因此，它与赫色的陶器的年代无关。但是在阿
特兰基克拉的赭色陶器比黑红二色陶器要更早，因此认为赭色陶
器的年代较早似乎是合理的。灰色彩纹陶再一次引起热烈的争
论。碳-14 测年法的测定（除阿特兰基克拉的一件以外）和阿拉
林普尔的证据差不多已推倒了由拉尔提出的认为灰色彩纹陶的
年代接近公元前第二个千年末的理论。[1]　然而更重要的是，灰色

---

[1]　最近在哈里亚纳（Haryana）邦巴拉特普尔（Bharatpura）的发掘证明，繁荣的灰色
彩纹陶文化是铁器时代以前的文化，因此，把灰色彩纹陶的年代定得很早是有根据的。

彩纹陶时代的人已知道用铁;问题是铁的使用法是在什么时候传入恒河平原的。在皮拉克(Pirak),铁出现于第六层,在第四层已普遍使用,其年代是公元前 755＋105 年和公元前 810＋125 年。因此,在巴基斯坦,铁大约是在公元前 900 年出现的。很有趣的是,皮拉克上层发现了轮制甚至磨研的灰黑陶器。是否有理由说,在皮拉克,铁和磨研灰黑陶器的使用标志着灰色彩纹陶使用者(或者不如说灰色彩纹陶文化)进入了恒河流域上游呢?绘画也许是被介绍到恒河流域上游的一种新事物,由碳-14 测定的灰色彩纹陶的上限是公元前 800 年这一点,可以因此得到证实,铁已经被恒河流域中下游黑红二色陶器的使用者所使用。根据埃及梯尔哈克(Tirhaka)的年代推算,《百道梵书》的年代是公元前 7 世纪,因此公元前 700 年也许是铁传入恒河流域中游的年代。但是在南印度,从哈鲁尔(Hallur)的铁的层位情况看,开始使用铁器的年代为公元前 1005 年。铁可能较早就已经由海路传入南印度。这就很自然地提出一个问题,如果南印度用铁比恒河流域早两三个世纪的话,为什么在冶铁技术基础上组织起来的都市生活和帝国在南方却出现得如此之晚,而在恒河流域在公元前 5、6 世纪便出现了城市生活呢?对南印度某些遗址进行更彻底的发掘,也许就可以找到这个问题的最后答案。如果将来我们发现传统上认为文明起源于北方而传播到南方的看法要作重大修改,我也不会感到惊奇。

根据许多确实的理由,印度各种文化的碳素测定年代仍是十分可疑的。首先每个遗址所取年代少得不足使碳-14 年代可信,而任何一个遗址按地层确定的年代则更少。另外还有错误收集样品的危险,塔塔基础研究实验室只能在十分局限的条件下工作,其中有些条件他们是无法控制的,而我们还必须估计到实验室有可能出现错误。如果适当地要求在考古现场的考古学家从每一层(肯定要从每个文化时期)收集足够数量的样品,情况大概就会好一些。每一个重要发掘的全过程都应当有碳-14实验室的工作者参加。这可能意味着要增加实验室的工作人员，但这是不能吝惜的。此外还应力图把样品拿到别的实验室去进行实验，以便把实验所得的结果作一比较。把同一文化层的样品拿到外国的实验室去做实验，将是很有价值的。

如果印度碳-14年代经过校正，则所有年代都将要更早。这可以把哈拉帕文化的起源定为公元前第三个千年初或第四个千年末，这个年代可以说明摩亨佐达罗有人居住时期的低地层中的情况。

（节译自〔印度〕B. P. 辛哈：《印度的考古与艺术》
第一章，新德里1979年版）

中国和印度之间的悠久睦邻关系
——回顾历史与展望未来

〔印度〕谭中　著

耿引曾　译

　　历史曾戏弄过许多政治制度、权力体系以及杰出人物的命运。然而它对印度和中国的悠久文化却总是怀着深厚的尊敬。这两种文化已经在互相接近中发展过许多世代,而没有相互接触和彼此影响,它们是不能发展起来的。历史是他们友好睦邻关系的确实见证,不管人们是承认它还是宁愿忽视它。"印度—中国,巴依巴依"这对某些人来说可能是一个空洞的口号,而且曾经被那些希望抹去历史记忆的人所嘲弄。然而历史学家知道这种企图是不能成功的。

　　由于篇幅所限,不可能对自古以来中印间的友好睦邻关系作详尽的考察,本文的目的只是阐述这一睦邻关系的某些方面以追溯这一历史遗迹。我们的叙述和讨论将围绕四个方面:第一,必须阐明印中睦邻关系的性质,由于巨大的喜马拉雅山将它们分隔开,人们一直以为印度和中国是分离的两极而非比邻,这一观点需要纠正。第二,我们将尝试说明,两国之间过去那种年代久远的持续接触不仅存在于人民之间,也同样存在于政府之间。第三,需要记住的是,在国际关系史上几乎没有像中印之间既保持密切接触又无利害冲突的关系。对这种独特的兄弟关系作出贡献的两个因素是贸易和佛教。第四,我们必须估计到两国中的某些个人在建立和加强两国兄弟关系上所起的重要作用。最后,我们将以历史的观点展望中印关系的未来前景。

一

汉朝(公元前 206 年—公元 220 年)时的中国人称罗马帝国为"大秦",而完全不知道"大秦"或"Mahacheena"是早在五百年前印度对中国的称呼,这已为《政事论》一书所证明。同样,在 18 世纪甚至更早的时候,印度人已经忘记了他们伟大的古代帝王阿育王,而同时代的中国人却经常记着他。在中国的、尤其是佛教的文献中,阿育王的名字经常出现。历史上这种矛盾的事实说明了中印之间的友好睦邻关系。

甚至印度—中国邻居关系的概念似乎也是自相矛盾的。这两个国家是近邻,而喜马拉雅山又使两国人民沿着弯曲的山路攀行上千里才能到达彼此的领土。正是这种既近又远的邻里特性造成了两国间既亲又疏的关系。历史上的矛盾现象与地理上的矛盾情况不是没有关系的。

喜马拉雅因素

印度和中国大陆在第三纪开始时期就已经形成了,只是喜马拉雅山还没有从海中涌现。而就在约两千多万年前的第三纪中新世时代喜马拉雅山形成之际,植物在这个区域内开始繁茂,使人类生命有可能在南北两侧的山脚下繁衍成长。中国的科学家们测量了"雪山"顶峰的生态环境后,发现了喜马拉雅山顶峰对其周围广大地区的动态影响。可以毫不夸张地说,印度与中国的人类和其他生命形式受到喜马拉雅山很大的限制。

处于"亚洲季候风"北端和南端的中国与印度,属于一个跨喜马拉雅山区的两侧。在同一个世界屋脊的冰雪融化出来的水灌溉之下,印度和中国具有同样的生态特征。稻米文化和蚕桑文化标志着这些特征。过去的两三千年来,如果不是更远的话,印度和中国的政治社会制度把人类的三分之一团聚在这个跨喜马拉雅山区的两侧。这不能说与这个区域的生态环境没有关系。

大量的人集中在喜马拉雅山脉南北两侧,结果形成了两个政治社会文化实体,成为两个新出现的国家的本质特征。这两种文化差不多同时获得了他们各自的政治统一,依靠各自的帝国制度和具有凝聚力的社会机制增强了这种统一,并孕育出了各自的和谐一致的伦理(中国的儒家、道家和法家,以及与之媲美的印度的印度教、佛教和耆那教),它们差不多同时从西方殖民主义的压迫下复活,并且开始发展它们各自的经济和重新获得它们在世界舞台上的前排位置,并非仅仅是巧合。历史已经证明,中国和印度像是跨喜马拉雅山两侧的一对孪生子。在纪元前后的几个世纪里,印度孔雀王朝和中国汉朝是帝国繁荣昌盛的孪生子,在公元后的整个第一个一千年里,印度和中国是佛教的孪生子。[1] 19 世纪末 20 世纪初,这两个国家是被殖民的孪生子,是西方殖民主义的共同受难者。

最早的接触

《政事论》一书提到的"大秦"和"cheen—amshuk(丝)"使印度历史学家们对它的作者产生了疑问。他们认为,中国在公元前221—前207 年才成为秦帝国,伟大的马其顿国王亚历山大(公元

1　这个论点存在着过分简化和过于一般的毛病,因为按照通常的看法,中国的儒家文化与佛教是对立的。

前 356 年—前 323 年)的同时代人考梯利耶不可能听说过大秦,因此不会写成此书。但是,这一主张并没有足够的资料证明。我们知道,在秦始皇帝(公元前 246 年—前 209 年)于公元前 221 年宣布他自己是中国的第一个皇帝之前,当中国还处在有好几个相互争夺的地方政治实体的战国时期(公元前 403 年—前 222 年),他所统治的秦国已是一个有好几个世纪历史的强大国家了。早在公元前 844 年,秦国就已在中国历史上出现,它是人口稠密、繁荣强盛的国家,位于中国最西边。在秦朝建立以前的很长一段时间里,由于中国与中亚及西南亚的外国人已有频繁的商业和文化交往,秦的名称在国外就已广为传播。作为旃陀罗笈多国的有见识的政治家和外交官的考梯利耶,一定会有各种机会知道"大秦"和它的丝织品的。

这使我们猜想,孔雀王朝和秦朝的人民之间存在着贸易往来,其中丝是大宗商品。这个猜想从中国历史学家司马迁(公元前 145 年—前 86 年)写的第一部朝代史《史记》所记述的一段著名故事中得到了证实。《史记》记载了汉武帝(公元前 140 年—前 87 年)时的一个名叫张骞(公元前 145 年—前 86 年)的使节在大夏(中亚)发现了四川出产的中国丝织品和竹杖,它是由印度商人转输入大夏的。

张骞在中亚时曾派遣使节到许多国家,其中包括印度。这些使节当中的一些人后来带着他们曾参观过的那些国家的使臣回到了汉朝的首都。我们不知道张骞派去的那个使节是否到过印度,或者是否有人带着印度的使臣到达汉廷。[1] 然而我们知道,张骞发现印度这件事引起了汉武帝急切要与印度建立直接接触的愿望。他于公元前 122 年先派遣一个使团经中亚前往大夏和印度,却没有到达任何一个目的地。另一个经过云南前往印度的汉

1　《史记》卷 123,见《二十五史》,香港 1959 年版,卷 1 第 0268 页。

朝使团在途中被滇王阻止。公元前 105 年,皇帝还派了另一个夭折的使团经云南、缅甸前往印度和大夏。[1]

当汉朝明帝统治时(公元 58 年—75 年)云南被中国征服。征服之后发现许多居住在云南的外国人中也有印度人。提供这一信息的人是一个士大夫常璩,当公元 4 世纪时,他曾在云南和四川的政府中供职。从他的记载中我们知道,至少从公元 1 世纪起,假如不会更早的话,云南和四川就已是国际贸易的中心。槟榔树已从印度带进了四川,棉花的种植已经从印度传到云南。在云南的市场上,人们发现了很好的白棉布、水晶、绿柱石和珍珠,所有这些都是著名的印度产品。[2] 常璩的记载,证实了张骞报告中所指出的公元前后的两个世纪里,在印度和中国跨喜马拉雅山区的各族人民之间就存在着密切的贸易联系,其中印度人是积极参与者。

古代中国的历史记述,特别是著名历史学家班固(公元 32 年—92 年)写的《前汉书》中提到一个外国叫"黄支",从汉武帝到汉帝国的篡位者王莽统治时期(公元 9—23 年),这个"黄支"就与中国经常有往来。在《前汉书·王莽传》中,班固描写到"莽既致太平,北伐匈奴,东致海外,南怀黄支"[3]。在《地理志》中,班固描述了黄支的产品和从中国到黄支的海路。他还提到王莽的使团给黄支国王丰厚的礼品以诱使他进贡一头活犀牛,从而抬高王莽新篡政权的功德和力量。[4] 在另外一处的诗里,班固透露了那个"从黄支来的犀牛"被放在了汉朝皇宫的花园里。[5]

从对黄支航程及产品的描写来判断,它最像是一个古代印度

1　周连宽:《汉使的航程问题》,载《中山大学学报》1964 年第 3 期第 111 页。

2　常璩:《华阳国志》前顾本,(译者注,原文如此)卷 2 第 2 页;卷 4 第 16 页。

3　《前汉书》卷 99,第 99 页(译者注:原文仅有页数,未见卷数)。

4　同上书,第 28 页(译者注:原文仅有页数,未见卷数)。

5　韩振华:《公元前 2 世纪到公元 1 世纪中国与印度和东南亚的海上交通》,载《厦门大学学报》,1957 年第 2 期第 217 页所引之班固《西都赋》。

的国家。它的确切位置被一些学者定为建志补罗,另外一些学者认为是恒河三角洲。根据学术上的考证,大约黄支是一个被中国人曲解了的古代印度的地理或政治名称—它可能是建志补罗,或恒河,或另外的地方。若要把黄支固定在古代印度地图上,还需要从语源学提供更多的证据。

印度香弥漫中华

在公元前的几个世纪里,印度经济文化十分活跃。它还是一个向邻国扩展商品和文化活动的中心。这些活动早就使中国受到了影响。在班固的《汉书》中有一段著名的故事。霍去病(公元前145—前117年)将军在中亚反对匈奴的远征中,从一个战败的匈奴酋长那里获得了一个战利品,他把这件战利品献给了汉武帝。汉武帝对这个外来的实物极其喜欢。这个实物是中国人不认识的金制神像,此像通常被认为是一尊佛像。因此,它或是来自印度,或是来自当时已信仰佛教的一个中亚国家。[1] 古代的中国历史学家在这个故事中指出,公元前2世纪时佛教就已传播到汉帝国的西北邻境,汉武帝将金像保存在皇宫的祭坛上,并经常向金像焚香膜拜。[2]

这个记载对我们的讨论是重要的。烧香是古代印度人的一项发明(燃香祭的仪式),由于佛教的传播而被介绍到中国。这个外国仪式没有香是不能进行的,而香是从汉代中国人几乎不熟悉的一种香木中提取的。汉武帝举行这种仪式说明此香已从印度进口了。

香在公元前2世纪下半叶汉武帝统治时期输入中国,这已为

　　1　参看《前汉书》卷94,还有《太平御览》卷653,第1页,此处引用了唐代著名学者颜师古(581—645)的注释。

　　2　这个故事也包括在《魏书》论佛教的章节里,参看《古今图书集成》,卷494,第31页。

许多流传在古代中国的笔记所证明。它们之中最著名的就是论述植物及其产品的权威张华(公元 232—300 年)的记载。所记故事如下：

　　来自中亚(可能是一个印度人)药杀河(译者注：张华原文为"弱水")以外的一个访问者送给汉武帝小如燕卵的三枚香。皇帝并不喜欢这几支香。过后不久,京城长安发生传染病,皇宫也遭波及。从药杀河外来的使者劝告皇帝烧一枚香。这样做了以后,香味治愈了传染病。皇帝很受感动,指示殷勤接待并赠礼来访者。[1]

　　围绕这个故事,产生了中国传统药学造出"返魂香"的传说。据信此香是从返魂树的根中提炼出来的,此树生长在西海中的一个岛上。这种树甚至被确定为乳香。[2] 所有这些表明,当印度人的燃香祭仪式连同燃烧时香闻数十里的小泥团似的香被介绍到中国时,引起了古代中国人的极大兴趣。

古代中国人对印度的羡慕

　　在著名的《西京杂记》(它的作者可能是葛洪[230—300],或者是吴淳[469—520])里有另一段关于汉武帝和印度的记载,故事如下：当汉武帝统治时期,印度赠送了一个完全用白玉做成的马笼头,一个用玛瑙制成的马勒,一个用夜间发光的绿柱石(译者注：《西京杂记》原文"白光琉璃")制成的马鞍。当置马鞍于黑暗房间时,发出的光远射达 40 米(译者注：《西京杂记》原文"常照十余丈"),耀如白日。此后,长安即盛行装饰马鞍,甚至雕刻它们。一匹马的装饰价值甚至为百金。[3]

　　这使我们想起,今天北印度的结婚仪式中,盛装的马仍十分普遍。汉武帝统治时期,如此装饰豪华的马进入中国并得到公开

1　张华：《博物志》,商务印书馆 1939 年版,第 21 页。
2　见《中华字典》,第 182 页；及《古今图书集成》卷 556,第 35 页。
3　参见张星烺：《中西交通史料汇编》,台北世界书局 1962 年版,第 6 册第 29 页。

的赞誉,是十分可能的。只有殷切羡慕的眼光才能写下如此一段记载。因为绿柱石是不能夜间发光的,也不能放射出像日光似的光线。此外,古代绿柱石是一种十分稀有的宝石,人们可能仅在梦中看到它。

以上记述中的夸大部分可能是由于印度贸易商人的吹嘘推销,想利用中国人的无知来赚钱。古时候只有印度是出产绿柱石的地方。印度人也是最先知道如何制造彩色玻璃者之一。古代中国人经常错把彩色玻璃与绿柱石混淆。两种都被认为是琉璃或璧琉璃一字的缩写体。璧琉璃是梵文俗体绿柱石 Valurya 一字的中文转讹(还有另一个梵文字绿柱石 vaidurya 的中文译音即璧秋璃)。中文错讹和外国贸易商人夸大宣传的一个典型例子是:一个柬埔寨商人把一面华丽的镜子带到中国,说是西印度来的,由地道的绿柱石制成。镜子宽约半米,重 20 公斤,要价 100 万串钱。梁文帝(550—552)试图买下它,然而他未能办到,因为他的财政大臣告诉他,国库没有足够的钱。[1] 它可能是要价最高的印度手工艺品了。然而两公斤(译者注:原文如此,应为 20 公斤。)的镜子是不可能用绿柱石制成的。它一定是很像绿柱石的玻璃制成的一面华丽镜子。中国人在后来的一个世纪里才知道这些。[2] 这段故事对于古代印度的特产和光辉文化成就由"伟大的运输家",即大乘佛教传播到中国,以及导致中国古代对印度十分称羡的事实是一个雄辩的证明。唐代(618—907)这种羡慕达到顶点,关于这一点,当时的文献有充分的说明。

宋朝(960—1279)的一个杰出的学者欧阳修(1007—1072)是

1　《太平御览》卷 808,第 5 页,引自《梁四公子记》。

2　这是被颜师古发现的,前面已经引用过了。颜在对黄支(译者注:查《汉书·西域传》颜师古注黄支系"罽宾国"之误。)的注释中告诫说有一种人工制造的琉璃,"易碎和不纯,不是真正的绿松石",见《前汉书》,卷 96(译者注,原文仅有卷字)还有韩振华的文章,前引书,第 219 页。

《新唐书》的主编,他在论印度的专章中同意对印度和印度人民作了许多的颂扬。论及印度的政治传统时,《新唐书》宣称统治家族的世袭制度在印度维持得很好,即"不存在为了夺取政权而发生战争和屠杀"(无篡杀)。论及印度的经济状况时,《新唐书》称:"稻米一年四熟,长得很高,甚至一头骆驼进入田里都完全被淹没。"论及印度人的社会生活时,《新唐书》评述了印度人戒杀牲与戒酒,他们对上天发誓并忠实于他们的誓言,以及他们"能祈求龙下雨"(能致龙起云雨)。[1]

中国人认为记录在史书中的东西都是神圣不可侵犯的,史书的编纂者通常由皇家批准(如欧阳修编《新唐书》),他们付出很大的努力检验他们所运用的史料的可靠性。中国的史学权威认为《新唐书》是唐朝的信史,实质上承认了中国人对印度的下列看法,即印度是一个稻子高于骆驼的奇异地方,以及印度人有唤雨的超自然力。

印度佛教徒的魔法

中国人如何终于相信他们跨喜马拉雅山的兄弟能唤雨——他们自己曾徒然地试图掌握这一技法——可证之以关于不空的传说。不空是一名印度佛教徒,一生中的大部分时间都在中国,最后死在中国(他第一次短期访问中国是在 719—736 年间,后来,从 746 年起,在中国停留了近 30 年,至 774 年逝世)。关于唐朝皇帝对他的感情,我们将在后面叙述。

著名唐代学者段成式(死于公元 863 年)在他的《酉阳杂俎》中提到了唐代皇帝玄宗(712—756)和不空之间的一些有趣轶事。死于不空去世后不到百年的段说起印度人"能役百神"。有一次国内大旱,玄宗请求不空唤雨。不空请皇帝延迟几日,否则将有

---

1 《新唐书》卷 221。

一场暴雨。皇帝不听。仪式施行过后下了滂沱大雨,洪水淹死了许多人。皇帝于是请求不空止雨。印度和尚应允施行一种奇怪的魔法。他首先造出五六条泥龙,把它们置于下雨的皇宫院子里。当龙准备游泳时,不空用自己的语言咒骂它们。然后他释放了龙并大笑,于是雨止。段还叙述了有一次皇帝要不空和中国术士罗公远(他自称有超自然的唤雨功力)一起表演他们的魔法。不空用一个玉如意的幻影愚弄罗且问罗能否把它拿起。罗尝试了,但未能拿起。当时皇帝要拿它,不空制止说,它仅仅是一个幻影,玉如意实际在他手中。另一次比赛时不空告诉皇帝有一条白檀香龙降临。皇帝请朝臣们嗅水,果有檀香气。[1]

这些记述代表了中国知识分子对一个印度访问者的传统历史评价。印度人的超自然能力是被承认的,同时一个声称也有类似能力的中国人却不被承认,我们可以很容易的把这些与《新唐书》中对印度人歌功颂德的描写联系起来,从而了解到唐代中国人对印度的赞誉。

这些传奇性的记述显示出两种因素——贸易与佛教——巩固了印中之间的友好睦邻关系。经济和文化交流支配着中印之间相互影响的两千多年,同时政治方面的接触在历史上也是有的。

二

至于说到更早的时期,重要的是应集中注意在中国历史学的主流即官修的王朝编年史上。总共有二十四史,即从司马迁的《史记》和班固的《前汉书》开始到清朝皇帝下令在 1699 年至 1739 年间由学者编纂的《明史》(1368 至 1644 年)结束。除了最早的两部由于过分古老,没能给中国的历史学家提供有关印度的足够知

1　段成式:《西阳杂俎》卷 1,商务印书馆 1937 年版,第 32 页。

识外,所有其他的各朝历史一般都有总论印度的专章,还有一些论述印度一些国家的专章。这些篇章有着巨大的历史意义。

首先,这些篇章说明了与印度的接触是在中国与别的国家联系中最古老和最悠久之一。其次,这些篇章不仅提供了印中之间持久历史联系的主要证据,还是两国历史学家重写他们近两千年来外交史的基础。

被遗忘的外交史篇章

中国人王朝编年史曾经记载了印中两国政府间的友好遣使,通常有明确的日期,有时甚至还有使节的名字。让我们看一看使团的数目:

由印度各国派往中国的使团

世纪	数目	年代	备考
1	数次	第一次在公元 2 年	来自黄支。汉和帝(89—105)统治时期,有几次来自印度。
2	2	159、167	
5	9	428、441、455、466、473、477	
6	68	502、503、507、508、509、510、511、514、517、518、571、574	经常是来自印度不同国家的几个使团到达分裂的中国的南北朝首都。
7	15	620、637、642、644、648、667、672、691、693	
8	24	710、712、713、714、715、717、719、720、726、729、730、731、737、739、741、745、746、753、758	
10	5	952、956、982、983、996	
11	9	1015、1016、1020、1027、1033、1034、1035、1036、1077	
13	2	1283、1286	来自马杜赖。
14	1	1360	来自马杜赖。
15	4	1411、1414、1438、1439	来自榜葛剌。

由中国派往印度各国的使团

世纪	数目	年代	备考
—2	3	其中有一次在公元前 105 年	一次到达黄支；另两次无结果。
1	至少 1 次	不明	王莽时期，派往黄支。
7	3	642—643、645—646、648	
13	3	1280、1281、1282	到达奎隆。
14	3	1357、1359、1363	到达马杜赖和奎隆。
15	2	1412、1415	到达榜葛剌。

　　应该记住的是这些使团无论是走陆路还是海路旅途都十分危险。然而地理的障碍绝没有吓倒两国彼此接触的要求。穿梭于印中首都城市的友好使节数目说明了他们的相互吸引力。然而使节的总数并不足以说明每个使团的热情和友好。

戒日王和唐朝皇帝

　　较深入一点探究史料，我们便发现笈多国王和中国南北朝（386—589）各代有密切接触。在 502—503 年，笈多国王派遣了一个使团到梁武帝（502—549）的朝廷。正如中国史书所载，使团是由一个名叫竺罗达的率领。赠送给梁武帝的礼品包括有香、香料、棉织物和一个痰盂。据说此盂由绿柱石制成，而它一定是美丽的彩色玻璃容器。印度的使节对中国主人详细地描述了他的国家的地理和自然资源，五河和恒河，以及恒河河床沉淀的石英盐。[1]

　　两国之间诚挚往来的一个杰出例子是在印度戒日王和唐太宗（627—649）之间发展起来的关系。我们都知道北印度在戒日王统治时，著名的中国旅行家玄奘在印度逗留了 16 年。玄奘的旅行记《西域记》和由其门徒慧立为他写的传记，成了研究戒日王统治时期的最重要史料之一。

　　1　《梁书》卷 54（译者注：原文仅有卷字）；胡适：《珍珠船》，商务印书馆 1936 年版，第 69 页。

戒日王和玄奘有过许多真挚的讨论,戒日王从中听到了唐朝第二个和最有才能的统治者太宗的事。于是戒日王在公元641年派了一个使团到唐朝皇帝的宫廷。这标志着两个君主间近十年的亲切关系的开始,这种关系在他们死后才终止。

唐朝皇帝对戒日王姿态的酬答是派遣了一个以军人梁怀璥为首的使团到印度。这使戒日王十分惊喜。他问朝臣们:"以前莫诃震旦遣使来过印度吗?"朝臣们回答说没有。于是他亲自出宫迎接梁怀璥。史书描写国王在接受他的国书之后亲自为梁戴花冠(受诏书、戴之项)。史书中对中国使臣在戒日朝廷所受热情接待语焉不详,然而可以想象是很好的,当梁的使团离开印度时,印度国王派遣了一个使团和他们一同到中国去,此事大概在643年。

梁怀璥向唐朝皇帝报告了他受印度人民友好接待的经历。印度第二个使团的来临更加强了太宗皇帝对印度的爱慕。这导致他派遣以李义表为首的第二个使节团到戒日王处。大约是645或646年,第二个中国使节到达戒日王的首都摩揭陀,更进一步巩固了印中人民间的友谊。史书曾记下了印度首都对中国使节的热烈欢迎。当时戒日王的朝臣们出城等候中国客人,差不多所有首都居民都从家中出来,列队直到国王的宫廷前。沿途香烟缭绕,戒日王热烈地接待了中国使者。后来使者返回中国,带回了珍珠、香料及菩提树的幼苗等印度礼物送给唐朝皇帝。

首次"小战"

太宗皇帝对戒日王的爱慕如此深厚,以致还未等到印度的回访使团到来(酬答李义表使团的),他就派了第三个使团到戒日王那里去。这就是648年离开中国的以王玄策为首的中国使节。在使团到达摩揭陀以前,戒日王已经死了。一个按中国史书记载名为那优帝阿罗那顺的廷臣已经篡夺了王位。篡位者不喜欢对已故国王友好的一个外国使团来访。他下令袭击仅有几个骑兵的中国使团。除了大使和他的副使蒋师仁逃到尼泊尔外,使团人员全体遇难。使节携带唐朝皇帝给戒日王的大批礼物及许多别的国家给中国皇帝的贵重礼物,都成了得胜者的战利品。根据史书所反映的中国官方观点认为,劫掠使团财物是攻击中国使团的主要动机。

王玄策从西藏获得千余兵士外,又从尼泊尔召募七千精壮骑兵,然后回到摩揭陀算旧账。在王玄策和蒋师仁领导下的尼泊尔-西藏军队杀死了几千名印度人,粉碎了阿罗那顺的政府。阿罗那顺作为战俘被带回中国。

这是直到 1962 年在印中两千多年密切接触中仅有的一次小小战争。然而 649 年战争很难被看作一次民族利益的冲突。因为中国使者作战不仅是报仇,而且还为了忠于戒日王家族的印度派系。中国史书记载了名为尸鸠摩的东印度国王送了三万头牛羊以及弓、刀、花冠,庆贺王玄策的胜利。[1]

中国统治者和佛法

以唐太宗所表示的中国统治者对印度的友好态度,进一步说明了中国的统治者们致力于传播佛教。最早庇护佛教的中国统治者是向佛像致敬的汉武帝之后的汉明帝(58—75)。他的金佛飞临皇宫的梦成了一个著名的传说。这个梦导致他要在中亚寻找印度高僧,以及两位印度和尚即竺法兰和摄摩腾骑着白马到达。中国政府为了纪念这个历史性的到达而在洛阳建立的白马寺也成了中国文学传统中的一个传奇故事。[2]

据记载,对佛教在中国的传播有贡献的第二个中国统治者是孙权,他在中国分裂为三国时统治东部的吴国,是从公元 222 年至 252

1　葛利沙·德瓦胡提:《政治研究》,牛津 1970 年版,第 207—209 页。
2　汤用彤:《汉魏两晋南北朝佛教史》卷 1,商务印书馆 1944 年版,第 12 页。

年在位的国王。根据记载,他于 241 年在他的领土内建造了一个佛寺和一个塔。[1] 在晋朝(265—420),从第一个皇帝武帝(265—290)开始,总共 15 个统治者中就有 9 个建造了佛寺,并鼓励人民出家为僧。[2] 在晋朝首都洛阳有 42 个仿印度风格的佛塔。[3]

五六世纪中国分裂为南北朝时,南北两方的统治者都表明一个强烈的倾向,这就是要把中国改造为虔诚的佛教王国。南朝时的宋朝(420—479)统治者们宣扬佛法。其创业者宋武帝(465—472)花了一笔很大的钱建筑了 4 个佛教寺院,并在新寺院中收容有千人之众的僧团。他是经常朗诵佛经并亲自抄写经律的最早的君主之一。宋文帝(424—453)是提倡"不害"的最早的中国统治者之一。继宋朝统治的齐朝(479—502)统治者进一步发展了亲佛教的传统。齐朝的统治者们奉献了更多的资源和精力建筑寺院,铸造金属佛像,集会和宴请僧众,还抄写和朗诵佛经。

当齐朝被梁朝(502—557)继承之后,南部中国成了一个狂热的佛教王国。帝国财富的很大一部分花销在佛教徒身上,整个帝国处在佛教生活方式的影响下——素食、不杀牲、遵守戒律、崇尚道德。梁朝统治者本身都是佛学家。梁武帝(502—549)和元帝(552—555)定期到寺院中去并宣讲倡导佛教。梁简文帝(550—552)写了四百章的著作来论述法的传播。他还刺破手指,用血复写了 10 卷《般若波罗蜜多经》表明他献身于佛陀。

"菩萨皇帝"

梁武帝从一个贫民转变为南部中国的最高统治者,他是已知的中国历史上少有的几个"阿育王"式统治者之一。在他早年时有一个知心朋友,是皇子萧子良,萧对佛教教义的笃信在梁武帝

---

1 《古今图书集成》卷 494,第 31 页。

2 道宣:《释迦方志》写于 650 年(叶公绰出版,1924 年)卷 10,第 19B 至 20A 页。

3 同上书,第 20A 至 20B 页。

的统治生涯中产生了深刻影响。在他宣布称帝时，他已经熟悉孔子和老子的教导，并写书阐述他们。然而他选取了佛教的圣道作为他的帝国管理的指导。在他即位为王时颁布的第一个主要政策宣言的敕令中，清楚地表明了他的佛教人道主义。

　　在这个敕令中他批评了前朝统治者们的奢侈和淫荡。他的前辈所能夸耀的，就是"苦难和贫困"。敕令特别批评了把大量的青年妇女带入皇宫供统治者们寻欢作乐的帝国传统恶习，"这些忙于（在各自家中）织布和绣花的童贞女遭到软禁（在皇宫中）甚至受到拷打"。他下令释放了宫中居住的所有女性，允许她们到所希望去的任何地方，对在宫外找不到生计的老弱者则给予养老金。[1]

　　敕令就像 1863 年美国总统林肯解放 400 万黑奴的宣言一样是一个高尚文件。在反对中国帝王生活的奢侈传统以及它的诱惑上，印度文化对梁武帝有道德上和文化上的影响。他遵守了他早先的允诺：做一个所有中国帝王（或者全世界）中最遵从清教主义的皇帝。在他长达 40 年的统治里，他绝没有同另一个妇女秘密同居，没有尝过一块肉。[2] 他自己树立了"不害"和持戒的榜样，并命令禁止在宗教仪式和祖先祭祀时杀牲，以形成怜悯与虔诚生活的社会风尚。"不害"的影响也表现在他屡次对有罪的犯人宣布大赦。据中国的政治传统，只是在特殊情况如加冕时，才宣布大赦。而加冕对皇帝来说一生只有一次。然而他为提供宣布大赦的特别情况想出了一个巧妙的办法，即通过更换统治年号来开始一个新的统治时期，此时，他便可宣布大赦。在 502 至 549 年之间，他六次更换统治年号——这在中国历史上是一个空前的记录。[3]

　　他创造了如此一种不平常的人道主义政治实践来提高他"苦

1　《全梁文》卷 1，台北 1963 年版，第 1—2 页。

2　同上书，第 5 页。

3　陈可尼：《佛教在中国》，普林斯顿 1964 年版，第 125 页。

萨皇帝”的形象,为创立这一形象使他经常做出一些对国家元首而言是十分离奇的行动。皇帝在他喜爱的同泰寺里花去可观的时间。在 507 年的一天,他在寺院里宣布,把自己奉献给寺院做一个和尚,留下了一个无首领的国家。这样一来,他的朝臣们四天后不得不特地向他请求,说服他回到王位上。529 年当出席寺院中群众的布道集会时,为了得到允许为僧,皇帝换上了佛袍,并向寺庙捐赠了他的所有财产。这个王国竟有一个多月没有国王。朝臣们和政府的重要官员们只有向这位由皇帝变来的和尚发起大规模的恳求,并支付了一亿钱把皇帝“赎回”。546 年,当他在寺院的一个集会上致词时,他宣布他把王国的一切臣民包括他自己都奉献给寺院。王储和朝臣们再一次支付了两亿钱为他“赎身”。547 年,另外付出一亿钱也是为了同样的目的。当时皇帝重复了 527 年的戏剧性行为,这一次他离开皇位达 37 天。[1] 梁武帝的行为与圣雄甘地在争取自由的斗争中出乎其门徒意料的许多惊人决定有某些相似之处。而梁武帝的虔诚在中国政治史上并无第二人。把梁武帝看作是印度的而非中国的政治传统的一部分或许更合适。这是中国深受印度文化影响的一个例证。

　　梁武帝对倡导佛教的献身造成了南部中国佛教传播的高潮。梁朝在它的领土上有 2846 座寺院和庙宇,其中住有 82,700 个和尚和尼姑。梁朝一代佛学者们把 248 卷佛经的印度语言译成中文。所有这些在南朝的四个朝代中是最高纪录。[2] 南朝的最后一个朝代即陈朝(557—581)的统治者继续庇护佛教。陈朝的高祖皇帝(557—559)是他们之中最虔诚的一个。当他统治时,政府制作了 100 万尊金属佛像,并使 7000 人成为和尚。他的最后继承

　　1　《太平御览》卷 654,第 3—4 页;范文澜:《中国通史简编》卷 2,人民出版社1957 年版,第 382—383 页。

　　2　道宣:《释迦方志》卷 4,第 21A 页。

者宣帝(569—581)修复了 50 座寺院,造了 130 万尊佛像以及使 1
万人成为和尚。[1]

佛教王国

当南朝时,长江以北的中国是在拓跋魏和另外一些朝代即历
史上所称的北朝(380—581)统治下。它的第一个统治者道武帝
(386—409)通过建造寺院和塔,塑造了一千尊佛像,以及每月召
集高僧讨论佛教等方式开创了崇佛的风气。接着,文成皇帝
(452—465)使 3 万名男女出家为僧尼。魏孝文帝(471—499)是
最虔诚的佛教徒之一。他从不厌倦地阅读佛经以及对他的下属
弘法。他邀请海内外杰出的和尚到他的宫中。宫廷侍女奉命要
在一年中的某些时候吃素,虔信的宫女们可受戒为尼。在他的统
治下,佛教得到了充分的庇护。[2]

孝文皇帝对佛教的偏爱被他的儿子及继承者宣武帝(500—
515)超过,后者建造了 4 座巨大的寺院。洛阳的永明寺有一千多
间房,是 3000 名外国和尚的住所。[3] 另一座在首都洛阳的景明寺
是像帝国皇宫一样的豪华建筑。每年农历四月初七以后,寺院宽
广的大厅和走廊成了皇室和民间香客展出从城市上百座寺庙中
拿来的 1000 多尊佛像的场所。农历八月十五中秋节时,佛像要
被抬出来送到帝国的皇宫。皇帝站在眺台上,愉快地观看着并抛
花瓣给游行队伍。全城淹没在彩旗、伞和花束中并弥漫着烟香。
人们欢乐地跳舞,沉迷在虔诚的音乐中。街道上凉风习习,光芒
四射。任何一个地方都可看到和尚和信徒手拿着花束并赞唱佛
典。一个从中亚来的和尚目睹此景,大喊:"此真佛国也。"[4]

1　道宣:《释迦方志》卷 4,第 21B 页。
2　同上书,第 22A 页。
3　范文澜:《中国通史简编》卷 2,第 507 页。
4　《大正新修大藏经》卷 57,第 1010 页;杨衒之:《洛阳伽蓝记》,写于 6 世纪。

倘若我们从统计上看,拓跋魏统治下的北部中国真正变成了一个佛教王国。在 107 年中,拓跋魏朝廷建造了 3 万座庙宇。那时有 200 多万人作了和尚和尼姑。

中国的阿旃陀和爱罗拉

宣武皇帝仿照他先辈的榜样,在中国的风景点建立佛教的永久性石碑。从他的朝代开始动用人力和物力资源,把离洛阳约 13 公里的龙门土山改造为阿旃陀和爱罗拉风格的洞窟。他最初的计划是凿出两个巨大的高 107 米的洞窟,把它们奉献给他的双亲。经过上千名石匠的 5 年劳动,只凿出了 77 米。实际困难迫使皇帝把洞窟造得小一些,但仍然是两个各高 33 米和宽 47 米的规模无比的纪念物。公元 512 年,离他去世还有 4 年,他又开始建造奉献给他自己的第三个洞窟。三个洞窟在他死后 8 年才完工,用去 80 万人的劳动和一笔巨大的开支。[1]

在拓跋魏统治消失后的很长时间里,中国人开凿龙门的工作从未停过。统治者、贵族和商人一个接一个地对洛阳龙门山的佛像建筑竞相投资,一直到 11 世纪。它是爱罗拉的中国翻版,即使经受了历史上的巨大破坏之后,仍较它的原型更为宏伟壮丽。估计在岩石上刻出大约 10 万尊佛像。百分之六十的雕刻是唐朝,特别是在 7 世纪末唐武后的统治时期完成的。龙门石窟最吸引人的是具有 9 个高 15 至 20 米的巨大雕像的奉先寺。这座寺庙投资 2000 万钱,在公元 672—675 年的 4 年间完成,那些钱据说是从武后的化妆品开支中节省下来的。[2]

拓跋魏统治者在敦煌(甘肃)、云冈(山西)和麦积山(甘肃)还开凿了另外一些有名的石窟。云冈石窟是文成帝在 450 年他还

---

1   范文澜:《中国通史简编》卷 2,第 52 页;李建人:《洛阳古今谈》,史学研究社1936 年版,第 258 页。

2   范文澜:《中国通史简编》卷 2,第 757—768 页。

未继位时开凿的。这里主要的壮观之处是孝文帝时修建的 6 号洞窟。该洞窟高 20 米。在它的中央立着一个 20 米的塔,宽 60 平方米,它是从岩石上雕出的。佛塔和洞穴的围墙上没有一英寸不被精心雕刻上佛教精品——一个独特的洞窟雕刻作品。云岗雕刻品的一个特征是佛肖像与拓跋魏统治者们密切相似,有的还用黑石镶嵌在他们的脸上和脚上以代表文成皇帝的痣。[1]

敦煌是阿旃陀的中国翻版。此处洞窟建筑的始创可能早在 353 年,而大规模洞窟的开凿则当拓跋魏时。魏统治者开凿的大约有几十个洞窟,其中的 22 个还保存着。现在敦煌有几百个洞窟。魏洞窟的墙壁装饰显示了一个包括印度、中国及中亚艺术风格的混合体,同时也展示了早期中印文化相互作用的发展。[2]

东方的洞窟建筑是阿育王在比哈尔创始的,首先普及于印度的各个地区,然后传及整个亚洲。而上述事实表明,狂热的雕刻活动差不多同时开始于印中双方的著名地方(印度的阿旃陀和爱罗拉,中国的云岗、龙门和麦积山)。不仅仅是两个国家的洞窟建筑技术、设计和题材具有密切的相似性。而且这其中有明显的相互协调和专门技能的交流,其细节部分倘能弄清楚,定会为跨越喜马拉雅山的兄弟间的历史共性写出精彩的一章。

中国的龙王

"佛使我当了皇帝",这句话出自一个把分裂了近四百年之久的中国重新统一的英雄——隋文帝(581—604)之口。他当平民时的名字叫杨坚。541 年,他生于一个寺院中,是个叫智仙的尼姑把他抚养长大的。她预言,年轻的杨坚将有辉煌的生平,然而她未能活到杨坚称帝。这种环境把敢于冒称自己为龙王的隋文帝

1　范文澜:《中国通史简编》卷 2,第 520 页。
2　同上书,第 519 页。

塑造成了中国最虔诚的佛教统治者之一。在他最后的征服战争相州(现在河南)之役胜利后,他产生了一种类似于阿育王在羯陵加战役之后的感情。在称帝几个月后,他颁布了一道充满怜悯的敕令,并在他通向政治最高权力过程中最后一次杀人流血的地方修建了一座寺庙。[1]

皇帝的统治哲学是变凶器为氤氲和鲜花,以及在其国土中建造一个佛教"净土"(净土,Sukhavati 的中文翻译)。他节制性欲,每餐仅允许有一碟肉。他征收很少的税,并免除 50 岁以上的人的兵役。他还取消了所有与人民争利的国家企业(如对酿酒和制造盐的垄断)。[2] 在他统治的四分之一世纪里,共建造 27,972 座寺院和庙宇,23 万人受戒成为和尚和尼姑,抄写佛经 132,086 章,修订旧经 3853 卷。建造佛雕像 106,580 尊,修缮旧的佛雕像158,940 尊。[3]

皇帝也因对舍利塔的极大热忱而闻名于世。601 年,他通过建造舍利塔来发动一场旨在促进佛教的全国性运动。在他 61 周岁生日时,他召集了 30 个德行高超的和尚,交给他们每人内有一件佛骨的金瓶,命令他们到 30 个省各造一个舍利塔。金瓶放在一个玻璃器皿里,玻璃器皿放在一个青铜匣子里,青铜匣放在一个石函中。和尚们受皇帝委托,把石函放入塔基。省内的官员——从政府和军事的官员到县级官吏,奉命中止一切日常工作7 天,以帮助和监视塔的建造。

所有 30 个省的佛骨下葬时间定在农历十月十五日午时。下令在佛骨进入各省边境之前,所有的房屋都要打扫干净,并掩埋不洁之物。在每个省的佛骨下葬典礼上,所有的政府官员和大批群众都要一起参加,包括许多步履蹒跚行动缓慢的病弱者。皇帝

1　《大正新修大藏经》卷 52,第 213 页;道宣:《广弘明集》卷 17。

2　《隋书》卷 24。

3　道宣:《释迦方志》卷 4,第 23B 页。

在那天很早起床,在中央大厅里朝西站着——面对印度,佛教传统的"西天"。然后 367 个和尚抬着一个佛像排成一队进入大厅,皇帝在佛像前面焚香并礼拜。然后,他和他的朝臣们共进素食。所有宫廷人员和首都居民在这一天都参加类似的"佛教仪式"。[1]

　　类似的佛骨下葬典礼在 602 年和 604 年还举行过。皇帝总共建造了 100 多个舍利盒塔,不幸的是,在历史的变迁中,它们没有一个能幸存下来,以便使我们知道隋朝统治时代这一重大节日的情况。在 1974 年 4 月,中国的考古部门报告了一个能揭示舍利塔典礼这一历史性事件的考古发掘。陕西省耀县照金人民公社寺坪桥有一个石函出土,与隋文帝的舍利函情况相似。石函里发现了一个 15 厘米高的镀金青铜匣,匣内包含有(1)骨灰;(2)三件佛骨;(3)三枚波斯银币;(4)20 枚隋朝铸造的铜钱;(5)一个金戒指;(6)九个银戒指;(7)一个宝石戒指。石函内还有修建舍利塔碑铭拓片,铭文日期为"仁寿四年四月八日",相应的公历为 604 年 5 月 11 日,是由"带来遗物的杰出大德"签署的。[2] 这个发掘不仅证实了历史的记载无误,并且肯定了隋文帝的上百个舍利塔中的至少一个遗址。

中国人对佛骨的信仰

　　在隋文帝对佛骨的热情背后还有一个故事。当他还是一个平民时,曾经遇到一个印度和尚。这和尚对他的性格留下了深刻的印象,就给了他一些佛骨。他将这些佛骨一直保存到他升为"天子"的最高地位之时。595 年他在宫中建造了一个舍利塔。据一种说法,在一个秋天的夜里,奇迹出现了。一道类似铁匠炉子

　　1　《大正新修大藏经》卷 52,第 213—214 页;王邵:《舍利感应记》。
　　2　朱捷元、秦波:《陕西长安和耀县发现的波斯萨珊朝银币》,载《考古》1974 年第 2 期,第 127—130 页。

里火焰的光芒从放置佛骨的塔基上升起。塔冉冉升空。这个现象十天之内曾三次出现。[1] 这段记载说明了中国人力图建立一个佛骨无敌的神话传说。

佛骨无敌论在中国佛教的传播上是一个重要的题目。佛经告诉我们,佛陀火化之后,他的身体就转变为梵文所说的 Seri 的发亮小珠似的东西,中文译作舍利。在中国佛教传统中舍利带来战无不胜的神话。佛教传统还说,阿育王建造了 84,000 座舍利塔或佛骨塔,其中还有一些在中国境内——今后佛教注定要在中国兴旺。因此,主张这一神话为杨坚采取天子这一称号提供神圣根据是合乎逻辑的。作为一个生下来就和佛教有联系的皇帝,舍利神话能够把这种联系变为他所拥有的一种优点,在中国历史记载里,隋文帝是作为一个受惠于佛骨的人而出现的。当他吃饭时,佛骨出现在皇帝的盘子里,当他睡觉时,又出现在床上。这就是他能提供如此多的佛骨去修建舍利塔的原因。我们看到现在发掘出来的佛骨匣子里有来自当初隋文帝财宝中的三枚舍利。我们期待中国的考古人员提供给我们一个对制成这些佛骨的真正材料的分析。

当唐朝(618—907)佛教的传播达到狂热点的时候,佛骨神话吸引了广大群众的喜好。790 年,帝国首都长安都知道岐山的阿育王寺保存了一个 5 厘米长的佛指骨,朝臣们敦促唐德宗(780—805)下令将佛骨拿到首都公开展览。皇帝应允了,于是举行了一个壮观而隆重的公开展览。

819 年唐宪宗(806—820)驳回了著名学者韩愈(768—824)的上诉,并在首都又举办了佛骨的公开展览。皇帝到佛骨前致敬。873 年懿宗皇帝(860—873)不顾朝臣们的强烈反对,再一次举行了类似的展览。

---

1 《大正新修大藏经》卷 52,第 213 页。

佛骨运到长安并在安福寺展出。皇室用多得足以覆盖佛骨的黄金珠宝来装饰它。首都沉浸在喜庆的气氛中。皇帝率领的长长队伍通过佛骨旁并向其致敬。许多人相信佛骨能产生奇迹。一个士兵右手拿着他砍下的左臂通过佛骨，没有奇迹发生。士兵由于流血过多而倒下，他仍试图朝着佛骨爬行，但未能达到。另一个和尚把燃料放在头上，在走向佛骨时点燃它。然而他没有能鼓起更大的精神力量忍受痛苦，在惊慌中叫喊着。几个青年人抓住和尚，抖去了他头上的火。他倒在地上，脑袋完全烧焦了。喜庆变成了悲痛的场面。碰巧皇帝在向佛家致敬的三个月后突然死去。[1] 这些悲剧使中国人对佛骨的崇拜从发狂中冷却下来。舍利不可战胜的神话被粉碎了。

一个矛盾的现象

许多中国统治者们由于对佛教的爱好产生了亲印度的倾向，但他们很少遣使去印度，这似乎是不合情理的。而另一方面，虽然印度统治者们没有受中国的影响，但却有许多印度使节到达中国首都。不过这种现象是能够得到合理的解释的。

首先，中国一般喜欢在自己家中欢迎外国客人而不喜欢访问别国，特别是遥远的地方。这不仅是对印度，实际上对其他所有国家都是如此。中国和外部世界之间的政府使节交流是内向的，而不是一个平衡的双向交流。这一潮流与中国中心主义无关。它只是反映了中国人不愿到国外旅行。

其次，虽然中国统治者们亲佛教的倾向未能造成他们热心于派遣使节到印度去那样一种程度，但它创造了一个热诚的环境，欢迎印度的访问者到中国。在本文中，我们将要说明那些亲佛教的中国统治者们给予杰出的印度客人们热情招待的事情。现在

1　《古今图书集成》卷 494，第 40 页。

只要提到保存在中国历史记载中两段描绘印度人生活的记叙就足够说明这一点。这两段记载是梁武帝和魏宣武帝会见印度大使时所说的话的摘要。这两位皇帝对佛教的偏爱我们已经讨论过了。

中国编年史所记印度使节们陈述的内容至少表明两件事：（一）对他们举行了盛大的欢迎，以及对这一欢迎和谈话有难忘的记忆。否则，一个普通外国大使的一篇谈话是不可能在略去一些重大事件，而又通常不记载个人谈话的编年史中出现的；（二）中国官员被印度使节和他们的谈话所感动，敬佩地将其谈话载入帝国档案中。如果这些演绎能够成立的话，其自然的结果就是：中国统治阶级亲佛教的偏爱激发起亲印度的感情，这种感情鼓舞了印度统治阶级不等到使节从中国返回就继续派遣使者到中国去。

有一个例子可以解释一个中国统治者的亲佛教（即亲印度）感情和他对印度使们的热忱之间的关系。隋炀帝（605—617）亲佛教的倾向表现为他热情地建筑佛寺和佛塔、塑造新佛像和修整旧佛像，出版了大约有 3 万卷佛经，命令人们出家为和尚和尼姑，以及资助佛教团体等。[1] 皇帝还派遣使节到中亚促进与那里的佛教国家的联系。在他统治的一生中都希望在其朝廷中接待印度使者，然而却没有使者到来。他因此而遗憾终生。[2]

三

现在让我们把注意力从政府转向人民。这能使我们更清楚地看到跨喜马拉雅山的兄弟之间的亲密关系。首先，中国政府不愿意派遣许多中国使者到印度，这跟他们接待印度使者的热情不

1　道宣：《释迦方志》卷 4，第 23B 页。

2　《宋会要》，1936 年版，台北 1964 年影印，卷 19,878，第 2B 页。

相称,但这一点被大量从中国到印度的香客所弥补。另一方面,印度商人和僧人访问中国的数目远远超过政府官员的来访。某些杰出的印度人不仅给他们的中国主人以深刻的印象(我们在不空的史实中已经看到),还留下了中印友谊的传说。我们将首先讨论印度人对中国的访问,然后讨论访问印度的中国人。

在中国的杰出印度佛教徒

由于中国佛教徒的历史意识(这与他们印度同行的毫无时间观念形成鲜明对比),那些曾经到过中国和死于中国的许多杰出的印度佛教徒的记载还完好地保存在中国的佛教著作中。诸如著名的《高僧传》(杰出和尚的个人传记)之类的著作,即由和尚慧皎所撰写的中国和尚言行录,以及其他编年史书等著作,提供了大量有关杰出的印度和尚在中国生活和活动的资料。

曼殊室利是印度某国的王子,他于971年抵达中国。据说,按他国家的风俗,国王继位后所有国王的兄弟都要出家为僧。当一些中国佛教徒访问印度时,曼殊室利是一个和尚。他与访印的中国和尚一起到了中国。宋太祖(960—975)很赏识他,把他安置在首都著名的相国寺内。曼殊室利的圣洁举止不仅使他博得名望,而且他的敬慕者还捐献了一大笔财富。寺院里的中国同事们开始忌妒他,他们利用曼殊室利不通晓中国语言,提出了一份假的请愿书,替他向皇帝请求允许离开中国,他带着很大的遗憾离去了。[1]

补陀吃多是另一个被宋帝赏识的印度和尚。他来自印度的那烂陀寺,于991年到达中国,并送了一个佛骨给宋太宗。皇帝回赠他一件紫袍,并安置他于首都位居第一的寺庙即太平兴国寺里。宋朝皇帝还接待了另外一位带来他本国没徙曩国国王书信

---

[1]　《宋会要》卷 19,878,第 4B—5A 页。

的印度和尚罗睺罗,通过罗睺罗,印度国王赠送给中国皇帝一顶据说是乔达摩遗物的旧帽子。罗睺罗附带还进贡给皇帝 8500 公斤重的香料植物。[1] 早在(宋朝立国之前的)953 年,一个从印度来的名为萨满多的和尚代表 16 族使团首领送给周太祖(951—954)一批名马。以上这些都是 10 世纪时作为印度国王大使的和尚访问中国的事例。这些事例与同时期在印度的大量中国香客参观佛教圣殿的事实一起,使我们重新考虑普遍承认的一个观点,即在印度教聚集起复兴运动的势头之后和伊斯兰教在印度确立主导地位很久之前,佛教已经衰落得不受重视。曼殊室利、普陀罗笈多、罗睺罗等在中国的逗留表现出,虽然 10 世纪时理学已在中国知识分子中流行,中国仍然是个佛教王国。

作为中国帝师的印度人

那些在中国生活的印度和尚,除了少数例外,大都死于中国,其中有一些很杰出的人物。例如,佛图澄就是一个很有天赋的人,他擅长神学,能驱使恶魔,还精通医术。他曾经作为石勒(319—333)、石宏(333—334)和石虎(333—349)的顾问而为赵(译者注:即东晋、十六国时的后赵)的 3 个统治者效力,并且从这些控制西北中国的统治者那里赢得了极大的钟爱和赞誉。

赵的这几位统治者来自非汉族的羯族血统,他们为了在北部中国称霸而从事残酷的政治和军事斗争。佛图澄医治了赵国军队的传染病,并为它的军队预报天气变化和敌人的动静,用生与死的哲学去教育战士。他使赵的统治者和他的军队一起皈依佛教。残忍的征服者石勒变成了一个热忱的佛教徒,建造佛教寺庙和佛塔,以及资助佛教公共事业。他尊佛图澄为"国师"。

赵的第三个统治者石虎像他先辈即叔父石勒一样,既具残忍

1　《宋会要》卷 19,878,第 5A 页。

的政治谋略,也对佛教热忱倡导。石虎称呼佛图澄为"大和上",对他的尊崇超过了以前任何统治者对外国僧人或本国哲人的限度。每次上朝时,这个印度人先乘轿到接见厅,然后在典礼司仪的"大和上"这高声呼喊中由皇太子和王公护送到陛下。全部朝臣都恭敬地站立着。皇太子和王公们每五天去访问佛图澄一次,问候他的健康。另外,他每天的必需品单独由一位大臣照料,该大臣是按赵王之命令每天早晚到佛图澄的住处侍奉他的生活。

佛图澄从 310 年直到他 348 年死的这段生涯中,在中国开辟了佛教的群众性传播。他有许多门徒,其中的释道安(312—385)是第一个最伟大的中国佛教学者。有一个关于道安与佛图澄第一次会晤的故事。这个印度人一见道安就喜欢他并且高度称赞了这位中国人。印度宗师的另外一些门徒瞧不起道安,因为他没有引人注目的外表。为了这个,佛图澄训斥了他的随从并批评说:"这个年轻人有深刻的见识。他们所有的人都比不上他。"的确,在佛图澄去世之后,道安显示出作为一名优秀的佛教宣传家的特色。道安经常忆起佛图澄,并写了有关这位印度宗师的文章。在他 71 岁,即他死的前 3 年,他向东走了一段很长的路程到燕的佛图澄庙中去表达敬意。[1]

鸠摩罗什,"污池中的一朵莲花"

鸠摩罗什是在中国受到"国师"尊称的第二个外国人。在他和中国北部秦(译者注:指东晋十六国时期的后秦)的统治者姚兴(394—416)的特殊关系中,有一段近乎丑闻但又充满了人情味的故事。中国统治者不但尊称鸠摩罗什为"国师",并指定他为翻译佛经的负责人,而且亲自参加在他领导下的翻译工作。鸠摩罗什的天才使他大为震动。他对印度和尚的赞誉发展成一个不正当

---

[1]　汤用彤:《汉魏两晋南北朝佛教史》卷 1,第 135—143 页。

的愿望。在中国统治者对现世的认识里,认为鸠摩罗什的特殊天才不允许随和尚的涅槃而消失,他的天才应一代代传下去。于是他为鸠摩罗什准备了最舒适的生活,把他安置在一座奢侈的皇家花园里,并选派了美丽的宫女日夜守候着鸠摩罗什。印度和尚未能抵抗住女性魅力的诱惑,违背了独身戒。鸠摩罗什的孩子们就是这些宫女们生下的。[1] 秦统治者的办法成功了。鸠摩罗什死于413 年。国王死于 415 年。两年后秦的政治命运衰落了。然而,中国的统治者并没有忘记鸠摩罗什。拓跋魏的统治者从事找寻鸠摩罗什后裔的工作。关于他们对佛教的偏爱,我们已在前面提到了。魏孝文帝(471—499)给任何一个证实是天才的印度和尚后裔的居民授予王室荣衔。他还于 497 年下令在鸠摩罗什原来居住的遗址上[2]建立一个三层高的佛塔。

当中国统治者成功地引诱鸠摩罗什进入一部分世俗生活时,圣洁的和尚却丢了脸。在他论述佛教倡导的演说中,鸠摩罗什经常为其失足而后悔。在演说开始时他用了一个解释,比喻他的法身(真理的化身)是一朵莲花,成长在污秽的池塘中(他的世俗生活)。通过向他的虔诚的听众提供这个信条,他允许他们谴责他的失足。[3] 但必须尊敬佛的教导。

鸠摩罗什的两性关系在中国内部未引起任何不安,而中国境外的反应却十分不同。另一个与鸠摩罗什是朋友、并同他一样有学问的学者印度和尚佛陀跋陀罗,受秦国王和鸠摩罗什的邀请前往长安。在一个边城听到鸠摩罗什的两性事件后,他犹豫了。中国的国王派了一个使节到边城表示王室的欢迎。但是,佛陀跋陀罗表示害怕国王可能给予他一个类似的使其感到不安的款待。

1　《大正新修大藏经》卷 50;《高僧传》卷 2;《大正新修大藏经》卷 51,第 80 页;《法华传记》卷 7。

2　《册府元龟》卷 51,北京再版,第 9 页。

3　《大正新修大藏经》卷 51,第 80 页;卷 50,第 331 页。

最终,中国国王使他相信不会把他置于类似他朋友的环境之中,
但能够使他在宫廷中得到如他的朋友那样进一步弘法的服务。
鸠摩罗什和佛陀跋陀罗在中国一起工作了好多年,为中国佛教的
发展奠定了一个深刻的理论基础。[1]

在中国的土壤上移植达摩(法)

鸠摩罗什的丑闻一定是印中友谊关系中一个少有的例子。
鸠摩罗什的中国后裔鲜明地象征着印度文化和永久种子在中国
文化中开花成长。中国皇帝从鸠摩罗什处真正得到的和鸠摩罗
什毫无保留提供的是通过他对梵文和中文的精通而产生的对佛
教真理的理解。鸠摩罗什和他的热情的王室庇护者从事了翻译、
重译和编辑印中佛经的不朽工作。

据书中所说,鸠摩罗什告诉中国国王,甚至当他在印度研究
佛教时,他的老师就要求他铭记佛经的真谛,并且预言:"当佛陀
的太阳在西方落下去的时候,黎明将出现在东北方。"这就是鸠摩
罗什对于他如何忠诚地为在中国传播佛教而献身所做的正确说
明,——正当佛教的光辉在它的发祥地即西方王国的印度衰微的
时候,它的光辉却在"东北部"即中国获得了新的荣耀。

他的王室庇护者姚兴有同样的灵感。据说,当他看鸠摩罗什
写经时,看到有一道光发自鸠摩罗什的笔尖,光芒内有一个佛陀
的像。此刻他意识到中国注定要成为一个佛教王国。如此奇闻
不必认真对待。然而它们表现出鸠摩罗什和姚兴的最主要兴趣
在于从事历史性的翻译事业。姚兴在翻译局旁建了一座房间,并
坐在那里亲自复写已经翻译好的经书,当一本著作完成了从梵文
到汉文的翻译,并正确地由他写出时,他便召集首都一流寺院的
3000 名和尚隆重集会,举行一个庆典。他邀请鸠摩罗什为从各地

1　《大正新修大藏经》卷 50,第 344 页。

来的 9 万名学者讲述译出的佛经的教旨。[1]

正如我们已经了解的,佛陀跋陀罗参加了由鸠摩罗什和姚兴共同发起的移植佛教到中国土壤的历史任务。413 年鸠摩罗什死后,他立即离开了中国。他以记忆翔实而闻名。有一次,翻译局决定翻译法藏部的律,然而原本不完整。佛陀跋陀罗便凭记忆背诵出全部经文。由于和鸠摩罗什长期合作,姚兴形成了一种精确地掌握佛经的能力,他不完全相信佛陀跋陀罗的记忆。作为一种考查,他要求这个印度人学习和记忆了一篇 5 万字的很偏僻的医学文章。两天之后,佛陀跋陀罗毫无差错地背诵了全文。帝国朝廷中的每一个人都受到极大感动。[2]

将印度佛经译为中文的很大一部分工作是由鸠摩罗什完成的。贡献仅次于他的是 508 年到达中国的菩提流支。魏孝武帝邀请他到帝国的首都洛阳,负责翻译局,并指定 700 个懂梵文的和尚协助他。另外两个印度和尚,勒那摩提和佛陀扇多当时也在洛阳。中国皇帝曾派这三个和尚到达不同地点作同样的翻译,通过比较他们的翻译来确保译文正确。

菩提流支是一位勤勉的学者。在著名的永宁寺他的房间里,堆满了 4 万捆梵文佛卷和他的翻译手稿。他擅长于了解各种方言。他的印度同事、同年到达中国的勒那摩提能背诵梵文佛书的上百万句伽泰(偈语),魏皇帝经常请求他对首都有学问的公众讲述《华严经》。他死在讲台上——这是最崇高的死亡方式。[3]

虔诚献身的典型

鸠摩罗什、佛陀跋陀罗、菩提流支和勒那摩提都是对汉语语

1　《大正新修大藏经》卷 51,第 54、80 页。

2　《大正新修大藏经》卷 50,第 334 页。

3　《大正新修大藏经》卷 51,第 17 页;惠详《弘赞法华传》。

言达到高度精通的印度人。然而据中国《高僧传》记载,一个天赋不高的印度佛徒受菩萨的帮助获得了才智。他就是求那跋陀罗(394—468),他于435年通过海路到达中国南方的首都南京,当时鸠摩罗什的一些门徒通过中亚的陆路到达中国北方。求那跋陀罗来自中印度的一个婆罗门家庭,他在印度受了佛教的洗礼之后到中国来传播佛教。

求那跋陀罗在皇室的谒见中受到宋文帝(即我们已经讲述的、提倡不害的第一个中国统治者)的热忱接待。不害使皇帝遇到一些麻烦,因为他不能抗拒非素食的美味。求那跋陀罗给中国皇帝一个开通的劝告,他说:"对皇帝而言,整个帝国都是他的家,所有的臣民都是他的孩子,他的一句善言能使每个人高兴。他的仁政能给宇宙带来和平。"这些行动的价值远远超过一只野禽的生命。

中国人被他简朴的生活和高尚的思想所感动。由于享受到皇室的赞助,求那跋陀罗在南京本能分享到中国高层的奢侈生活,然而,他却坚持过一个高尚佛教徒的简朴生活,这种生活他在印度作一个皈依者时就开始了。他在中国逗留的30年间坚持不懈地吃素食。最后以涅槃而告终。他经常喜欢把他的食物分给鸟吃。

求那跋陀罗的中国崇拜者不仅记着他的虔诚贡献,还编造了一个传说。在求那跋陀罗的传记中有一些捕风捉影的部分。462年一场严重的干旱降临中国。求那跋陀罗坐在一个坛上祈雨,老天的确下雨了。另一次,中国政府请他翻译印度佛经。因为他的中文贫乏,所以翻不出。他于是坐在那儿打坐,耐心地请求佛陀降福帮助他。一个菩萨从天而降,答应了他的祈求。有10年的时间,丞相刘义宣(皇子)是他的保护人。453年,一场武力政变发生了,皇太子谋杀了皇帝并夺取了皇位,自己宣布为孝武皇帝(453—464)。分别由皇太子和丞相领导的两个宗派之间的一场战争也跟着爆发了。求那跋陀罗的保护人丞相失败并且被杀。求那跋陀罗忠实地跟着他的保护人,被新统治者俘获。新皇帝喜欢求那跋陀罗,向他提供的庇护胜过了以往的丞相。求那跋陀罗很感激他的这位新保护人,但他也没有忘记旧主人。某日,在一次私人的皇室谒见中,新皇帝开玩笑地问,求那跋陀罗是否仍然记着他的旧保护人。当皇帝得知这个印度人对前庇护者的感激并未因时间长久而减弱时,他为之震惊。求那跋陀罗曾在有利时机亲自请求他的陛下,允许他为死去的前保护人烧三年香。当时,皇帝更是吃惊,但他被求那跋陀罗的忠诚所感动,还是宽宏大量地允许了他的请求。[1]

高尚纯洁的化身

还没有一个到中国访问的印度人能够像南印度国王的第三个儿子菩提达摩那样完全地与中国文化传统相结合。他的父亲死后,他成了一个和尚,并跟一个著名的印度禅学大师般若多罗学习。与他老师热烈的愿望相合,526 年菩提达摩坐船到了中国梁帝国的大门广东。我们早已熟悉的热衷于佛教的梁武帝听到他的到达很是激动。他邀请这个印度人到他的首都南京并接见他。中国皇帝为他对佛教事业的贡献而感到高兴。然而菩提达摩认为,在世俗社会里,人们的所作所为都是毫无价值的。他十分坦率地向梁武帝说了他的这些看法。这一下惹恼了中国的君主。于是这个印度人就受到了冷遇。

菩提达摩于是就到了梁北边的敌对国家——魏。某些中国人曾在中国北部首都洛阳遇到了菩提达摩,都记得他自称已有150 岁。他还对永宁寺的宏大,以及外国和尚的奢侈住所印象深刻。菩提达摩告诉与他相识的中国人,在他所有行程中,他从未

---

1   《大正新修大藏经》卷 50,第 344—345 页。

看到一个佛教的建筑像永宁寺这样的辉煌。他在寺中静坐和念"阿弥陀佛"多日。那时有几千个外国和尚访问洛阳，杰出的印度高僧菩提流支是翻译局的首脑。菩提达摩肯定故意使自己远离引人注目的中心，因此，他未引起皇家的注意。他游历了整个中国北部，最后定居在河南少宝山（译者注：应为少室山，即嵩山支脉）的少林寺。

菩提达摩在少林寺 9 年的逗留变成了中国文化史中的一个传说。他实际上用所有的时间，面壁静坐沉思，直到逝世。中国人惊叹他的专心和耐心。消息传到远方，一群崇拜者从全国各地集合到他的周围。这一群人成了中国佛教"禅"宗（dhyana 的中文转讹）最早的一代。禅宗扩展到日本后发展为著名的 Zen 宗（禅的日文转讹）。菩提达摩作为中国禅宗和日本禅宗两者的鼻祖而受尊敬。

中国同时代的人把这个印度和尚专心致志的静坐（面对岩石）描绘为面壁。他的门徒把它解释为禅宗的教义，即通过使思想摆脱世俗的牵系，从而把意志磨炼得像岩石一样的坚强，最终进入佛的境界。禅宗的普及把菩提达摩的声望提高到一个吸引人的顶点。为此，南方的梁武帝因曾经冷淡地对待了菩提达摩而感到遗憾。于是他在晚年撰写了一篇墓志铭悼念这位印度和尚，并把它刻在一块岩石上。后来唐太宗（763—779）追封菩提达摩以荣誉称号。[1]

还有一个传说是有关菩提达摩得意门生慧可的，他继其老师成为禅宗的第二代祖师。一则记载说，他耐心地站在雪地里望着菩提达摩打坐，并割下他的胳臂表示他对达摩的虔诚。最初忽视了慧可的菩提达摩受了感动并接收他为弟子。当菩提达摩发现他已接近涅槃，到了选择一个继承者并把他的三个宝物（袈裟、手

1　《大正新修大藏经》卷 49，第 458 页；《佛祖历代通载》卷 9。

杖和钵盂)给予继承者时,他召集了所有的门徒到他身边,问他们
从他那儿学到了什么。当其他人发挥他们最好的才智以感动良
师时,慧可却慢慢地站起来,向印度老师行礼三次并平静地重新
回到他座位上。然后菩提达摩发表了他的意见,他说:一些人只
是得到了其教诲的皮毛,而独有慧可得到了他的精髓。于是他令
所有的人感到吃惊地任命慧可为继承人。[1]

获得中国爵位的印度和尚

我们已经提到过不空,这个印度和尚在中国文学中被描写为
具有随时降雨的法力。当他还是一个少年时,他和他的宗师金刚
智一同来到中国。他从 719 到 774 年长期旅居在中国(其中有 10
年时间为增进人的密宗佛教知识,而曾回到印度)。唐朝的三个
皇帝玄宗(712—755)、肃宗(756—762)和代宗(763—779)都给了
他圣职授予权。

金刚智和不空向中国介绍了印度佛教的神秘主义,不空在中
国的逗留,使佛教的教诲和实践的这一新的分支在中国的传播达
到了顶点。当为三个唐朝皇帝加冕时,不空采用了古代印度在国
王头上灌圣水的习惯。758 年不空给肃宗皇帝命名以及授予中国
君主转轮王的称号。这表明这个印度和尚在中国社会政治统治
集团中已经获得了很高的地位,差不多类似于中世纪时可与欧洲
国王相比的罗马天主教最高神父的显位。唐朝的学者段成式告
诉我们,不空公开称呼玄宗皇帝为三郎——证明了不空在中国社
会里的突出地位。[2]

唐朝皇帝给予不空的奖助多得不可胜数。一大笔土地财富由
这位印度和尚支配,并用大笔开支来满足他的怪诞想法。这位印度

1　《大正新修大藏经》;高观如:《佛乘宗要》,上海 1938 年版,第 27 页。
2　段成式:《酉阳杂俎》卷 1,商务印书馆 1937 年版,第 32 页。

高僧爱好神圣的建筑物。770 年他在山西五台山建了一个寺,屋顶的瓦是用黄金修饰的。第二年不空又提议建另一座寺庙。代宗给了 3000 万钱,帝国的贵妇、皇子和王公也都给了捐赠。

代宗皇帝赐予不空大广智三藏的荣誉称号,并附加一个作为进入内阁高位的名誉职位——礼部尚书。不空临死前,皇帝赐予他次于天子的社会地位,即肃国公,食邑 3000 户。不空涅槃之后,他被追授大辩广正智三藏的称号和司空(帝国的最高官职)的荣誉爵位。和尚死时,作为象征性的尊敬,皇帝的朝廷中止了三天的活动。还拨款 2400 万钱,为他修了一座壮观的坟墓和一个纪念塔。[1]

印度访问者和中国主人之间的深厚友谊已经被不空、菩提达摩、求那跋陀罗、鸠摩罗什和其他人的经历所证实。在国际关系中这种友谊是最纯正和最高尚的一种。正如我们已经了解到的,印度人到中国既不是为了冒险也不是为了个人得利(这与最近几世纪里在中国的西方访问学者的活动成了鲜明的对照)。他们服务于中国及其人民,是因为他们真正对提高印中友谊感兴趣。这种态度受到了中国人的感激。这种因素加上佛教的精神力量,其结果便是中国热情地变成了一个佛教王国。

中国人对净土的渴望

印度访问者对中印兄弟关系的增进以及佛教的传播所作的贡献,鼓舞了许多中国人为中印友好而工作。一个姓贾的儒家,21 岁就信奉佛教,后来成为一个佛法的先驱慧远(334—416?)大师。

慧远曾听说过鸠摩罗什,405 年,他得知鸠摩罗什在北中国。慧远已经是基地在江西著名庐山的南中国佛教领袖中的一个重要人物。他不仅由庐山派遣了他的许多门徒到长安从鸠摩罗什学法,而且开始与鸠摩罗什通信。他还送礼物给鸠摩罗什。二人

1　范文澜:《中国通史简编》卷 2,第 584—586 页。

互相鼓励和卓有成效地交换书信和偈语。当时鸠摩罗什比喻慧远为传说中的东方护法菩萨,慧远劝鸠摩罗什不要离开中国,并请求回答有关佛陀教义的几个问题。鸠摩罗什对这些问题的回答是中国文献中现存的重要佛学讲义。

412 年,印度和尚佛陀跋陀罗因定为违反纪律而被赶出了长安(有一种说法认为放逐是由于在重大的思想体系上,佛陀跋陀罗和鸠摩罗什之间有所不同)。佛陀跋陀罗和他的 40 多个门徒离开长安来到庐山慧远那儿。慧远尊敬佛陀跋陀罗就像他尊敬鸠摩罗什那样。他写信给姚秦皇帝和长安的僧团,为佛陀跋陀罗恢复名誉,佛陀后来以在南京的译经工作而声名大振。佛陀跋陀罗和慧远一起留在庐山大约有一年,两人发展了兄弟般的情谊。佛陀跋陀罗向慧远叙述了多少年前慧远从他师傅道安那儿听到的巴米扬大佛雕像的细节。这使慧远受到鼓舞,要在庐山造一个类似的雕像。

慧远的最值得注意的事件是在 402 年,当时他和 123 个中国的佛教徒发表了一份庄严的誓约,他们将在西方(印度)的净土再生,并且献身于佛教事业。慧远和另外 18 个杰出的中国佛教徒组织了一个白莲社。宣誓者即成为社中一员。这些中国人对佛的净土的渴望形成了一个集体的意愿,希望中国和印度合为一体。[1]

正当慧远和他的团体的成员决定开始到印度过新生活时,法显和另外几个人已经开始了他们前往印度境内外的佛教王国的艰难旅程。一批批的僧众从长安西行,法显于 399 年与 4 个同伴一起动身,途中还遇到了许多其他人。他的同伴中有一个人留在了克什米尔向佛陀跋陀罗学习了三年(401—403)。他劝说他的印度宗师与他一起回中国去,他们于 424 年抵达长安。

在 408 年回到长安的另一个和尚支法林,曾受他师傅慧远的

---

1   汤用彤:《汉魏两晋南北朝佛教史》卷 1,第 248—266 页。

派遣,于392年从庐山到西方的佛教王国搜集梵文抄本。这些抄本后来被印度和中国的许多和尚译为中文。

另一个和尚智猛渴望参观印度的圣地。在404年,他聚集了15个香客从长安动身。仅5个人到达印度。另外一个和尚法云被法显的范例所鼓舞。420年,他与25个同伴启程到印度。仅有5个人从海路回到中国。[1] 在笈多王朝时期,访问印度的中国人和访问中国的印度人一样多。到过印度的中国香客,其数目之多,远远超过我们已经知道的这一些。因为我们仅有的资料来源是手写的记录。显而易见,只有当香客回来之后,他们才能说出有哪些人出去旅行了。从中印之间旅程之艰险来判断,一定还有许多人未能生还。因此,有关他们的资料就没有留下来。

大多数中国香客所走的陆路旅程都要横穿戈壁沙漠,那儿正如法显描写的,"……上无飞鸟,下无走兽"。太阳是旅行者的指南针,骷髅是他们的"路标"。接近印度时,他们要越过一些万丈悬崖。所以,每一个成功地从印度返回的中国香客,其背后都留下了一个有关冒险、胆量和不屈不挠的英雄故事。

不屈不挠地到印度参拜圣地

比这更为重要的是,中国访问者对于他们高尚事业的献身精神,加强了他们忘掉个人危险并决心前进的念头。法显横跨悬崖之后,与他的随行学生及一个名叫慧景的旅伴在越过一座被白雪覆盖的山顶时,遭到了一场暴风雪。它夺去了慧景的生命。慧景在停止呼吸前,最后催促法显加紧前进,以便至少使他们中有一个人能到印度。法显弯下腰流着泪说:"我愿和你同死。"但高尚的使命给了他横跨雪山的力量。

法显继续向前,一天傍晚,他发现佛陀的圣地王舍城就在前

1　汤用彤:《汉魏两晋南北朝佛教史》卷1,第276—281页。

面,仅有 16 公里远了。此时一位仁慈的印度和尚劝告说,前面的山上有"黑狮子"出没,而法显却不顾这一劝告。印度和尚被他的献身精神所感动,于是给他派了两名护卫。当夜色降临时,他们进入林地深处,护卫被吓跑了,丢下了法显一人,这位中国和尚独自留在黑暗生疏的地方烧香祈祷。3 只"黑狮子"来到他的周围。法显对野兽说:"如果你们是来杀我的,那就等我做完我的祷告;如果你们是在检验我对佛陀的忠诚,那么,你们可以离开,留我单独一人。"野兽没有立刻离开他,一直友好地呆在那里。[1] 当法显被这些野生动物包围的时候,他仍保持冷静。他作为第一名到达印度的伟大的中国香客,这种举止实非偶然。

正是这种不屈不挠的精神,指导着中国香客们走过了通向印度的旅途。当时有一首民谣说:

> 离开长安,和尚们去找菩萨。
> 他们去时成千上百,
> 而回到中国的,却只有几个!

这则民谣描绘出了几千名不屈不挠的中国香客的形象,这些香客参观印度圣地的决心,绝不因他们已经觉察到所面临的危险而退缩。671 年,一名叫义净的僧人在他动身去印度时,记下了自己的感想如下:

> 出了铁门,孤独地踏步向前。
> 我将把自己的命运抛到那
> 无尽头的山脉之中![2]

1　《大正新修大藏经》卷 50,第 338 页。
2　《大正新修大藏经》卷 54,第 210 页;义净:《南海寄归》卷 1。

几乎没有一个外国的评论家能够真正了解到印度的中国香客的忘我精神。许多人竭力曲解历史，以证明一个中国人通常是中国文明本位者。现代印度人的心态也受到了此种偏见的相当程度之影响。

对玄奘动机的误解

一个有理解能力的印度政治家，像贾瓦哈拉尔·尼赫鲁那样，他能够正确地估计出中印文化姻亲背后的高尚精神，然而他的信息来源有时却是错误的。尼赫鲁在他的《印度的发现》一书中有一段有趣的关于玄奘到印度朝圣的言论就是建立在不正确的消息来源之上的，尼赫鲁写道："当他（玄奘）动身上路时……唐朝皇帝把一把土放到酒里并赐给他，说：'你要满意地饮下这杯酒，人们不是常说，家乡的泥土胜过异国的万磅黄金吗？'"（第 203 页）

尼赫鲁的话无意中道出了（1）外国黄金的诱惑构成玄奘去印度朝圣的部分原因；以及（2）中国人首先是我族本位者，这种精神从玄奘启程赴印时就已经在起作用。然而，没有比这种观点更不公平的了。玄奘赴印作历史性的朝圣是真正的国际主义范例。

事实真相是，玄奘冒着生命危险，违背了皇帝颁布的不许人们出国旅行的禁令。前面已说过，唐太宗对戒日王深有感情，他并没有用禁止出国旅行来增进对中央大国的依恋之情。他是缔造唐帝国的主要动力，不得不面对一场内部纠纷和外部破坏加在一起的残酷的政治斗争。这就导致他封闭了国境。刚好在 628 年玄奘请求允许旅行印度，就在这一年之前，唐太宗获得了天子的地位（通过谋杀皇太子）。皇帝忙于政治和军事斗争，忽视了玄奘的请求。那时玄奘还不出名，无法得到政府最高一级的关注。他只能与官僚打交道，而他们谁也不敢违背新皇帝的禁令。玄奘629 年启程去印度是违反官府命令的，官府便发布了一道拘捕他的令状。

　　25 岁的玄奘决心独自一人去参拜圣地。当他到达边境关卡时,政府拘捕他的命令也已到达。他并不害怕。他的高尚精神感动了关卡上的官员,他们让他通过了。在他刚刚开始他的旅程时,发生了一件不幸的事情。当他骑马涉水过一条小河时,他的钱袋掉进了河内,于是使他刚开始长途跋涉即身无分文,这使他慌乱不安,便回去筹集继续旅行的费用。

　　走了几公里之后,玄奘停止了他的退却,记起了他早先的誓言:如果不看到印度的圣地,他是不会返回的。就这样,玄奘历史性的朝圣开始了。他要去印度的强烈愿望和大无畏精神在他出发前的一次梦境中就曾出现过。一个秋天的夜晚,他梦见了由宝石组成的神圣的须弥勒山(即喜马拉雅山)由海中升起,他想登上这座山,但大海里没有船,仅有汹涌的波涛在大海中咆哮。玄奘无所畏惧地走到海中。一个巨大的石莲花在海浪上支撑着他的双脚,渡他到了喜马拉雅山的脚下。这座山太高太陡了,难于攀登,玄奘希望飞上高山。正当他想飞的时刻,一股强风把他吹到了山顶。这个梦说明了他钢铁的意志。他的心里并没有黄金的诱惑或狭隘的我族本位主义。

　　玄奘在不同的情况下又一次梦见了圣洁的喜马拉雅山。他已经到了印度,正在乘船沿着恒河旅行,从阿踰陀(桥萨罗的首都)到阿耶穆佉国。这条载有 80 多名乘客的船遭到海盗劫掠。海盗崇拜突伽天神(可能是 Durga),每年秋天都要供奉一名英俊的男子给这位神作祭品。海盗高兴地发现了玄奘。他们把他带到岸上的木质祭坛上。两个刽子手抽出他们的刀。中国和尚毫无畏惧之意,这使海盗们大吃一惊。然后玄奘请求他们允许他念他的祷文。当他静坐时,他再一次看到了天国中的喜马拉雅山。他感到了幸福而忘掉了海盗。

　　与玄奘同船的旅伴们表明他们与他是团结一致的。当时有几个人表示愿替他去死,被海盗拒绝了。当玄奘打坐时,他们开始拼命地喊叫。一场狂风暴雨拔起了树根,吹走了海盗的船。玄奘的旅伴告诉海盗:因为他们企图害一个来自中国求法的和尚而激怒了上帝。于是,那些被吓坏了的海盗放了玄奘并归还了掠去的财物。

玄奘与中印友谊

一个在印度求法的中国人应当受到印度人民的爱戴。这是很自然的,任何力量也不能伤害此种高尚的精神。我们就是要这样来读上面这段插曲。实际上,玄奘的朝圣不仅是中印友谊的范例,而且它还拨动了两国人民兄弟关系的心弦。当玄奘遇到那烂陀学院院长戒贤,并请教他唯识论时,戒贤激动地流下了热泪。他的门徒——佛陀跋陀罗告诉玄奘,戒贤早就苦于身体极坏准备斋戒而死。有一次,他梦见与3个菩萨会见,菩萨告诉他,一个从中国来的和尚将访问他,并委托他教导中国和尚,使之能在他自己国度里传播佛法。梦后,戒贤病愈了。这就是当他看到玄奘时激动的原因。

玄奘在那烂陀寺停留的 5 年中受到了要人的待遇。配给他唯一为国王和杰出和尚吃的特殊米饭。他被免除了在那烂陀寺居住的其他人员必须要做的体力劳动。有两个仆人照应他的生活。当他到别处旅行时,给他提供了一头大象或一辆车。

在他停留在那烂陀寺时,印度同事们对他产生了深厚的爱慕。当玄奘表示他希望回国时,印度朋友们试图劝阻他。他们说,为什么不永远留在佛主诞生之地呢? 在印度,每一个地方都有圣地,一个人可以用毕生的时间去参观这些圣地。他们说,回到中国就意味着回到一个佛陀不愿化身、哲人不愿访问的非神圣土地。玄奘回答说,中国是一个有着高度文明和光辉未来的国家。正因为佛陀不曾选在那儿化身,谁都不应忽视它。印度人又说,佛经教导他们快乐地安居于所在地,并与别人共享食物,印度和中国同属南赡部洲,而佛陀选择了印度,没有选择中国,因此玄奘不应回到中国去。听了这些,玄奘问道:"为何太阳照耀在南赡部洲上?"他的印度朋友回答说,为了驱除黑暗。玄奘然后说,这正是他急需返回中国的目的。他补充说,他热爱佛陀的诞生地,他在印度学到了许多东西,澄清了他的怀疑,目睹了圣地,搜集了关于各种教导的资料。他现在希望返回祖国,写下他的所见所闻,以及进行翻译,使另外更多的人都能受到开导。他认为这是报答印度宗师戒贤恩义的最好的办法。恩师被玄奘的动机所感动,并赞扬这一动机可与菩萨相提并论。

652年,即玄奘回到中国7年之后,那烂陀寺老的同事智光给他送来了一封信和一些礼物。玄奘酬答了这一友好举动。在他给智光的信里,玄奘回忆了印度朋友的指导以及临别时的忠告。他希望智光布道的口才像四海一样奔流不止,他的幸福、智慧和品德像五岳那样永远屹立。[1]

9世纪时,段成式遇到一个日本和尚金刚三昧,这位日本和尚曾对段说过,当他在中印度参观一个寺庙(在那烂陀?)时,他注意到玄奘丢弃的草凉鞋和用过的筷子,都用彩色的布装饰着,放置在祭坛上。在庆典时,寺院里的和尚们向这些物品致敬。[2] (译者注:按《酉阳杂俎》标点本,中华书局1982年版,原文为:"言尝至中天,寺中多画玄奘麻履及匙筋,以彩云乘之,盖西域所无者。每至斋日,辄膜拜焉。")玄奘确实是中印友谊的象征。

四、结 论

正如一个花环是由单独的花朵串成的一样,印中之间友好善

1　慧立:《三藏法师传》卷1,王义堂1923年出版,第8B,10A,14A页;卷3,第1B至3A页,第12A至13页;卷7,第15A—17B页。

2　段成式:《酉阳杂俎》卷1,第31页。

邻的历史是一卷生动的活动画景，——它活动在时间的长河里，也活动在我们的心中。中印两国人民的个人之间、政府之间和文化之间洋溢着的联系双方友好的感情、言语和事件铸成了印中友善的史诗。前面所述只是提供了印中亲切关系的一点概貌，对于已由历史所铸造、尚待学者去描述的伟大史诗来说，这只是几个注解而已。

当我们看到树时，就感到了木的存在。当我们看到印度和尚为了拯救中国同胞于苦海而冒着中国北部的西伯利亚寒风，做着面壁式沉思时，或者为了他们的中国同胞而在炎热的夏天里祈雨时，或者他们自己因普度中国同胞而筋疲力尽时，——当我们看到以上这些的时候，印中友谊和姻亲关系的史诗就呈现在我们的面前。当我们看到一个中国皇帝试图用一种对付异端的、亵渎宗教的阴谋手段去对付一个为宗教而献身的印度人时，而这个印度人完全是出自于人道的动机，为了人类的利益，使印度天才的种子在中国传播，于是，这个史诗又呈现于我们的面前。当我们看到中国的统治者被龙王的理想主义和阿育王的范例所鼓舞，从而在中国推广印度生活方式——素食主义、节制性欲、奉献神灵与修道生活时，这个史诗再一次呈现在我们的面前。当我们看到中国的知识分子被印度——他们的西天和净土极乐世界——所鼓舞，誓愿他们自己能再生于印度，从而不顾艰难的旅程和生命的危险到印度访问时，这一史诗又再一次呈现在我们的面前。

就像一些政治组织成员在印度文学中所写的苏联像乌托邦一样，中国古代佛教文学认为印度也是乌托邦。对西方极乐世界的详细描述见于 650 年唐朝学者、和尚道宣所写的一本名著《释迦方志》（释迦牟尼王国的地名辞典）。道宣说，释迦牟尼王国是由于苏迷卢山或梵文的 Sumeru 而出名，印度神话中的奥林巴斯是喜马拉雅山的神话变态。"在苏迷卢山上有二十八重天"，于是毫无疑问，极乐世界与印度就被视为一体了。

道宣把印度描绘为宇宙的中心,即:"三千个太阳和月亮,以及一万二千重天和地的中心。"因为"佛陀的神秘力没有诞生在周边的土地上","所以佛陀的启蒙就发生在中央印度了"。道宣告诉我们,"中国在东方",得到佛教很迟,因为它处周边。他描绘印度如下:"位于雪山南边的是中央王国。它土地平坦,气候温和,四季如春。树木花草周年生长繁茂。土地从未遭受过寒冷的侵袭。"

在道宣的记叙中,印度是一个充满奇迹的国家。例如,对王舍城的描述就必然联系阿育王的传说。王舍城的石窟据说就是阿育王的创造,他用这些石窟囚禁神灵,这些神灵作为奇迹般的劳动力,为他建造了石头宫殿和舍利或佛骨塔。(实际上,由于玄奘和道宣在著作中写了阿育王使用神力建造房屋这一传说,所以这个传说也就成了中国官方编年史的一部分。[1] 道宣说,王舍城有一个石函,其中盛有可以治病的圣水。)关于阿育王的佛骨塔,即我们已经提及过的,它们简直就是奇迹的来源之地,每一个中国佛教徒都相信它。道宣给我们讲了一个名叫那伽罗曷的城中阿育王塔的一个不平常的奇异景象。那里每当祈祷集会时,从天上降下了花瓣雨并吸引了大量的观众聚集。[2]

感谢中国佛教徒的传播,使花瓣雨的传说传到了中国。南京有一块岩石名叫雨花台,意思是曾落下过花瓣雨的"平台"。据宋朝学者张敦颐讲,雨花台的名字来源于梁武帝时期发生的一个奇迹。说是有一个杰出的和尚云光曾坐在这块岩石上传布佛教的教义。他的布道宣传是如此的感人,以致上天被感动得施予花瓣,并由天上的厨师供给他食物。[3]

雨花台是中国吸引游客的一个地方,另外一个著名的地方杭州也有类似的传说,就是飞来峰(山峰从印度飞来)。据中国地理

---

1   道宣:《释迦方志》卷1,第3B页。

2   同上书,第1B页;卷3,第1B至2A页。

3   张敦颐:《六朝事迹编类》,《丛书集成》3213,第193b页,Ⅰ,第102页。

学家考证,这个名字的由来,要追溯到 330—331 年间,有一位杰出的和尚慧理访问杭州时看到了山峰。他认出来这个山峰原在王舍城,并惊叹不知何时竟已飞到了中国——飞来峰因此而得名。[1]

　　雨花台、飞来峰和中国其他许多名称、宫殿、人物、传奇、民间传说等等,唱出了印中友谊的赞美歌。这种友谊牢固地建立在印度文化对中国统治阶级和平民大众的影响上。龙王的概念已成了中华帝国传统的一部分,佛学成了中国哲学的一部分。菩萨的传统和它的斗争伦理已成了中国民间传说的一部分。

　　当 19 世纪末中国有被西方帝国列强(包括日本)瓜分的危险时,印度的影响已在高低两个层次上广泛分布于各个行业的社会特点之中。中国的老百姓在义和团的激励下绝望地祈求中印混合文化的内部力量。义和团复活了佛教传说中的天上的战士的形象。这些形象已在阿旃陀和爱罗拉的石壁上俯视着他们的崇拜者达 1000 多年之久。中国北方的普通老百姓每天烧香,希望他们的"天上的战士"(神兵神将)在与外国侵略者的战斗中能够取胜。街头的儿童参加了反击帝国主义的大合唱。他们引人注目地宣称自己是"齐天大圣"(神圣的哈里曼)或"托塔天王"(手中托有一个宝塔的天国之王,即瓦伊斯瓦纳)的化身。义和团的战士毫无畏惧地以血肉之躯面对帝国主义的枪弹,想象着会有菩提达摩、玉帝或一个印中传说中的神在保护他们。[2] 民间这种反抗帝国主义的热情与宫廷中由被称为老佛爷的皇太后为首的腐朽的满族统治派系的仇外心理相结合——这是中印混合文化的另一个分支。这一结合于 1899—1900 年所表现出的蛮勇精神震撼了世界,使西方帝国主义认识到,绝不能轻视脚下沉睡中的巨人,并且停止了他们瓜分中国的角逐。

　　1　《中华字典》,Ⅺ,第 274 页,"飞来峰"条。
　　2　《义和团》第 1 册,上海 1957 年版,第 347、468 页。

中国多亏他们的印度兄弟才有了平等的观念。中国人说的"平等"是由梵文"Damata"译来。接受这种思想之后,中国造反的农民们在纪元初期提出了"太平"的口号(绝对平等,有些像"大平等"),与社会的不公正相斗争。在 19 世纪中期,中国的农民复兴了这一古老的斗争,并建立了太平天国(绝对平等的天国),这可以当作"大平等国"的中国翻版。太平天国运动和 20 世纪的革命是在中国范围里发展了大乘的斗争伦理。

回顾了印中之间密切的联系和深厚的友谊之后,我们相信,在变化了的国际形势之下,两国之间长久的友好睦邻关系将继续不断加强地发展下去。虽然在两千多年之间两国有过两次小的战争(如果它们能称为战争的话),中印关系在历史上仍是友好相处的一个卓越范例。印度和中国之间的友谊事实上已达到了兄弟关系的程度,正如这篇短评中引用的例证所阐明的那样。

仅仅回顾中印之间的兄弟关系还是不够的。我们必须分析这种友谊的性质,从而给我们自己提供一个正确的历史认识,以指导我们未来的行动。首先应该注意到的是,两个民族彼此都已了解并且相互共处得就像喜马拉雅山两边的一对孪生兄弟一样。我们已提到中印之间既远又近的地理位置这一矛盾现象。然而由于两国人民有着克服喜马拉雅壁障之决心,以及确实像两个近邻那样长期地生活在一起,因而,这个看似对立的矛盾已被消除了。两国人民不仅清晰地生活在彼此的记忆之中,并在全部的历史时间里意识到相互的存在,而且他们的民族感情也已凝聚并合成为一体。在 19 世纪以前中国人写的对印度数不清的描绘中有一个有趣的现象,那就是没有一处地方提到过印度教,虽然印度教在整个印度史上是宗教的主流。也许这个疏忽是故意的而不是由于无知。近代以前,成百上千个访问印度去的中国人应该是注意到了印度教文化的。但是,由于他们到印度来只是抱着来这个长期崇拜的佛土朝圣的目的,所以他们一定在心里不相信在佛陀的净土上还有另一种更流行的宗教。因此,他们便把印度教徒描绘为佛教徒。中国人的这一故意混淆决不构成对印度教徒的冒犯,因为他们长久以来认为佛教就是印度教的一个部分。

其次,不妨把当前的边境争议丢在一边,因为在这个问题上应该受到谴责的恰恰是英国殖民主义对印度的统治,印度和中国之间的关系近两千年来完全不存在民族利益的冲突。中国和印度除了早期曾发生过一种帝国主义之外,两个民族的精神都是反对扩张主义、殖民主义或新殖民主义的。这种非扩张主义的政治文化使得两个国家没有在彼此的领土内寻求政治影响,或者使用贸易和援助的方法掠夺另一方的丰富资源,并且不在相互的邻近地区争夺势力范围和殖民地统治。将亚洲国际生活中的非暴力特点与欧洲历史上的上百次战争和外交阴谋相比照,应当归因于亚洲两大巨人的非扩张主义远见。在历史上的伟大民族——罗马人、德国人、埃及人、希腊人、印度人、中国人、波斯人、阿拉伯人、土耳其人等等——当中,只有印度人和中国人彼此间没有发生过冲突。

一方面是不存在利害冲突,另一方面运转了两千多年的兄弟关系与民族的精神气质上的同一性,这些因素,不仅使印度和中国在过去的时代避免了残酷的斗争,而且确保喜马拉雅山两边这对孪生子在未来的时代能够诚挚地和兄弟般地长期共处。摆在我们面前的印中关系新展望是清晰和光明的。这并不是一厢情愿式的妄想,而是从洞察历史发展中得出的结论。奠基在中间国家作用之上的国际平衡和各种力量的排列组合、全球战略、甚至贸易和援助,都是国际关系中的不稳定因素。印度和中国没有去发展这样一种类型的友谊关系,那真是一件幸事。印中睦邻关系是历史发展中的不变的规律,他们之间的暂时疑虑将不会妨碍这一特有的兄弟关系继续发展。

(译自〔印度〕《中国报道》1979 年 3—4 月号,第 15 卷,第 2 期)

评石铁英著:《古代中国和印度的经济文化交流(公元 3 世纪前)》

〔苏联〕E. M. 梅德维杰夫　　Б. Л. 李福清　著

耿引曾　译

近年来国外(首先是在中华人民共和国和印度)出版了不少关于中印文化经济交流史的著作[1]。我国无论是在革命前还是在苏维埃时期的学术著作中,都没有对中印文化经济交流史作过专门的研究[2]。因此,石铁英这部专著的问世是非常及时的,既为专家也为广大读者提供了丰富的材料,以说明古代亚洲文化史上这一缺乏研究的领域。

作者利用了大量中国史料和有关这一题目的大部分著作,从而能广泛地提出研究课题,触及范围很广、有时引起争论的问题,并且在一系列场合对科学上已知的事实作出新的解释。特别应

————————

1　P. Ch. 巴格奇:《印度和中国,一千年的文化关系》,纽约,1951 年增订第 2 版;S. 拉达克里希南:《印度和中国》,孟买,1954 年(1944 年初版);K. M. 帕尼卡:《印度和中国,文化关系研究》,孟买,1957 年;金克木:《中印人民友谊史话》,北京,1957 年(英译本,A Short History of Sino-Indian Friendship,北京,1958 年)。

2　值得一提的只有 Л. C. 丘扎江的论文《中印文化关系简史》(《世界文明史通报》,1958 年,第 5 期,第 95—107 页),它是对中国有关中印关系的几本新书的述评,此外还有 Я. M. 斯韦特的一本科普读物《沿着东方旅行家和航海家的足迹》(莫斯科,1955 年)。

当指出,作者研究的这个时期(公元 3 世纪前),国外的著作通常只有几页加以论述[1],或者只探讨其个别的局部性问题[2]。

作者对有关汉代印中关系的所有中国官方史料都作了分析。根据张星烺的书[3]来判断,他没有看到的只有两本非官方的史书:《西京杂记》和地理著作《三辅黄图》,而这两本书对研究这个题目并无重大意义。也许前一文献的如下记载还有点用处:武帝(刘彻,公元前 140—前 87 年)时期,印度(身毒)向中国赠送了一套饰以白玉的珍贵马具,笼头上嵌着玛瑙,鞍子饰以闪着白光的玻璃(琉璃),"鞍在暗室中,常照十余丈如昼日"[4]。据史书记载,从那时起,华丽地装饰马鞍成了长安的风尚。

附录(第 167—175 页)载有作者所用史料的科学译文,这很好,这些译文对所有研究这个题目的人都是有用的。遗憾的是,作者没有把这些正文所附的主要注释也一并译出。例如,研究印度的读者未必了解《前汉书》中所谓的五畜(附录 1,第 167 页)是指什么,而中国的注释者说明,其中也包括鸡和犬[5];更有意义的是关于从拜占庭输入的十色玻璃的注释[6]。现代的注释(例如张星烺的注释和编纂《历代少数民族传记汇编》的一批历史学家的注释[7])也是应当注意的,这些注释还可以提供展开重要争论的材料,不过这都是细节,不至于改变作者的基本观点。

石铁英的这本书包括一篇导论、六章正文和若干附录,具有

1　例如,可参阅冯承钧的《中国南洋交通史》,《中国文化史丛书》之一,上海,1937 年。

2　例如季羡林的《中印文化关系史论丛》一书(北京,1957 年)。石铁英的书把这本书的书名译得不大准确。他译为《印中文化关系史》,这就会使读者产生一种印象,以为该书是一部完整的"历史"。

3　参阅张星烺:《中西交通史料汇编》,《辅仁大学丛书》,第 6 册。

4　同上。

5　见《汉书补注》,第 8 卷,商务印书馆,1959 年,第 5465 页(也有更早的版本)。

6　同上。

7　见《历代少数民族传记汇编》,第 1 卷,中华书局,1958 年。

强烈的论战性,很大优点是作者不仅叙述直接的联系,即所谓接触联系,而且同样重要的是,他指出了亚洲两大文化发展的共同道路。正是许多文化特点的这种共同性才常常使异国的东西能够有机地纳入另一民族的生活。石铁英著作的令人振奋之处,正在于他所说明的恰恰是文化、经济成分的相互渗透,而不是机械的因袭,从而避免了他的前辈们所常有的通病。作者以很多篇幅论述了在考证中国史书中的地理名称方面,以及在确定公元前2世纪至公元3世纪沟通印中两国的道路方面有争论的问题,驳斥了资产阶级学者贬低两个伟大东方民族对世界文化宝库的贡献的非科学观点和偏见。同时,作者还提出了一些大胆的假设,与那些在西方、中国和印度都得到公认的权威(费琅等人)进行争论。这种争论必定有助于为正确解决那些极其复杂的问题而进一步展开讨论。我们也想就确定上述道路方面同作者商榷。

　　中国通往印度和西方罗马帝国的北方道路,所谓丝绸之路,最为著名。第二条道路也是陆路,看来更古(石铁英引证了有关印度和中国在公元前4至3世纪通过南路进行文化接触的材料,而通常认为两国的最初接触只能确定在公元前2世纪)。作者持有现在科学界的一种意见,认为这条路经过缅甸和云南。这一意见的部分根据是张骞关于中亚细亚有四川商品的说法,以及公元前3世纪曾在呾叉始罗发现镍合金,其化学成分,根据印度科学家的结论,与云南的镍矿石相类似。石铁英同意卡曼的说法,即云南在公元前3世纪还是"原始的野蛮地方",因而推测镍可能是从华南其他地区输出到印度的。我们想指出,并没有直接的证据足以说明经过缅甸北部和云南而通往四川的南路交通。作者没有指明,缅甸"到处可以遇见许多中国人"(第77页)这一史料的出处何在,是令人遗憾的。缅甸北部和云南至今还是考古学者很少研究的地方,它们在公元第一个一千年开始之前的历史是不清楚的。当然,科学一定会解决古代印度和中国经过这一地区进行联系的可能性问题,就当前的科学状况而言,这条路线的另一走向倒是完全可能的,即经过更南面的印度支那,这是一个交通更便利也更有文化的地区。在公元最初几个世纪,这里就有东西向的商路了。[1]

中国通往印度的第三条道路是南面的环绕印度支那半岛的海路。关于中国人在公元前 1 世纪至公元 1 世纪利用这条道路的情况,我们只是从《前汉书》第 28 卷一段简短的文字中有所了解,其中谈到了去黄支国的旅行。据费琅考证,黄支即建志[2],石铁英反对这一得到普遍承认的观点,提出了一个假设,说史书中提到的中国人的航行,其目的地并不是南印度,而是恒河流域,并对自己的假设作了一系列证据论证。确实,我们知道,恒河流域那时是印度次大陆经济最发达的区域,因而中国人要与这一地区建立商业关系看来是十分自然的。不过,尽管作者的假设非常诱人,理由却不足以服人。让我们来看看作者的论据。

费琅认为 Хуанчжи(黄支)一词的发音与 Канчи(建志)相近,而石铁英却把这个词的第一音节与 Ганг(恒河)一词相比拟,因为按照 Б.卡尔格连的意见,汉字"黄"在古汉语中可以读作 g'wang(第 66 页)[3]。石铁英猜测,"恒河国家"也是得名于恒河(如此则第二个组成部分 чжи[支]的意义仍然没有解决),而"黄支"就是这个国名的另一说法,它不见于后汉史书,是因为这时恒河国家

1　例如可参阅 F.J.穆尔黑德:《马来亚与其邻国史》,第 1 卷,伦敦、纽约、多伦多,1957 年,第 35—37 页。

2　参阅费琅:《昆仑及南海古代航行考》,《亚洲杂志》,第 11 辑,第 14 卷,1919年,7—8 月号,第 45—46 页;可参阅第 47—50 页。此书的中文版很有益,它是由这个问题的著名研究者冯承钧翻译而由陆峻岭增补和注释的(北京,1957 年)。

3　据汉语历史语音学专家黎国华和 C.E.亚洪托夫的说明,"黄"这个音节在外语词的音标中只能与 Ван(王)或 Фан(方)之类的音节相对应,而根本不能与 ган(恒)相对应。在古代外国地名音译中,还找不到任何一个例子,足以证实作者的观点。参阅冯承钧:《西域地名》,见《西北科学考察团丛刊》[年份不详]。

本身已经消失了(第 68 页)。作者对恒河国家的疆域作了这样的说明:它"从恒河上游起,包括旁遮普和克什米尔的很大部分"(第 78 页,参阅第 83 页)。可是这样一来,"恒河国家"实际上就不是得名于恒河了,因为恒河的上游是不大的河流,它在经济上的意义无异于朱木拿河、萨特累季河、比阿斯河以及流经"黄支国"领土的其他河流。另一方面,这样一个国家与我们从印度史书中所了解到的任何一个政治单位都不相吻合。

石铁英认为中国商人沿恒河航行的终点是黄门("恒河的门户"),认为黄门就是哈里德瓦尔(甘加德瓦尔)(第 67 页)。在这方面可以指出两个疑点:第一,哈里德瓦尔的地理位置从来不是大商业中心;第二,为何要如此偏离主要商路,即从恒河上游"取道印度洋"的旅行路线(第 56 页),是难以理解的。中国的史书从未说过黄门是地名。这个概念是表示帝王宫廷的一个机构。

作者对这条旅行路线的解释也不能认为是无可争辩的。石铁英写道:"在印度航海业发展的初期,海运想必是近海航行。因此,印度航海家应当是更愿意运载来自广州的中国商人,环绕印度支那半岛航行,加以目的地是他们的祖国印度,而沿恒河航行则是驾轻就熟。早在公元前 1 世纪,印度海员就愿意横越印度洋,一般地说,愿意从事大洋上的冒险航行前往未知的国度,这是极不可能的。"(第 74—75 页)显然,作者的意思是,印度航海家(他们也可能是印度尼西亚人)还不敢横渡孟加拉湾,因此费琅所说的前往建志的路线不大可能。但是,要知道,中国人当初从缅甸沿着海岸航行也能到达南印度。此外,我们可以把中国史书的记载同《厄利特勒伊海的培利普拉》以及与《前汉书》同时的其他古希腊史籍的材料加以对照,这些材料说明,当时印度洋上的航行已经不只是在近海。看来,季帕尔"发现"季候风是公元初的事,这一"发现"使罗马商人能够从亚丁湾由水路直达印度海岸。不过,早在公元前 2 世纪,如果不是更早的话,印度和南阿拉伯之间就有直接的海上贸易了,所以很多研究者认为,印度和阿拉伯的海员在季帕尔之前很久就会利用季候风[1]。所谓印度移民东南亚,从公元 1 世纪就已经开始,并且是从南印度出发(至少在以后几个世纪是如此),这是以印度海员熟悉孟加拉湾为前提的,所以我们可以认为,印度人在公元前一世纪也就能够去作"大洋上的冒险航行"了。

石铁英把史书所列的黄支的货物清单看作他关于黄支的观点的论据之一,这些货物是"市明珠、壁流离、奇石、异物"(第 168 页)。所有这些货物也能在南印度见到,那里恰好盛产珍珠和宝石,而壁流离[2]可能是罗马商人输入的,不久前在阿利卡木都[3]所进行的发掘,发现了公元 1 世纪罗马商人在科罗曼德尔海岸上居留的许多遗迹。壁流离还可能在罗马商人到来之前就被运到了这里。另一方面,中国与南印度有联系的一个重要证据,是在那里发现了大约公元前 138 年的中国钱币[4]。作者没有注意到这一事实。史书所指出的黄支的气候和风俗与楚雅(北越)相似,这一点对于北印度和南印度是同样适用的。最后,史书提到位于黄支以南的已秦不国(书上是已程不国),"汉之译使自此还矣",这与其说证实了作者的假设,不如说与他的假设相矛盾。石铁英把已

1　参阅 J. 肯尼迪:《巴比伦与印度的早期贸易,公元前 700—前 300 年》,《皇家亚洲学会会刊》,1898 年,第 272—273 页;H. G. 罗林森:《从罗马早期到罗马衰亡印度与西方世界的交往》,剑桥,1926 年,第 2 版,第 110 页;《印度人民的历史和文化》,第 2 卷,《统一的帝国时代》,孟买,1953 年,第 619 页;F. J. 穆尔黑德:《马来亚与其邻国史》,第 1 卷,第 11 页;Д. Дж. 霍尔:《东南亚史》,莫斯科,1958 年,第 32—33 页;G. W. 范贝克:《古代南阿拉伯的没药和乳香》,《美国东方学会杂志》,1958 年,第 78 卷,第 3 期,第 147 页;该作者的《伊斯兰教兴起前南阿拉伯在印度洋上的海运》,1960 年,第 80 卷,第 2 期,第 136 页。

2　壁流离这个词也能用来指天青石。

3　参阅 R. E. M. 惠勒(附 A. 戈什和克里沙·德瓦的投稿):《阿利卡木都:印度东海岸的一个印度罗马贸易基地》,载《古代印度》,1946 年,第 2 期,第 17—124 页。关于壁流离的发现,见第 101—102 页。

4　参阅《印度人民的历史和文化》,第 2 卷,第 645 页。

程不国置于缅甸境内（第 77 页），如此则该国不可能在黄支以南[1]。汉使绕道海路的目的也难以理解，既然作者说，从已程不即缅甸经四川到洛阳的路更近便（我们在上面曾提到，可能有过这样一条路）。我们觉得，对史书中的这个地方要这样来解释才比较正确，即汉使没有到达比已程不更远的地方（而不是像石铁英所理解的那样半途而返）。

石铁英（以及费琅）的假设的弱点，是对史书上关于陆上一段十日路程的话没有作出解释。石铁英认为，从邑卢没国（下缅甸）出发，"经过二十天的航行，旅行者看来可以抵达孟加拉湾。他们在这里上岸，以便抄近去布拉马普得拉河和恒河"（第 75 页）。可是，大海船未必能在陆地上拖着走，而在恒河航行，至少是在恒河上游航行，大海船是不合用的（即使用桨划也不行）。

因此，我们认为，石铁英关于黄支的地理位置的假设，还需要有更多的证据。值得注意的是，从中国到黄支和从黄支到中国的路线并不是同一条路，使人造成了这样的印象：旅行是在兜着圈子走。

罽宾的考证问题也很复杂。作者采纳 L. 佩梯克的看法，认为这个名称主要是政治术语，而不是地理术语，它表示印度的贵霜人领地。[2] 可见，在公元 1 世纪下半叶，特别是在公元 2 世纪上半叶，罽宾可能包括恒河流域西部。这一观点与石铁英所引中国史书的材料是符合的。可是，在对罽宾的地域因时代而异这一点作了很多补充说明以后，作者却出人意料地作出了这样的结论："罽宾很可能是黄支的东邻，占有恒河流域最肥沃的部分。"（第 83 页）

1　当然，不能同意张星烺的意见，他仅仅根据语音上的某些相似之处，就认为已程不即埃塞俄比亚（见张星烺：《中西交通史料汇编》，第 6 册，第 39—40 页）。

2　参阅 L. 佩梯克：《〈水经注〉中的北印度》，罗马，1950 年，第 64 页，第 70 页，第 71 页。这一说法，是佩梯克根据《前汉书》的注释得出的，注释是根据唐代的文献，主要是玄奘的记述。

在《前汉书》成书的时候，贵霜人的政权似乎仅及于现代北方邦的一部分。贵霜强国的中心始终在犍陀罗。因此，石铁英的结论是缺乏证据的。如果认为罽宾不是贵霜国，那么它是政治术语这一原则本身就不能成立了，因为罽宾在这个时期不可能是任何其他政治组织。还必须指出，作者承认黄支和罽宾（顺便说一下，这两个名称在史书中没有一起出现过）的自然条件相同，他反对把罽宾定在旁遮普境内，然而他恰恰是以自然条件的记叙为根据，把这个地区说成是黄支。此外，罽宾自然条件的记叙与关于乌弋山离的记叙相似，而作者按照传统的看法，把乌弋山离这个地方定在干旱的信德和梅克兰海岸（第 48 页）。

我们很难同意乌秅[1]在印度境内的说法（第 47 页）。按照《前汉书》第 96 卷的描述，乌秅是一个很小的山国，比"悬度"偏东，离中国更近。《后汉书》说，皮山有一条路往西南经过乌秅，横越"悬度"，再经过罽宾到乌弋山离[2]。根据记述来看，中国人显然把悬桥和悬崖上的隘路称为"悬度"，而把使人畜患高山病的高山山口叫作"头痛山"。这样的山口为数不多，虽然史书没有提供确切的材料，还是很容易加以确定：喀喇昆仑山口（5575 米），是从莎车到列赫和克什米尔的路；基利克山口（4775 米）和巴罗什尔山口（3805 米），是从莎车到吉尔吉特和克什米尔的路；申德山口（4570 米）和别克山口（4720 米），是从莎车经葱岭到大夏的路；道拉山口（4554 米），是从巴达赫尚那到奇特拉尔和白沙瓦河流域的路。最容易走的一条路是从喀什噶尔经过现在的奥希到费尔干纳，再到粟特。"丝绸之路"这一概念所包括的道路就是这些。后来又增加了一条天山以北的路，即玄奘所走的那条路。

　　1　作者依据的是 Н. Я. 比丘林的音译（见 Н. Я. 比丘林：《古代中亚各民族资料汇编》，第 3 卷，莫斯科-列宁格勒，1953 年，第 201 页）。不过，中国的注释家和词典提出的是另外的读法：Яча 或 Яньна。见《中华大字典》，北京，1958 年，第 1136 页和 1711 页。

　　2　参阅《后汉书》，见《二十四史》，商务印书馆，1958 年，第 1313 页。

遗憾的是,在我们所评论的这本书里,有关上述商路的部分叙述得不太清楚——按照作者的说法,似乎所有的商路都是通往印度(第53—54页),其实即使经过旁遮普的那些路也不是以印度为终点,而是通往阿拉伯海诸港口、南阿拉伯和埃及,或者经伊朗南部到美索不达米亚和叙利亚。

石铁英支持一些学者的意见,认为《前汉书》所说的"悬度"不是法显行经的"悬度"。通常认为,前者经兴都库什山到吉尔吉特;石铁英推测,这是一条经过喀喇昆仑到列赫和克什米尔的路。这样一条路线是完全可能的,不应忽视。

作者在书中所系统发挥的关于亚洲两个古老文明之统一的文化发展过程的思想,无疑应当受到欢迎。正是这一观点帮助石铁英在两国的哲学以及精神和物质文化领域作出了一系列耐人寻味的比较,避免了至今还极为流行的那种做法,即把这个或那个民族文化史上的许多事实仅仅解释为机械因袭的结果。在这方面,作者所考察的数学、化学及其他科学知识的平行发展、同时发展的事实很有意义。诚然,在某些场合,作者失之过于简略(例如医学部分,第126—128页)。对中国炼丹术的引人入胜的概述,应当作如下的补充,即中国的炼丹术自古以来分为内外两支:所谓"内丹"和"外丹"。前者主要是修炼自身以求长生,后者是探求人造黄金的方法。在这方面不妨利用冯家昇的著作[1]。

书中有不大确切的地方。例如,古代中国的指南针,外形是托座上有一根匙状的东西,而作者所描述的是"指南车"(第118页),指南车是马钧在公元3世纪发明的,而且与磁性指南针没有关系[2]。看来,中国的鱼形指南针("鱼针")是应当提一提的。

---

1   参阅冯家昇:《炼丹术的成长及其西传》,载《中国科学技术发明论文集》,北京,1955年,第120—142页。

2   参阅T. K. 沙弗拉诺夫斯卡娅:《中国指南针简史》,载《东方国家科学技术简史》,第1分册,莫斯科,1960年,第60—62页。

　　巴厘加斯与恒河流域之间的通道上的商业中心不是咀叉始罗(第 45 页),而是乌贾因。汉字的读法[1](例如"都卢")以及附录中的译文(只是在有关黄支的材料中)有某些不确切之处。例如,"名为亡马和虎的民族"(第 167 页)一句应为"没有马和虎的民族……",又如"到达与日南交界的象林"应为"来到日南和象林两地";由于译文不大确切,徐闻和合卢(疑为合浦之误。——译者)成了日南的两个相邻的地点,其实这三个地方并不相邻。

　　总的说来,石铁英的书以对史料的深刻研究为基础,具有尖锐的争论性,文笔生动而引人入胜,无疑是一本非常有益的书,尤其是因为它能激起读者和学者对亚洲民族经济文化交流史的兴趣。

　　　　(译自苏联《亚洲人民》杂志,1961 年,第 4 期。原载中国
　　　　　　中外关系史学会编:《中外关系史译丛》[第一辑],
　　　　　　　　　　　　　　　上海译文出版社 1984 年版)

1　例如可查阅最完备的《中华大字典》,第 1818 页。